W0373493

APPRENDRE À PROGRAMMER

EN 10 SEMAINES CHRONO

Du même auteur

Conception et réalisation de la maquette intérieure : Maud Warg

© Dunod, 2019, 2023

11 rue Paul Bert, 92240 Malakoff

www.dunod.com

ISBN 978-2-10-085203-1

Toute représentation ou reproduction intégrale ou partielle faite sans le consentement de l'auteur ou de ses ayants droit ou ayants cause est illicite selon le Code de la propriété intellectuelle [Art. L 122-4] et constitue une contrefaçon réprimée par le Code pénal.

Seules sont autorisées [Art. L 122-5] les copies ou reproductions strictement réservées à l'usage privé du copiste et non destinées à une utilisation collective, ainsi que les analyses et courtes citations justifiées par le caractère critique, pédagogique ou d'information de l'œuvre à laquelle elles sont incorporées, sous réserve, toutefois, du respect des dispositions des articles L 122-10 et L 122-12 du même Code, relatives à la reproduction par reprographie.

Dominique Maniez

APPRENDRE À PROGRAMMER

EN 10 SEMAINES CHRONO

Une méthode visuelle pour tous

DUNOD

TABLE DES MATIÈRES

AVANT DE COMMENCER

POURQUOI APPRENDRE À PROGRAMMER?

Dans l'avant-propos de la première édition de ce livre[1], je dressais la liste de toutes les raisons qui peuvent pousser un adulte à apprendre à programmer et vous pouvez constater qu'elles sont nombreuses :

- Aujourd'hui, tout le monde apprend à coder !
- Apprendre à programmer est très formateur pour l'esprit
- Apprendre à coder permet de trouver du travail
- Programmer fait gagner du temps
- Coder permet de mieux utiliser un ordinateur
- Il vaut mieux programmer qu'être programmé !

Dans cette deuxième édition, après avoir formé pendant six ans plus d'un millier d'étudiants de sciences humaines à l'initiation à la programmation, je reste persuadé qu'il est très important d'apprendre le codage quand on n'a pas eu la chance de suivre des cours d'informatique au collège ou au lycée. Les nouvelles technologies ont envahi notre quotidien[2] et l'apprentissage de la programmation facilite la compréhension des enjeux de la transformation de notre société qui repose de plus en plus sur des dispositifs techniques.

La deuxième certitude est que tout le monde peut programmer et qu'il n'y a nul besoin d'être un génie des mathématiques. Cet ouvrage aurait d'ailleurs pu s'intituler *Apprendre à programmer quand on n'est pas matheux*, afin de bien souligner qu'il s'adresse à des gens qui ne sont pas spécialement doués dans cette discipline. Bien évidemment, si vous parcourez le livre de Monsieur Cormen[3], vous constaterez que sur le millier de pages de cet ouvrage de référence, il y a vraiment beaucoup d'équations. De la même manière, le terme « algorithmique » provient du nom d'un mathématicien et il faudrait être de bien mauvaise foi pour prétendre que les mathématiques et l'informatique n'ont aucun lien. Pour autant, faut-il avoir lu les 1760 pages de la seizième édition du *Bon usage* de Maurice Grevisse pour avoir le droit d'écrire dans notre belle langue ? Faut-il être un champion de la syntaxe pour goûter le plaisir d'aligner les mots afin de constituer des phrases ? Des millions de francophones accèdent quotidiennement aux joies

[1] Que vous pouvez retrouver à www.progbloc.fr/projet-editorial/

[2] Au moment où j'écris ces lignes, on ne parle plus que de ChatGPT et des dérives de l'intelligence artificielle.

[3] *Introduction à l'algorithmique*, publié chez Dunod.

de l'écriture sans même connaître l'existence de l'excellente grammaire de Monsieur Grevisse et ils ne s'en portent pas plus mal. Par cette analogie, je veux ici affirmer que l'on peut se faire plaisir à programmer même si l'on ne comprend rien aux mathématiques.

À QUI EST DESTINÉ CET OUVRAGE ?

Ce livre est destiné à tous ceux et à toutes celles qui n'ont aucune expérience de la programmation et qui veulent s'initier aux joies du codage. Comme l'informatique est désormais enseignée au collège et au lycée, je pense bien entendu à tous les parents et grands-parents qui aimeraient discuter avec leurs enfants et petits-enfants de ce qu'ils font en cours d'informatique au collège ou au lycée. J'ai en tête également toutes les personnes qui n'ont pas eu la chance de bénéficier d'un enseignement de la programmation au cours de leur scolarité et qui se rendent bien compte que quelques notions de codage ne seraient pas superflues dans leur pratique professionnelle quotidienne. Je vise aussi toutes les personnes qui utilisent un smartphone ou une tablette et qui aimeraient bien pouvoir créer leurs propres applications. Le dernier chapitre de cet ouvrage présente deux applications utilisant les techniques enseignées dans ce livre qui vont vous permettre de créer facilement des programmes tournant sur votre smartphone ou votre tablette.

Si par commodité cet ouvrage est rédigé au masculin générique, je lutte activement contre les stéréotypes de genres et je regrette amèrement la faible proportion de codeuses chez les informaticiens[4]. Alors, Mesdames, soyez donc parfaitement assurées que ce livre s'adresse totalement à vous !

Je souhaite enfin insister lourdement sur ce qui, au fil des années, est devenu pour moi un véritable credo : toute personne motivée, quelle que soit son âge et ses compétences en mathématiques, peut apprendre à programmer. Il faut donc déculpabiliser et désinhiber tous ceux et toutes celles qui ont envie d'apprendre à coder en leur disant que les seules qualités requises pour ce faire sont la rigueur, l'imagination, la persévérance et la logique.

ORGANISATION DE CET OUVRAGE

Ce livre est composé de dix chapitres qui permettent de découvrir progressivement les principaux concepts de la programmation et il est conseillé de lire les chapitres dans l'ordre où ils apparaissent. Comme toute science, l'informatique a son vocabulaire spécialisé et j'ai attaché un soin tout particulier à définir tous les termes techniques la première fois où ils sont employés. J'ai pris le parti d'utiliser un outil de programmation visuelle intitulé Blockly[5] car il s'agit d'une application à la fois simple et puissante. À la fin de chaque chapitre, des exercices pratiques sont proposés et vous trouverez les corrigés en ligne.

[4] www.scoop.it/topic/femmes-informatique

[5] Qui est proche de Scratch, le logiciel sélectionné pour l'apprentissage de la programmation au collège

PRÉREQUIS POUR L'UTILISATION DE CET OUVRAGE

Comme vous pourrez le constater, les prérequis pour pouvoir profiter pleinement du contenu de ce livre sont excessivement simples : vous devez disposer d'un ordinateur ainsi que d'une connexion à Internet, et savoir utiliser un navigateur. Si vous n'avez pas d'ordinateur, vous pouvez employer une tablette ou un smartphone tournant sous le système Android, même si cela est un peu moins pratique.

COMPLÉMENTS ÉLECTRONIQUES EN LIGNE

Cet ouvrage s'accompagne de compléments électroniques qui sont disponibles sur le site www.progbloc.fr. Outre la correction des exercices proposés à la fin de chaque chapitre, vous trouverez sur ce site des informations complémentaires ainsi que toutes les URL mentionnées dans ce livre. Le téléchargement de ces ressources est vivement recommandé.

Vous trouverez également sur ce site les fichiers nécessaires à l'installation de Blockly sur votre ordinateur. Dans la première édition de ce livre, j'ai souvent critiqué la piètre traduction des messages de Blockly et j'ai fini par me souvenir que j'étais également un peu traducteur si bien que j'ai modifié les messages litigieux et simplifié l'interface utilisateur de Blockly. Si vous voulez bien profiter de ce livre, il est donc vivement conseillé de télécharger la version de Blockly que je propose sur mon site afin de l'installer sur votre machine.

COMMUNICATION AVEC L'AUTEUR

En tant qu'auteur, c'est toujours un réel plaisir d'échanger avec ses lecteurs et ses lectrices ; c'est donc avec joie que je réponds aux sollicitations de celles et ceux qui veulent me poser des questions sur cet ouvrage. Comme cela est indiqué dans la rubrique À propos du site www.progbloc.fr, vous pouvez m'envoyer un courriel à dm@progbloc.fr, ou encore mieux, commenter un des articles du site, si bien que chaque visiteur pourra profiter de ma réponse à votre message.

Je souhaite à toutes et à tous un très bon apprentissage de la programmation !

Dominique Maniez
Lyon, mars 2023

VASTE PROGRAMME !

SEMAINE 1

Tout le monde peut apprendre à programmer. Nous considérons même que la programmation est une chose naturelle que nous accomplissons sans nous en rendre compte, un peu comme Monsieur Jourdain faisait de la prose sans le savoir. Le vocabulaire de la programmation a d'ailleurs envahi notre vie quotidienne et il ne se passe pas une semaine sans qu'un homme politique ne nous dise que nous devons changer de logiciel. De la même manière, avant de savoir écrire des programmes informatiques, vous avez sans doute déjà programmé un magnétoscope, un réveil ou bien votre four. Afin de prouver notre thèse, nous allons commencer notre tour d'horizon de l'apprentissage du codage en vous proposant un programme que vous allez adorer.

C'EST QUOI AU JUSTE PROGRAMMER ?

Le terme «programme» a de nombreux sens que l'on retrouve dans les expressions «programme télé», «programme politique» ou bien encore «programme scolaire». On note ces mêmes significations dans le mot «programmation» avec les expressions «programmation musicale» ou «programmation des vacances». Bien entendu, ce que nous entendons par programmation dans ce livre a un sens différent, mais on retrouve quand même les idées d'organisation et de planification.

Pour mieux se représenter le concept de programme, nous allons prendre un exemple que chacun peut aisément comprendre et que je vous invite à exécuter :

Ingrédients

- 400 g de chocolat noir à 55 %
- 400 g de compote de pommes
- 100 g de sucre de canne roux
- 6 œufs
- 100 g de farine de riz
- 125 g de noix de pécan

Si vous prenez du chocolat à 70 % de cacao, vous pouvez augmenter la dose de sucre. Si vos œufs sont très gros, vous pouvez n'en utiliser que cinq.

Accomplissez dans l'ordre les instructions suivantes :

1. Faire fondre le chocolat au bain-marie.

Dans un grand bol, mélanger (au fouet ou à l'aide d'un robot) les œufs et le sucre jusqu'à obtenir un liquide homogène.

2. Ajouter petit à petit la farine tout en continuant à mélanger.
3. Attendre que le chocolat soit tiède et l'incorporer au mélange tout en continuant à fouetter.

UN PREMIER PROGRAMME BIEN ALLÉCHANT !

4. Incorporer la compote de pommes tout en continuant à fouetter.
5. Concasser les noix de pécan et les incorporer dans la préparation.
6. Répartir la préparation dans un plat ou des ramequins allant au four.
7. Enfourner dans un four préchauffé à 180 degrés.
8. Laisser cuire de 20 à 35 minutes en fonction de la taille et de la hauteur des moules.

Les personnes intolérantes au gluten et au lactose constateront avec plaisir que ce programme de brownie est parfaitement compatible avec leur régime et qu'elles peuvent donc l'exécuter autant de fois que nécessaire.

Comme vous l'aurez compris, nous considérons qu'une recette de cuisine est un très bon exemple de programme et qu'il existe des analogies fortes entre un programme informatique et l'exécution en séquence des instructions d'une recette. La plupart des concepts que nous allons étudier dans ce livre, comme les boucles (répétition d'une opération) et les tests conditionnels (phrase commençant par un si), figurent d'ailleurs explicitement dans notre exemple de programme.

Tentons à présent de donner une définition de la programmation afin d'être certain que nous parlons tous de la même chose. Nous définirons tout d'abord la programmation comme l'art d'écrire des programmes. Bien entendu, le terme « programme » est ici pris au sens informatique où il a une signification bien précise et on peut, par exemple, reprendre la définition du *Grand Robert* :

> ***« Ensemble ordonné des opérations nécessaires et suffisantes pour obtenir un résultat. »***

Cette définition introduit la notion importante de **résultat** ; on ne programme pas pour le plaisir de programmer, mais on programme toujours pour aboutir à un résultat. Un programmeur a un but, une idée bien précise du résultat qu'il veut obtenir et une partie importante des problèmes que l'on rencontre quand on programme vient du fait que l'on n'aura pas défini clairement le résultat auquel on veut parvenir.

Dans l'exemple de programme que nous avons donné précédemment, le résultat est clairement défini : un brownie pour douze personnes que les intolérants au gluten et au lactose pourront consommer sans modération.

L'autre élément important de la définition est que les opérations sont ordonnées. Cela peut paraître évident, mais il est préférable de le rappeler : l'ordre dans lequel les opérations sont effectuées est capital. Tous ceux qui cuisinent savent cela et il en va de même en informatique. Le fait d'exécuter des opérations dans un sens plutôt qu'un autre pourra, dans de très nombreux cas, faire échouer le programme qui n'aboutira donc pas au résultat escompté.

Le dernier aspect de la définition évoque les opérations nécessaires et suffisantes pour parvenir au résultat. On peut en conclure qu'un programme qui comporterait des opérations inutiles à la réalisation du but recherché ne serait pas un bon programme. Comme dans un discours où les mots inutiles ne servent à rien, sinon à embrouiller l'auditoire, les lignes de code d'un programme qui n'ont pas à y figurer vont au mieux ralentir l'exécution du programme et au pire l'empêcher d'accomplir le résultat recherché.

On peut aussi déduire de cette définition qu'il n'existe peut-être pas un ensemble unique d'opérations pour arriver à un résultat. De la même manière qu'il existe en général plusieurs chemins pour rallier un point A à un point B, il peut y avoir plusieurs solutions à un problème informatique. Certains chemins sont plus courts que d'autres, ou bien plus rapides, mais tous permettent d'arriver à la même destination. Certains programmes seront aussi plus rapides que d'autres pour arriver au même résultat, et la différence de temps d'exécution peut être importante entre deux programmes équivalents en termes de fonctionnalités. On privilégiera en général la version la plus rapide et l'efficacité d'un programme sera un des critères d'appréciation de sa qualité. Un programme qui résoudrait un problème correctement, mais mettrait trop longtemps à s'exécuter pourrait d'ailleurs voir son intérêt totalement anéanti[1]. Dans certains programmes, le temps d'exécution est primordial et fait partie du résultat à obtenir ; on parle alors de systèmes temps réel et c'est notamment le cas pour les systèmes de pilotage automatique en aéronautique.

[1] Dans sa passionnante Histoire des codes secrets, Simon Singh raconte les exploits du célèbre et génial mathématicien anglais, Alan Turing, qui était chargé de créer un programme pour casser le code de la machine à chiffrer allemande, Enigma. Les premières versions de son programme fonctionnaient, mais elles étaient trop lentes pour trouver le code secret qui changeait tous les jours...

Il y a également une chose importante qui est plus ou moins induite par la définition que nous avons citée : un programme doit marcher dans tous les cas possibles. Prenons l'exemple d'un programme qui convertit des degrés Fahrenheit en degrés Celsius : ce programme doit fonctionner pour toutes les valeurs qu'il aura à convertir, qu'elles soient très petites, négatives ou bien très grandes. A contrario, un programme qui marcherait neuf fois sur dix ne serait pas un programme qui fonctionne correctement, et cela même si la proportion de réussite est très proche de 100 %. Sur ce plan-là, l'informaticien est binaire et il considère qu'un programme marche ou ne marche pas ; il ne peut pas marcher un peu ou à moitié, même si l'on a tous fait l'expérience de programmes commerciaux qui ne marchaient pas si bien que cela…

On pourra en définitive adopter la définition suivante d'un programme :

> ***« Suite ordonnée d'instructions permettant de résoudre efficacement et à tous les coups un problème clairement défini. »***

Dans ces conditions, notre recette de brownie correspond bien à la définition que nous venons de donner d'un programme et on peut conclure que l'on n'a pas besoin d'un ordinateur pour programmer et que les programmes ne se limitent pas au domaine de l'informatique.

Si vous n'êtes pas très porté sur la cuisine et que notre exemple ne vous dit pas grand-chose, vous pouvez penser au montage d'un meuble en kit ; cette opération s'apparente également à la réalisation d'un programme et quiconque a tenté l'expérience sait que l'ordre de montage des éléments est primordial si l'on veut aboutir au résultat recherché. Si vous commencez à réfléchir à d'autres opérations de la vie quotidienne, vous vous rendrez alors vite compte qu'il existe de nombreuses activités où l'on doit reproduire en séquence toute une série d'actions afin d'aboutir à un résultat. Prendre son petit-déjeuner le matin ou bien se laver les dents sont en général des activités qui sont parfaitement codifiées et que vous accomplissez tous les jours sans vous poser de questions. Pourtant, au sens informatique du terme, il s'agit de programmes que vous exécutez. Programmer consiste à écrire le scénario complet de ces activités pour arriver à un résultat toujours identique ; dans le cas du petit-déjeuner, le but est d'ingérer des aliments qui apporteront suffisamment d'énergie pour vous permettre de tenir le coup jusqu'au repas de midi. Exécuter un programme consiste à effectuer les unes après les autres les différentes étapes d'un scénario qui, dans la vie courante, n'a bien entendu pas besoin d'être écrit : prendre le tube de dentifrice, ouvrir le tube, étaler la pâte sur la brosse à dents, refermer le tube, etc. Il n'en reste pas moins que si vous aviez à expliquer par écrit toutes les opérations nécessaires pour se brosser les dents, vous seriez capable de lister de manière ordonnée toutes les instructions pour ce faire. Programmer, ce n'est donc que cela : décrire en détail des suites d'opérations pour arriver à un but.

Grâce à ces exemples extraits de la vie quotidienne, on constate facilement que la logique et les concepts de la programmation nous sont en fait très familiers. Il n'y a donc pas lieu de redouter d'apprendre la programmation car nous en possédons la plupart des mécanismes ; les seules choses qui vont changer quand vous allez programmer un ordinateur sont le but que vous allez assigner au programme et le langage qui va permettre de décrire le déroulement des opérations à exécuter.

ALGORITHMIQUE

Algorithmique est un mot difficile à prononcer et à orthographier qui fait un peu peur quand on ne sait pas vraiment de quoi il s'agit. L'algorithmique est une technique indissolublement liée à la programmation et c'est la raison pour laquelle nous allons présenter cette science.

Comme pour la programmation, commençons par examiner la définition qu'en donne *le Robert* :

> ***«Science qui étudie l'application des algorithmes à l'informatique.»***

Ce même dictionnaire définit l'algorithme en ces termes :

> ***«Ensemble des règles opératoires propres à un calcul ou à un traitement informatique.»***

La définition est complétée par «calcul, enchaînement des actions nécessaires à l'accomplissement d'une tâche» et renvoie à la notion d'automate. *Le Robert* donne l'exemple de l'algorithme d'Euclide, qui permet de trouver le plus grand commun diviseur (PGCD) de deux nombres. Par exemple, le PGCD de 20 et 30 est 10 : il s'agit du plus grand nombre capable de diviser à la fois 20 et 30. Euclide ayant écrit ses traités à une période que l'on situe habituellement aux environs de 300 av. J.-C., on peut en conclure que les algorithmes existaient bien avant l'invention de l'informatique. Les algorithmes sont liés aux mathématiques et le nom algorithme vient d'ailleurs d'al-Khwârizmï (parfois orthographié Al-Khawarizmi ou al-Khuwārizmī), qui était un savant perse ayant vécu à la fin du VIIIe et dans la première moitié du IXe siècle. En latin médiéval, son nom a été latinisé en Algorithmus. Le terme algèbre vient également du nom de ce grand mathématicien qui a vécu à Bagdad et à qui on doit notamment l'introduction des chiffres arabes en Occident.

Un algorithme est donc tout simplement une suite d'actions permettant d'accomplir une tâche. En d'autres termes, on peut également considérer qu'un algorithme est une méthode pour résoudre un problème en un nombre d'étapes fini. Il existe des algorithmes depuis l'Antiquité car très tôt on a eu besoin de calculer et de compter (le bétails, les impôts, etc.), mais l'invention de l'informatique dans la deuxième moitié du XXe siècle a remis au goût du jour la notion d'algorithme.

On parle de compétences algorithmiques et on peut notamment citer le fait de savoir analyser un problème concret en le modélisant ou bien de savoir décomposer un problème en sous-problèmes.

Encore une fois, la notion d'algorithme, même si elle est née dans le domaine des mathématiques et qu'elle est omniprésente en informatique, peut avoir des implications dans d'autres domaines qui n'utilisent pas forcément des machines. Il existe, par exemple, d'innombrables algorithmes dans le domaine des jeux. Les méthodes de résolution de jeux tels que le Rubik's cube, les tours de Hanoï ou le taquin sont des algorithmes qui permettent de réussir à tous les coups ces casse-tête.

Pour illustrer notre propos, nous allons prendre l'exemple de l'algorithme du casse-tête des tours de Hanoï.

Informatique débranchée

Si vous voulez apprendre à programmer et que vous n'avez pas encore d'ordinateur, vous pouvez, en attendant d'en acquérir un, vous lancer dans l'informatique débranchée. Le mouvement éducatif de « l'informatique débranchée » (traduction de *computer science unplugged*), qui est né en Nouvelle-Zélande, consiste à proposer des activités ludiques sans ordinateur pour enseigner des concepts de l'informatique, comme les nombres binaires, le codage des informations, les algorithmes, la compression de données ou bien encore la cryptographie. Ce mouvement a donné lieu à la production d'un livre d'activités qui est disponible sur le site http://csunplugged.org/. Cet ouvrage, qui a été traduit en français par l'association Interstices, est disponible en deux tomes à :

https://interstices.info/wp-content/uploads/2018/01/csunplugged2014-fr.pdf

Les tours de Hanoï

Inventées au XIXe siècle par le mathématicien Édouard Lucas, les tours de Hanoï sont un casse-tête dont la règle du jeu est très simple. Le jeu est constitué de huit disques concentriques de diamètres de plus en plus petits, qui sont empilés au départ sur un mât, le jeu comportant trois mâts.

Le but du jeu est de déplacer l'ensemble des disques sur le mât de droite et de les remettre dans leur disposition initiale (le disque le plus large en bas et le plus petit disque tout en haut de la pile) en respectant les deux règles suivantes :

Position de départ des tours de Hanoï

Position des disques après le deuxième déplacement

- On ne peut déplacer qu'un seul disque à la fois
- On ne peut placer un disque que sur un emplacement vide ou sur un disque de diamètre supérieur

Si vous n'avez jamais joué à ce jeu, nous vous conseillons de commencer avec une tour de quatre ou cinq disques (vous trouverez dans les compléments électroniques de cet ouvrage un fichier PDF qui permet d'imprimer sur du papier une version de ce célèbre casse-tête) et de passer directement à la section suivante puisque nous allons, dans les lignes qui suivent, fournir un moyen de résoudre ce problème…

[2]fr.wikipedia.org/wiki/Tours_de_Hano%C3%AF

Il existe plusieurs méthodes pour résoudre ce casse-tête (la notice Wikipédia[2] en détaille au moins quatre) et nous allons vous en livrer une pour vous montrer ce qu'est un algorithme. Si l'on part du principe que les trois mâts se nomment, de gauche à droite, A, B et C, la répétition des deux règles suivantes permet de résoudre le jeu :

- Prendre le disque le plus petit et le déplacer, un coup sur deux, en respectant la séquence de déplacement A vers B, B vers C, puis C vers A.
- Déplacer le seul disque autre que le plus petit disque pouvant être déplacé

Si l'on ne joue qu'avec quatre disques, numérotés de 1 à 4, 1 étant le plus petit disque et 4 le plus grand, le tableau suivant indique la liste des coups pour déplacer les quatre disques du mât de gauche vers le mât de droite. Le premier coup (B1) signifie que l'on déplace le plus petit disque sur le mât du milieu (B) et les cases en jaune foncé indiquent les déplacements du disque le plus petit.

B1	C2	C1	B3	A1
B2	B1	C4	C1	A2
A1	C3	B1	C2	C1

Comme tout bon algorithme qui se respecte, celui-ci permet de résoudre le casse-tête avec n'importe quel nombre de disques au départ (4, 5, 6, 7, 8, etc.).

SORTIR D'UN LABYRINTHE

Vous êtes de ceux que les labyrinthes angoissent et vous faites des cauchemars atroces où vous n'arrivez pas à trouver la sortie ? Pas de panique ! Un enfant de douze ans, John Pledge, a trouvé un algorithme qui vous permet de sortir à tous les coups d'un labyrinthe. Vous pouvez donc aller visiter les pyramides sans souci...

Vous trouverez le détail de cet algorithme dans cet article :

https://interstices.info/jcms/c_46065/l-algorithme-de-pledge

DIFFÉRENCES ENTRE ALGORITHME ET PROGRAMME

Maintenant que les notions d'algorithme et de programme sont plus précises dans votre esprit, vous vous demandez peut-être ce qui différencie finalement un algorithme d'un programme et si ces deux termes ne sont pas interchangeables.

Même s'il existe de grandes similitudes entre ces deux mots, ils ne désignent pas tout à fait la même chose. Un programme utilise des algorithmes et avant d'écrire un programme, il convient de déterminer les algorithmes qui permettront d'atteindre le résultat recherché. Un algorithme décrit de manière détaillée un traitement qui sera exécuté dans un programme et il est rare qu'un programme ne soit constitué que d'un seul algorithme. Un programme, même simple, peut contenir une dizaine d'algorithmes différents. Par exemple, si au cours d'un programme quelconque, on doit déterminer si un nombre est pair, on emploiera un algorithme particulier pour ce faire, mais cela ne constitue en général qu'une petite partie d'un programme.

Un programme ne se réduit pas seulement à ses algorithmes car il s'agit d'un ensemble complet qui comprend aussi ce que les informaticiens appellent le dialogue homme-machine, et que l'on nomme également **interface utilisateur**. Ainsi la conception d'un formulaire ou bien l'affichage d'informations sur la page d'un écran ou sur une imprimante font partie intégrante d'un programme, mais il n'y a pas vraiment d'algorithme sous-jacent, même s'il existe de nombreuses règles de conception pour élaborer des interfaces intuitives et conviviales.

Finalement, la plus grande différence entre un algorithme et un programme est le langage dans lequel il sera écrit. Les algorithmes sont toujours décrits dans un langage naturel (le français pour ce qui nous concerne) et si nous souhaitons écrire l'algorithme pour déterminer si un nombre est pair, on peut utiliser la formulation suivante (pour mémoire, une division euclidienne, également appelée division entière, ne fonctionne qu'avec des entiers. Si je fais une division euclidienne de 35 par 4, le résultat est 8 et le reste est égal à 3) :

> ***Réaliser une division euclidienne du nombre par deux. Si le reste est égal à 0, le nombre est pair, sinon il est impair.***

Alors que si l'on veut coder cet algorithme dans un programme, il faudra utiliser un langage de programmation. Un algorithme est donc indépendant de tout langage de programmation. Quand on veut programmer, on doit déterminer le but du programme et le résultat à atteindre ; il faut ensuite définir les algorithmes nécessaires aux traitements à mettre en œuvre, puis on doit traduire les algorithmes dans un langage de programmation.

LES LANGAGES DE PROGRAMMATION

Un langage de programmation sert à traduire un algorithme en une suite d'instructions compréhensibles par un ordinateur, qui est une machine ne sachant fondamentalement gérer que des suites de 0 et 1, ce qu'on appelle un système binaire. Avant l'apparition des ordinateurs, on utilisait d'ailleurs des cartes perforées (pour tisser sur un métier Jacquard ou bien jouer de la musique sur un orgue de Barbarie), qui sont elles aussi des systèmes binaires (la carte est perforée ou n'est pas perforée).

POURQUOI EST-CE QU'IL EXISTE AUTANT DE LANGAGES DE PROGRAMMATION ?

Les débutants posent souvent cette question face au nombre impressionnant de langages de programmation disponibles. On pourrait déjà répondre qu'il existe aussi beaucoup de langues naturelles et que les tentatives pour imposer l'esperanto n'ont pas été très concluantes...

La première raison est que l'informatique est un domaine varié et qu'il existe des langages qui sont spécifiquement conçus pour une tâche particulière : ainsi JavaScript sert à programmer des pages Web, et il existe des langages de programmation pour gérer des animations graphiques ou bien des bases de données. Les langages de programmation sont considérés comme des outils et il est préférable d'utiliser le bon outil pour une tâche spécifique.

Les langages de programmation sont également liés aux caractéristiques du matériel que l'on trouve dans les ordinateurs et il est par conséquent normal qu'ils évoluent en fonction des performances croissantes des microprocesseurs. On notera également que certains langages n'existent que sur certaines plateformes (Windows ou Mac, par exemple).

Enfin, les codeurs sont des créatifs et ils rêvent d'avoir un outil qui leur ressemble, raison pour laquelle certains n'hésitent pas à créer leur propre langage de programmation, soit pour améliorer un langage plus ancien, soit parce qu'un nouveau besoin est apparu (le développement mobile, par exemple). Si ce nouveau langage apporte une réelle plus-value par rapport à d'autres langages et qu'il est facile à apprendre, il peut alors devenir populaire.

Il existe des modes dans les langages de programmation et certains langages sont plus en vogue que d'autres à un moment donné, mais comme dans la vraie vie, les modes passent...

Comme l'ordinateur ne comprend pas (encore parfaitement) le langage naturel et qu'il est très difficile pour un être humain de programmer une machine en écrivant des suites de 0 et de 1, on a inventé des langages intermédiaires qui permettent d'écrire des programmes dans un langage plus simple que le code binaire. Il existe des centaines de langages de programmation, mais quelques langages sont très employés et vous avez peut-être entendu le nom de langages tels que C, C++, Java, JavaScript, PHP, Python ou Visual Basic.

Avant d'étudier en détail la programmation, nous allons vous montrer un exemple de programme écrit dans quatre langages de programmation différents. Même si vous ne comprenez pas la syntaxe de ces programmes et que vous êtes pour l'instant incapable de les reproduire ou de les imiter, vous constaterez néanmoins leurs différences. À des fins pédagogiques, nous avons choisi un exemple de programme simplissime qui consiste à demander à l'utilisateur d'indiquer son âge, le programme se chargeant de déterminer s'il est mineur ou majeur.

Commençons par suivre les conseils que nous avons prodigués et déterminons l'algorithme du programme que l'on peut formuler de la manière suivante :

- Récupérer la saisie de l'utilisateur
- Si le nombre saisi est strictement inférieur à 18, alors la personne est mineure, sinon elle est majeure.

Comme le programme est très simple, l'algorithme est très court et se réduit à une comparaison d'un nombre par rapport à une valeur de seuil (l'âge de la majorité). Voici la traduction de cet algorithme en JavaScript, qui est un langage de programmation dédié aux pages Web :

```
var age;
age = parseFloat(window.prompt('Quel est votre âge ?'));
if (age < 18) {
  window.alert('Vous êtes une personne mineure');
} else {
  window.alert('Vous êtes une personne majeure');
}
```

La version suivante est écrite en Python, un langage polyvalent qui est étudié au lycée :

```
age = None
age = float(input('Quel est votre âge ?'))
if age < 18:
  print('Vous êtes une personne mineure')
else:
  print('Vous êtes une personne majeure')
```

La troisième version emploie le langage VBA (Visual Basic pour Applications) qui est le langage de programmation présent dans la plupart des applications de la suite bureautique Microsoft Office (Word, Excel, etc.) et qui permet notamment d'automatiser le fonctionnement d'un traitement de texte ou d'un tableur :

```
Sub majeur_ou_mineur()
Dim age As Byte
age = InputBox("Quel âge avez-vous ?")
If age < 18 Then
MsgBox ("Vous êtes une personne mineure")
Else
MsgBox ("Vous êtes une personne majeure")
End If
End Sub
```

La dernière version de ce programme est plus graphique : elle utilise un outil nommé Blockly, qui va nous accompagner tout au long de cet ouvrage et que nous présenterons au prochain chapitre.

Même si vous ne comprenez pas parfaitement ces programmes, vous pouvez constater que dans les trois premiers il y a une structure similaire : la première ligne évoque le mot âge (qui est écrit **age** dans le programme), puis on pose la question à l'utilisateur pour qu'il puisse saisir sa réponse, et enfin on compare la valeur de l'âge à 18 et on affiche la réponse adéquate. Il existe des différences de vocabulaire entre les trois langages de programmation, notamment quand on demande à l'utilisateur de saisir l'âge de la personne (**window.prompt**, **input** et **inputbox**), mais on retrouve dans la comparaison des similitudes, les trois langages employant les mots **if** (si en anglais) et **else** (sinon en anglais). Il existe également des différences dans la manière de délimiter les phrases et certains langages utilisent des accolades, ou bien encore les caractères point-virgule ou deux points.

La dernière version de ce programme est graphique ; elle a aussi pour avantage d'être en français et d'être extrêmement proche de la description de l'algorithme que nous avons écrit au préalable. Même si vous n'avez jamais étudié la programmation, vous comprenez facilement que ce programme demande l'âge d'une personne et affiche si elle est majeure ou mineure en fonction de l'âge qui aura été saisi. C'est le langage que nous utiliserons pour apprendre à programmer car, comme vous venez de le constater, il est plus simple que les trois premiers langages employés dans cet exemple.

TERMINOLOGIE DE LA PROGRAMMATION

Afin de bien commencer l'apprentissage de la programmation, il est nécessaire de fixer le sens de certains termes qui reviennent très souvent quand on programme et qui peuvent avoir un sens différent dans la langue courante.

Il faut tout d'abord noter une grande analogie entre les langages naturels (le français, l'anglais, l'allemand, etc.) et les langages de programmation, si bien que des termes propres à l'apprentissage des langues se retrouvent en informatique. Ainsi, on parle de la **syntaxe** (la grammaire) des langages de programmation et des **erreurs de syntaxe** dans un programme. Il existe cependant une différence majeure dans la syntaxe des langages de programmation par rapport à celle des langues naturelles : elle est stricte et ne tolère aucune approximation. À la différence d'un être humain qui comprendra assez facilement les énoncés « vous voyez ça que je veux dire » ou bien encore « l'histoire que je vous parle », un programme informatique ne fonctionnera plus si vous employez une virgule à la place d'un point-virgule. Cette rigueur est très souvent déroutante et frustrante pour celui qui débute l'apprentissage de la programmation, mais nous verrons au chapitre suivant comment contourner ce problème.

Comme avec une langue naturelle, apprendre un langage de programmation, c'est finalement apprendre la grammaire (syntaxe) et le vocabulaire de cette langue un peu particulière qui permet d'exécuter des programmes. Comme dans une langue naturelle, il y a plusieurs catégories de mots dans un langage de programmation et on retrouvera ce qui peut s'apparenter à des verbes, des adjectifs, des conjonctions de coordination, etc. Chaque langage de programmation possède sa propre syntaxe et son propre vocabulaire, même s'il existe de grandes similitudes entre certains langages de programmation. Et comme avec les langues naturelles, il est souvent difficile de passer d'un langage de programmation à un autre quand on a acquis des automatismes dans un langage.

L'ensemble des lignes d'un programme forme ce que l'on appelle le **code** du programme, que l'on nomme aussi **code source**, voire simplement **source**. On parle de code car on considère que la traduction de l'algorithme en langage de programmation constitue une forme d'encodage, si bien que coder et programmer sont des synonymes. Par voie de conséquence, un **codeur** est un programmeur, c'est-à-dire une personne qui écrit des programmes. On notera que **développeur** est un autre synonyme de codeur. Coder (ou encoder) consiste donc à traduire les actions à exécuter dans un langage de programmation. Ces actions, définies par des algorithmes, sont souvent préalablement rédigées dans un langage qui est un intermédiaire entre la description en langage naturel et le langage de programmation et que l'on appelle **pseudo-code**. Il s'agit d'une forme de langage naturel où l'on s'autorise une écriture abrégée. Si l'on reprend l'exemple du programme dont nous avons écrit quatre versions, voici ce que donnerait le pseudo-code :

```
saisie utilisateur
si saisie < 18
 afficher mineur
 sinon afficher majeur
```

Le code d'un programme est constitué de phrases élémentaires que l'on appelle **lignes d'instruction**, chaque ligne d'instruction exécutant une action élémentaire.

Quand un programme ne fonctionne pas correctement, il peut **planter.** Cela signifie qu'il s'arrête brutalement, les raisons de ce plantage étant en général dues à une erreur de programmation que l'on appelle **bug** en informatique. Ce mot anglais, qui signifie notamment insecte, vient du fait que les premiers dispositifs électroniques pouvaient être perturbés par des insectes attirés par la lumière qu'ils émettaient. Aujourd'hui, un bug est devenu une erreur dans un programme et on continue à utiliser le terme anglais, même si l'équivalent français bogue a été proposé.

LES DIFFÉRENTES PHASES DE LA VIE D'UN PROGRAMME PROFESSIONNEL

Comme on l'a vu précédemment, il faut définir les algorithmes avant de coder, mais en fait le cycle de vie d'un programme comporte de nombreuses autres étapes. Même si ce livre est consacré à l'apprentissage de la programmation pour les néophytes et n'a, par conséquent, aucune vocation à vous transformer en codeur professionnel développant des projets informatiques mobilisant des équipes pendant plusieurs mois, il nous paraît cependant intéressant de décrire la façon dont les informaticiens professionnels travaillent ou devraient travailler… Nous allons donc rapidement lister les différentes phases qui constituent la vie de tout projet informatique professionnel.

PHASE D'ÉTUDE PRÉALABLE

Avant de se lancer dans la conception d'un programme, il faut se poser toute une série de questions qui, le cas échéant, nous feront renoncer à notre projet. Passons en revue quelques-unes de ces questions.

- Quel est l'objectif du programme que l'on souhaite réaliser?

Avant d'entamer quoi que ce soit, il convient d'avoir une idée claire de l'objectif à atteindre. Même si les détails des fonctionnalités du programme pourront être affinés au cours du projet, il faut au préalable avoir une vision précise du résultat escompté.

- N'est-il pas plus rapide de réaliser cet objectif manuellement?

C'est une question que l'on doit toujours se poser car l'expérience prouve que le développement de certains programmes n'est pas rentable. Si l'on met un an à développer un programme qui ne servira qu'une seule fois et que la tâche à réaliser peut être effectuée manuellement en trois mois, on aura perdu du temps.

- Cet objectif a-t-il réellement un intérêt ?

Ce n'est pas parce que les ordinateurs sont des machines extraordinaires que tous les problèmes de la vie peuvent être résolus par des programmes. Il n'est ainsi pas rare de voir des projets informatiques totalement inutiles, voire dangereux, l'actualité se chargeant de nous fournir des exemples de ce genre d'applications.

- Ce programme n'existe-t-il pas déjà sous une autre forme ?

Les informaticiens n'aiment pas réinventer la roue et avant de se lancer dans l'écriture d'un programme, il est nécessaire de chercher si le programme n'a pas déjà été écrit par quelqu'un d'autre sous une forme exploitable. Bien entendu, on peut cependant vouloir réécrire un programme qui existe déjà pour en produire une version améliorée ou moins chère s'il s'agit d'un produit commercial.

- Ce programme est-il réalisable ?

Cette question peut paraître étrange, mais l'informatique, si puissante soit-elle, ne peut pas apporter une solution à tous les problèmes. Il existe donc des problèmes insolubles ou des problèmes qui sont trop importants pour être résolus en un temps raisonnable à l'échelle d'un être humain.

- La réalisation de ce programme n'est-elle pas trop coûteuse ?

Cette question est également liée à la précédente : si l'investissement dans un programme est trop lourd pour le bénéfice escompté, un tel programme ne sera en général pas développé.

PHASE D'ANALYSE

Une fois que la phase d'étude préalable a permis de garantir l'intérêt du projet informatique, on passe à l'analyse du projet, qui peut comporter les étapes suivantes :

- Inventaire des informations à traiter
- Description du traitement des informations (définition des algorithmes)
- Inventaire des informations à restituer en sortie
- Possibilité d'utiliser un pseudo-code pour décrire les algorithmes

PHASE D'ENCODAGE

Quand l'analyse est terminée, il faut passer à l'écriture du programme dans un langage de programmation. Le choix de ce langage peut être une décision importante, mais elle est en fait secondaire par rapport à la phase d'analyse. En effet, si cette dernière a été bâclée, le meilleur programmeur du monde n'arrivera qu'à un résultat médiocre car l'analyse constitue les fondations de l'édifice et on ne peut pas construire solidement sur du sable.

Si le projet informatique est important, le codage du programme pourra être réparti entre plusieurs développeurs, ce nombre pouvant être très important (plusieurs centaines) sur des projets gigantesques, notamment les systèmes d'exploitation (Windows, Linux, etc.).

PHASE DE TEST

L'erreur étant humaine, un programme de taille conséquente comporte forcément des erreurs. Il est même probable qu'au début de votre apprentissage, vos programmes d'une dizaine de lignes ne soient pas exempts de bugs, mais cela n'a aucune espèce d'importance car c'est en se trompant que l'on apprend le plus efficacement. Il est donc primordial de tester un programme pour voir s'il se comporte bien comme il le devrait. Dans les projets informatiques importants, certaines personnes sont employées exclusivement aux tests ou bien écrivent des programmes dont le seul but est de tester la robustesse du programme qu'ils ont à expertiser.

Quand le développement du programme est suffisamment avancé, on le confie à des bêta-testeurs[3] qui sont des utilisateurs dont le nombre est restreint et qui vont pouvoir tester en avant-première le programme en question. Les bêta-testeurs sont chargés de faire remonter les bugs à l'équipe de développement qui devra les corriger avant la diffusion du programme.

[3] On parle de version bêta car elle est précédée par une version alpha qui, en général, ne comporte pas toutes les fonctionnalités du produit et reste interne à l'entreprise où elle est développée.

PHASE DE PRODUCTION

Quand le programme est censé ne plus comporter de bugs, il est diffusé au grand public, qui peut alors l'utiliser. Les utilisateurs vont ensuite émettre des critiques et des souhaits, si bien qu'il faudra prévoir une version améliorée du logiciel qui devra repasser par toutes les phases du cycle que nous venons de décrire. On notera toutefois une certaine dérive de l'industrie du logiciel, car la concurrence entre les éditeurs est tellement rude que ces derniers privilégient la sortie prématurée d'un produit, même s'il n'est pas totalement finalisé.

POUR S'ENTRAÎNER

1/ Écrivez un algorithme d'une tâche de la vie quotidienne.

2/ Cherchez sur Internet un algorithme pour remonter un Rubik's cube qui est en désordre.

3/ Dessinez un labyrinthe très simple et tentez d'appliquer l'algorithme de Pledge.

4/ Allez sur la page https://blockly-games, demandez la page en français si ce n'est pas déjà le cas et faites le jeu du labyrinthe (il y a dix niveaux de jeu).

5/ Connaissez-vous le jeu de Nim ? Il suffit de quelques allumettes pour y jouer. En vous inspirant des ressources disponibles sur https://pixees.fr/le-jeu-de-nim-comme-algorithme/, essayez de trouver un algorithme permettant de gagner à tous les coups à ce jeu.

C'EST EN FORGEANT QUE L'ON DEVIENT FORGERON

Même si l'informatique est une science pointue, elle demande aussi beaucoup de pratique, notamment quand on débute l'apprentissage de la programmation. C'est la raison pour laquelle nous vous conseillons vivement de réaliser les exercices pratiques qui sont proposés à la fin de chaque chapitre. De la même manière, à partir du prochain chapitre, nous allons multiplier les exemples de code afin d'illustrer les notions qui seront étudiées. Si vous voulez vraiment progresser dans l'étude de la programmation, il est important au minimum de reproduire les exemples proposés au fil de l'ouvrage. Cela est d'autant plus aisé que vous avez très peu de texte à saisir, étant donné que les instructions du langage que nous allons utiliser sont disponibles sous la forme de blocs, si bien que vous n'avez qu'à les déplacer à l'aide de la souris pour les sélectionner. Une fois qu'un exemple tourne (c'est-à-dire que vous pouvez l'exécuter sans erreur), la deuxième étape consiste à tenter de le modifier afin de mieux comprendre comment le programme s'articule. Sachez que vous ne risquez absolument rien et que le pire qui puisse vous arriver est que le programme que vous aurez modifié ne marche pas, ce qui n'a aucune espèce d'importance. C'est d'ailleurs très bien de se tromper car, comme dans beaucoup de domaines, c'est en commettant des erreurs que l'on progresse. Retenez donc que plus vous manipulez les programmes proposés en exemple, plus votre apprentissage de la programmation sera rapide.

FAIRE BLOC

SEMAINE 2

Si vous avez réalisé l'avant-dernier exercice pratique du chapitre précédent (https://blockly.games), vous avez donc déjà fait connaissance avec la programmation par blocs. L'application que vous avez utilisée est dérivée du logiciel Blockly dont nous allons nous servir tout au long de cet ouvrage pour apprendre à programmer.

C'EST QUOI, BLOCKLY ?

Blockly appartient à la catégorie des VPL (Visual Programming Language), c'est-à-dire des langages de programmation visuels. Le principe d'un VPL est extrêmement simple : au lieu d'écrire au clavier des instructions, comme dans les exemples de programmes en JavaScript, en Python et en VBA que vous avez lus dans le premier chapitre, on programme en disposant à l'écran des blocs représentant des instructions. Dans un premier temps, on pourrait penser que ce type de programmation n'a pour seul intérêt que d'économiser la frappe de caractères au clavier, mais ce n'est pas le principal avantage. En fait, un VPL va considérablement faciliter l'apprentissage d'un langage de programmation car il empêche les erreurs de syntaxe et les fautes de frappe, qui sont des erreurs extrêmement courantes et frustrantes quand on apprend à programmer. En effet, nous avons vu que le simple fait d'oublier une virgule, ou bien d'employer un point-virgule à la place d'un point empêche un programme de fonctionner. Dans un VPL, cela ne peut pas arriver car la syntaxe d'une instruction est intégrée au bloc de code et on ne peut pas la modifier. De la même manière, s'il est extrêmement facile de se tromper quand on saisit, par exemple, l'instruction *toLocaleDateString* (il faut en plus respecter la différence entre les majuscules et les minuscules), on n'aura aucun problème de graphie en déplaçant un bloc. Enfin, comme nous l'avons vu, quand on apprend un langage de programmation, il est nécessaire d'apprendre son vocabulaire, ce qui peut poser problème quand on n'a pas une très bonne mémoire et que l'on est fâché avec l'anglais. Avec un VPL, toute la liste du vocabulaire est présente à l'écran, et de plus, elle a été traduite.

LES AUTRES VPL

Il existe de très nombreux VPL et la page Wikipedia anglaise sur le sujet[1] en recense plus d'une centaine qui s'illustrent dans le secteur éducatif, le multimédia, les jeux vidéo, la simulation et l'automatisation. Un des VPL les plus connus pour l'apprentissage du code par les enfants est Scratch, un produit développé par le Media Lab du MIT, la célèbre université américaine.

Microsoft, avec sa suite Visual Studio, propose toute une série de langages de programmation dont le nom commence par Visual (Basic, C++, etc.), mais il ne s'agit pas pour autant de VPL. L'environnement de développement est graphique, mais les programmeurs utilisent des langages textuels et ne programment pas à l'aide de blocs.

Tous ces avantages font que les VPL sont de plus en plus privilégiés pour l'apprentissage d'un premier langage de programmation. C'est d'ailleurs ce qui se passe en France où, depuis la généralisation de l'apprentissage du codage au collège, c'est le logiciel Scratch qui a été choisi comme langage de référence par l'Éducation nationale.

[1] en.wikipedia.org/wiki/Visual_programming_language

POURQUOI UTILISER BLOCKLY ET NON PAS SCRATCH ?

Dans la mesure où ce livre a pour objectif de vous apprendre à programmer, vous vous demandez peut-être pourquoi nous avons choisi d'utiliser Blockly plutôt que Scratch. Il y a plusieurs raisons à cela. Tout d'abord, Blockly est plus puissant que Scratch et permet de faire des choses que Scratch n'autorise pas, et c'est sans doute la raison pour laquelle la prochaine version de Scratch sera écrite à partir de Blockly. La deuxième raison est que Scratch a été conçu spécifiquement pour les enfants, si bien que son interface très enfantine peut rebuter certains lecteurs. Enfin, Blockly, comme nous le verrons à la fin de cet ouvrage, favorise l'ouverture vers d'autres langages de programmation.

D'OÙ VIENT BLOCKLY ?

Blockly est un produit développé par un ingénieur de chez Google. En 2011, Google travaillait sur un projet qui était censé permettre d'écrire facilement des applications pour les mobiles Android. Ce produit, App Inventor, avait cependant un inconvénient majeur : son interface utilisateur écrite en Java (un langage de programmation très populaire chez les informaticiens, qu'il ne faut pas confondre avec JavaScript) était difficile à installer pour les utilisateurs novices. Neil Fraser, ingénieur chez Google, a été chargé de réécrire l'interface utilisateur d'App Inventor et il a choisi de réaliser cette tâche avec le langage de programmation JavaScript. JavaScript étant le langage de programmation du navigateur Internet, les utilisateurs n'avaient plus rien à installer et l'application pouvait s'exécuter facilement dans un navigateur. Quelques mois plus tard, le projet App Inventor fut abandonné et le code du projet fut transféré au MIT, la célèbre université américaine (nous reparlerons d'App Inventor dans le dernier chapitre de cet ouvrage). Neil Fraser n'a pas souhaité abandonner le travail qu'il avait réalisé et il a publié Blockly sous la forme d'un projet open source en 2012[1]. D'autres contributeurs sont venus par la suite enrichir ce projet.

[1] Un logiciel open source est un programme dont l'auteur publie le code source et que chaque programmeur peut modifier à sa guise.

UNE BOÎTE À OUTILS FACILEMENT UTILISABLE

Blockly n'est pas à proprement parler un langage de programmation, mais il s'agit d'une boîte à outils qu'un programmeur peut insérer dans une page Web afin d'offrir une interface utilisateur permettant de programmer dans un langage qui aura été défini par le programmeur, en fonction des besoins des utilisateurs. C'est la raison pour laquelle des centaines de projets utilisent Blockly pour offrir aux utilisateurs d'un navigateur Internet la possibilité de programmer simplement. Comme son nom l'indique, Blockly utilise des blocs que l'on assemble pour écrire un programme, de la même manière que l'on assemble des briques de Lego pour réaliser une construction. Comme nous le verrons en détail par la suite, un programmeur doit faire face à des problèmes de logique et à des problèmes de syntaxe. L'utilisation de Blockly permet de s'affranchir des problèmes de syntaxe et l'apprenti programmeur peut ainsi se concentrer sur les problèmes de logique.

LES APPLICATIONS CRÉÉES À PARTIR DE BLOCKLY

Blockly étant vraiment un produit extraordinaire et de par sa conception étonnamment polyvalent, il sert de base à de très nombreuses applications qui offrent ainsi un outil simple et visuel pour apprendre à programmer ou bien pour piloter facilement un objet numérique. Nous ne nous pouvons bien entendu pas nous permettre ici de citer toutes ses applications et nous nous contenterons donc d'évoquer quelques exemples emblématiques :

- prochaine version de Scratch (https://scratch.mit.edu/developers)
- App Inventor 2 (cette application, qui sert à programmer des applications Android, sera présentée dans le dernier chapitre de ce livre)
- outils de programmation pour le microcontrôleur Arduino : Blockly@rduino, Ardublockly, Ardublock
- pilotage des robots Dash et Thymio
- programmation de la carte Micro:bit (projet de la BBC, https://microbit.org/fr/)
- projet Microsoft MakeCode (https://www.microsoft.com/en-us/makecode)
- projet Code.org (https://studio.code.org/hoc/1)

En apprenant à vous servir de Blockly, vous allez non seulement apprendre les bases de la programmation, mais vous serez aussi capable de piloter des microcontrôleurs ou des robots, et de développer des applications mobiles.

EXÉCUTER BLOCKLY

Pour exécuter Blockly, il suffit d'un navigateur et d'une connexion Internet. Blockly est accessible à l'adresse suivante : https://www.progbloc.fr/blockly/

Par défaut, l'interface de Blockly est en français, mais il est facile de passer l'application dans une autre langue. Pour ce faire, utilisez la liste déroulante en haut à droite de l'écran et sélectionnez **la langue de votre choix.** Vous pouvez constater que Blockly a été traduit dans une quarantaine de langues. La version de Blockly qui est employée dans cet ouvrage est une variante de celle qui est proposée par Google. Nous avons, entre autres, simplifié l'affichage et modifié certaines traductions qui ne nous paraissaient pas très claires. Cela signifie que si vous récupérez sur le Web une autre version de Blockly, vous risquez de constater des différences dans l'interface.

DESCRIPTION DE L'INTERFACE

L'interface de Blockly est très simple et intuitive. Sur la gauche se trouvent les différentes catégories de blocs que vous pouvez utiliser (Logique, Boucles, Maths, Texte, Listes, Variables, Fonctions). Le fait de cliquer sur une catégorie affiche les blocs relatifs à cette catégorie. Par exemple, si l'on clique sur la catégorie Fonctions, Blockly affiche les trois blocs suivants :

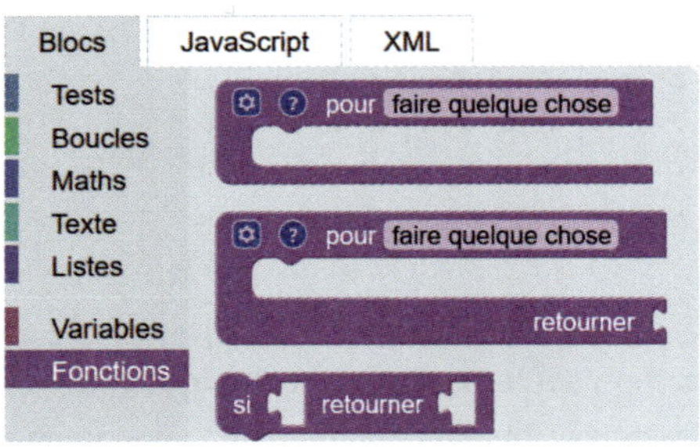

Pour placer un bloc sur l'espace de travail qui est au centre de l'écran et qui est matérialisé par des points gris, il suffit de cliquer sur le bloc que l'on veut employer. On peut ensuite déplacer le bloc en le pointant et en faisant un simple glisser-déplacer. Les quatre boutons à droite de l'écran, de haut en bas, servent à :

- recentrer le programme sur la page
- zoomer
- dézoomer
- supprimer un ou plusieurs blocs en les mettant à la corbeille

Les deux boutons, JavaScript et XML, servent à obtenir une traduction du programme Blockly dans chacun de ces langages et nous verrons plus tard comment utiliser cette fonctionnalité très puissante.

Les deux icônes représentant une corbeille et un bouton de lecture, situées en haut à droite de l'écran (à droite de la liste des langues) ont les fonctions suivantes (de gauche à droite) :

- suppression de tous les blocs présents sur l'espace de travail
- exécution du programme présent sur l'espace de travail

Le bouton de suppression de tous les blocs demande bien entendu une confirmation de la suppression, ce qui évite les fausses manipulations.

LES DIFFÉRENTES CATÉGORIES DE BLOCS

Même si les principaux blocs de programmation de Blockly seront étudiés en détail dans ce livre, nous allons décrire brièvement les différentes catégories que propose Blockly. Ces catégories sont très utiles car elles permettent de classer les blocs en fonction de la nature de l'opération qu'ils réalisent. Ainsi, quand on programme, on cherche dans un ensemble de blocs réduit, ce qui accélère la recherche des blocs, pour peu que l'on sache ce que recouvre chaque catégorie.

La catégorie **Logique** comporte 7 blocs qui ont tous un rapport avec ce que les informaticiens appellent les tests conditionnels. Ces tests seront décrits en Semaine 5, « Avec des si… ». En bref, ce sont des instructions qui commencent par le mot « si ».

La catégorie **Boucles** comprend 5 blocs qui permettent de gérer les répétitions dans un programme. Les boucles sont étudiées en Semaine 4, « Ça tourne en boucle ! ».

La catégorie **Maths** se compose de 12 blocs qui, comme le nom de la catégorie le laisse supposer, ont un rapport avec les mathématiques. Les blocs de cette catégorie permettent donc de traiter des nombres, et notamment de faire des calculs, mais également d'arrondir un nombre ou de déterminer s'il est pair.

La catégorie **Texte** compte également 12 blocs qui permettent de gérer du texte (qui s'oppose en programmation aux nombres). Les blocs de cette catégorie permettent notamment d'afficher des messages, mais aussi de transformer un texte ou de chercher un texte dans un nombre.

La catégorie **Listes** comporte 11 blocs qui donnent la possibilité de manipuler des listes d'informations. L'usage des listes est détaillé au cours de la Semaine 6, « J'en ai toute une liste ! ».

La catégorie **Variables** ne compte au départ qu'un seul bloc (**Créer une variable…**), mais dès que l'on a créé une variable, 3 autres blocs sont rajoutés à cette catégorie. Le concept de variable est central en programmation et il fera l'objet du prochain chapitre.

La catégorie **Fonctions** se compose de 3 blocs. Les fonctions, qui sont aussi un élément très important des langages de programmation, sont étudiées en Semaine 7, « En fonction de ».

Si l'on comptabilise l'ensemble des blocs, on constate qu'il n'est pas excessif et que leur nombre ne dépasse pas la soixantaine. Il faut cependant prendre en compte le fait que certains blocs, notamment les blocs de la catégorie **Maths**, contiennent, sous la forme de listes déroulantes, des options qui multiplient le nombre de possibilités. Ainsi les blocs **racine carrée** et **Pi** donnent respectivement accès à 7 et 6 blocs différents, si bien que 2 blocs permettent d'obtenir en fait 13 blocs.

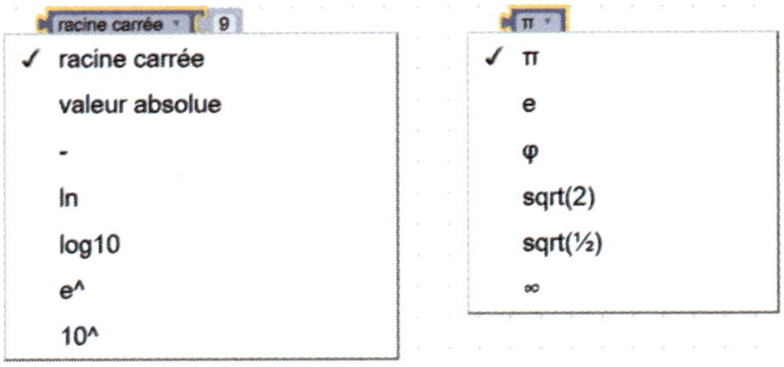

Dans ces conditions, le nombre d'instructions du langage dépasse en fait la centaine.

SE FAMILIARISER AVEC LES OUTILS

Même si pour l'instant la plupart de ces blocs n'ont pour vous aucune signification, faites le tour du propriétaire et passez en revue toutes les catégories et les différents blocs qu'elles contiennent. Si vous connaissez un peu d'anglais, vous pouvez même repasser l'interface de Blockly en langue anglaise pour comparer les traductions et vous familiariser avec les deux versions. Revenez ensuite à la version française de l'interface car c'est celle que nous utiliserons dans le cadre de ce livre.

UN PREMIER PROGRAMME PAS À PAS

Traditionnellement, tout livre traitant de programmation, quel que soit le langage étudié, commence par présenter un programme baptisé Hello world ! (Bonjour le monde !) qui se contente d'afficher ces deux mots à l'écran. D'ailleurs, si vous saisissez les deux mots Hello world entre guillemets dans le moteur de recherche de Google, vous obtiendrez plus de 57 millions de résultats… et il y a même une page Wikipédia consacrée à ce sujet : https://fr.wikipedia.org/wiki/Hello_world. Cette coutume a le mérite de la simplicité et constitue un passage obligé pour tout livre sérieux sur l'apprentissage de la programmation. Nous n'avons rien a priori contre les traditions et nous n'avons aucun doute sur le sérieux de cet ouvrage, mais nous allons néanmoins déroger à cette pratique et présenter un premier programme qui n'affichera pas ces deux mots. Notre exemple sera un peu plus complexe, mais il vous fera découvrir sur Blockly plus de choses qu'un simple Hello world.

Ce programme, on l'a déjà rencontré la semaine précédente. Il demande à l'utilisateur de saisir son âge et en fonction de l'âge saisi, il affiche un message indiquant si la personne est majeure ou mineure. Toutes les opérations pour écrire ce programme sont décrites pas à pas et vous ne devriez pas avoir de difficulté à rédiger ce premier programme. Si pour l'instant vous ne comprenez pas bien la logique du programme, cela n'a pas d'importance car ce premier exercice a pour but de vous faire manipuler des blocs. Suivez bien les instructions ci-dessous dans l'ordre où elles sont écrites.

Ouvrez votre navigateur Internet et allez sur la page de Blockly[2]. Assurez-vous que l'espace de travail au centre de l'écran où vous allez déposer les blocs n'en comporte aucun. Si tel n'est pas le cas, cliquez sur l'icône de la poubelle (en haut à droite de l'écran) afin de supprimer tous les blocs.

[2] www.progbloc.fr/blockly/

Cliquez sur la catégorie **Variables**, puis sur le bouton **Créer une variable...** Saisissez **age** comme nom de la nouvelle variable, puis cliquez sur le bouton **OK**. En français, il faut bien entendu un accent circonflexe sur le nom âge, mais pour des raisons historiques, on n'emploie pas de lettres accentuées dans les noms des variables. La variable **age** va servir à stocker l'information qui sera saisie par l'utilisateur et qui va représenter l'âge d'une personne

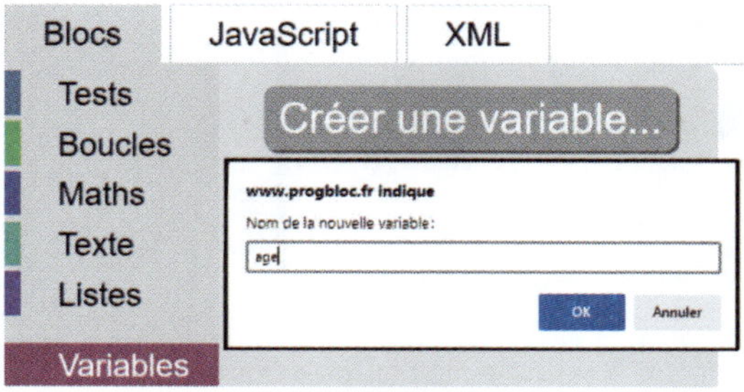

Quand vous avez validé votre choix, 3 autres blocs apparaissent dans la catégorie **Variables**.

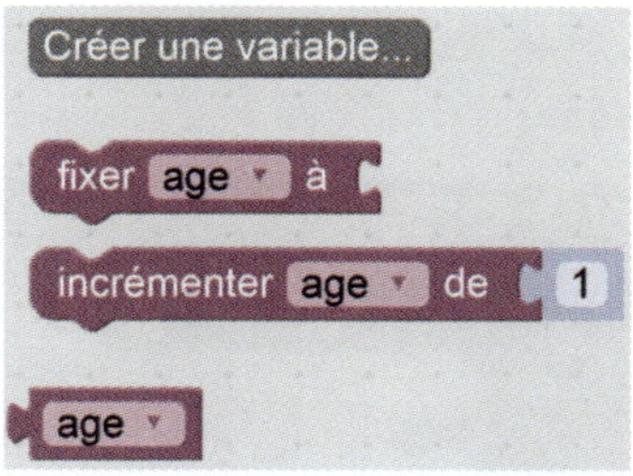

Dans la catégorie **Variables**, cliquez sur le bloc **fixer age à**. Déplacez ce bloc en effectuant un cliquer-glisser pour qu'il se situe en haut à gauche de l'espace de travail.

Dans la catégorie **Texte**, cliquez sur le bloc **invite pour un texte avec un message « abc »** qui se trouve tout en bas de la liste des blocs de cette catégorie. Déplacez ce bloc pour venir l'accrocher par la droite au bloc **fixer age à**.

Déroulez la liste **texte** et choisissez l'option **nombre**. Sélectionnez le texte **abc** et remplacez-le par **Indiquez votre âge**.

Dans la catégorie **Logique**, cliquez sur le premier bloc **si faire**. Déplacez ce bloc pour venir l'accrocher dessous le bloc **fixer age à**. Cliquez sur la roue crantée du bloc **si faire** et déplacez le bouton **sinon** sous le bouton **si**.

Cliquez à nouveau sur la roue crantée du bloc **si faire** pour valider la modification. Dans la catégorie **Logique**, cliquez sur le deuxième bloc qui comporte un signe égal. Déplacez ce bloc pour venir l'accrocher par la droite au bloc **si**. Déroulez la liste **=** du bloc que vous venez d'accrocher et choisissez l'option **<** (strictement inférieur).

Dans la catégorie **Variables**, cliquez sur le bloc **age** et déplacez-le dans l'espace disponible à gauche du signe **<**. Dans la catégorie **Maths**, cliquez sur le premier bloc **123** et déplacez-le dans l'espace disponible à droite du signe **<**. Sélectionnez la valeur **123** et remplacez-la par le nombre **18**.

Dans la catégorie **Texte**, cliquez sur l'avant-dernier bloc **afficher « abc »** et déplacez-le pour l'accrocher à droite du bloc **faire**. Sélectionnez la valeur **abc** et remplacez-la par le libellé **Vous êtes une personne mineure**.

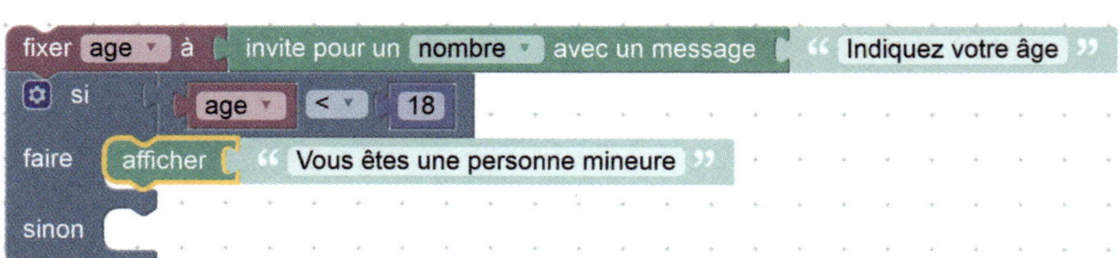

Faites un clic droit sur le bloc **afficher** et choisissez la commande **Dupliquer** dans le menu contextuel. Placez le bloc dupliqué en face du bloc **sinon**. Dans le bloc dupliqué, sélectionnez le libellé **mineure** en faisant un double-clic sur le mot et changez-le en **majeure**.

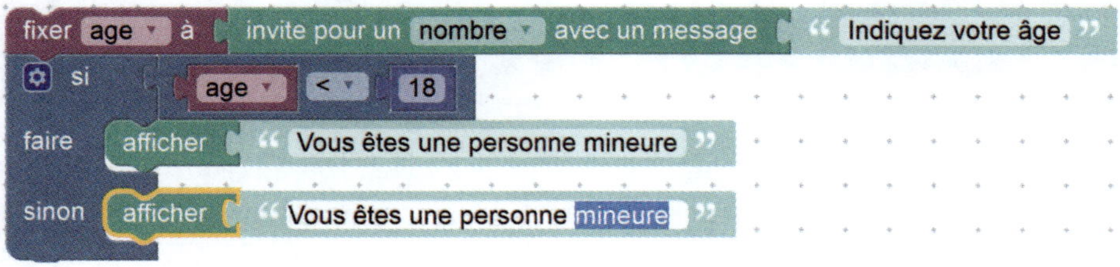

Votre programme est à présent terminé et il doit ressembler à la copie d'écran illustrée ci-dessous :

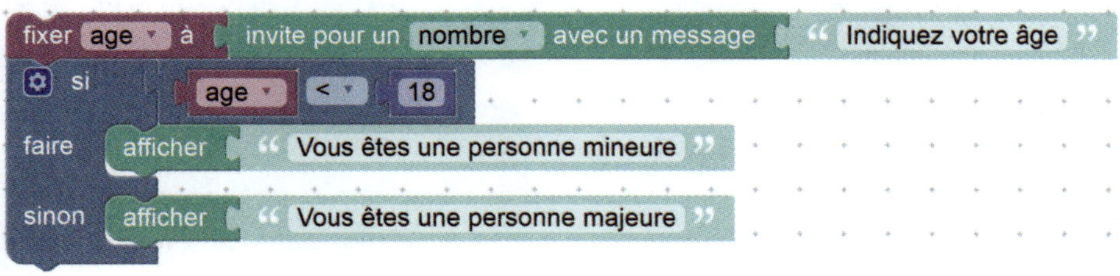

EXPÉRIMENTER POUR COMPRENDRE

Encore une fois, il est parfaitement normal que vous ne compreniez pas tout ce que vous venez de faire si vous n'avez aucune expérience de la programmation. Pour le moment, l'essentiel n'est pas de comprendre le code que vous avez écrit, mais d'apprendre à manipuler les blocs (sélectionner un bloc, le déplacer, l'accrocher, le modifier, le dupliquer, etc.). Pour autant, nous pensons que chacun aura compris que le programme teste une valeur numérique et qu'en fonction du résultat de ce test, il affiche un message. En fait, ce programme répond à une question qui peut se résumer en une seule phrase : si la personne a moins de 18 ans, elle est mineure, sinon elle est majeure.

Si votre programme ne fonctionne pas correctement, relisez attentivement toutes les étapes nécessaires à sa rédaction et servez-vous des copies d'écran pour vérifier l'avancée de votre travail. Assurez-vous que le résultat final est bien conforme à la copie d'écran illustrant le programme définitif.

Si votre programme ne fonctionne toujours pas, regardez la correction vidéo dont le lien est disponible dans les compléments électroniques de ce livre.

C'est maintenant la minute de vérité et nous allons exécuter le programme que vous venez de saisir. Pour ce faire, cliquez sur le bouton rouge en haut à droite de l'écran. Le programme affiche la boîte de dialogue suivante :

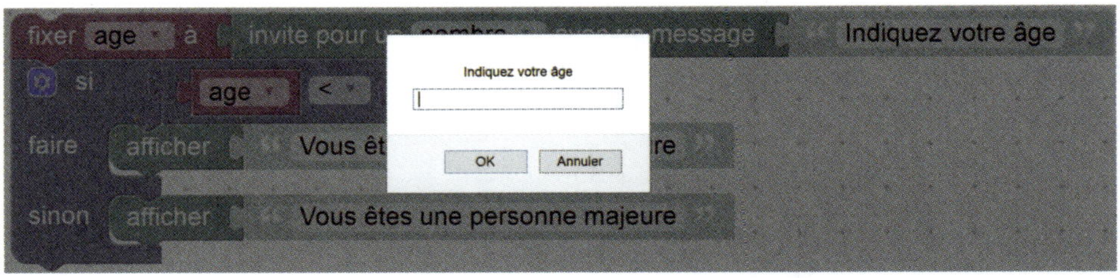

Saisissez une valeur numérique quelconque et validez votre choix en cliquant sur le bouton **OK** ou en appuyant sur la touche **Entrée**. Si vous avez saisi une valeur strictement inférieure à 18, une boîte de dialogue affiche le message « Vous êtes une personne mineure » et dans le cas contraire, c'est le message « Vous êtes une personne majeure » qui est affiché. Cliquez sur le bouton **OK** pour faire disparaître la boîte de dialogue. Relancez plusieurs fois le programme pour tester plusieurs valeurs numériques et vérifier qu'il fonctionne bien dans différents cas de figure.

Si tout se déroule comme prévu, vous venez d'écrire et d'exécuter avec succès votre premier programme Blockly. Cela peut paraître évident, mais il faut néanmoins le préciser : l'exécution des blocs se réalise dans l'ordre où ils s'inscrivent dans l'espace de travail, c'est-à-dire de haut en bas. Dans notre exemple, c'est le bloc **fixer** qui est exécuté en premier, puis le bloc **si faire sinon**.

COMMENT RETROUVER LE PROGRAMME QUE VOUS AVEZ SAISI ?

Vous avez correctement suivi la procédure pour écrire votre premier programme avec Blockly et vous êtes allé vous coucher avec le sentiment du devoir accompli. Le lendemain, vous voulez retrouver votre œuvre et en relançant Blockly dans votre navigateur, vous constatez avec effroi que l'espace de travail est désespérement vide. Cela est parfaitement normal, car un programme Blockly n'est actif que pendant la session de votre navigateur. Dès que vous fermez votre navigateur, le programme saisi disparaît à jamais. Pas de panique pour autant ! Nous verrons au prochain chapitre comment sauvegarder vos précieux programmes.

APPRENDRE À MANIPULER LES BLOCS

Vous venez d'écrire votre premier programme et vous avez vu l'essentiel pour assembler les blocs dont vous avez eu besoin. Dans cette section, nous allons passer en revue toutes les manipulations qu'il est possible de faire avec les blocs.

DÉPLACER DES BLOCS

Dès que vous avez déposé un bloc sur l'espace de travail, vous pouvez le déplacer à la souris par une simple technique de glisser-déplacer. En revanche, le problème devient plus complexe quand il s'agit de déplacer un bloc qui est solidaire d'autres blocs. Par exemple, si vous déplacez le premier bloc d'un programme qui en compte plusieurs, vous déplacez l'ensemble des blocs. En revanche, si vous déplacez le dernier bloc d'un programme qui en compte plusieurs, vous ne déplacez que le bloc que vous avez sélectionné. Si vous déplacez le deuxième bloc d'un programme qui en compte plusieurs, vous déplacez le deuxième bloc ainsi que tous les blocs qui sont en dessous.

Les blocs qui viennent s'accrocher à la droite d'autres blocs peuvent cependant être déplacés individuellement.

INSÉRER UN BLOC ENTRE DEUX LIGNES D'INSTRUCTIONS

Si vous avez suivi ce qui vient d'être dit sur le déplacement des blocs, vous comprendrez que pour insérer un bloc entre deux lignes, il suffit d'abord de déplacer vers le bas les blocs qui seront en dessous du bloc que l'on veut insérer, puis d'insérer le bloc au bon endroit, et enfin de raccrocher les blocs que l'on vient de désolidariser.

Cela étant, quand vous aurez acquis une grande pratique dans le déplacement des blocs, vous constaterez que vous pouvez insérer un bloc entre deux lignes sans désolidariser les blocs au-dessus et en dessous du bloc que vous voulez insérer. Si vous déplacez votre bloc légèrement en dessous du bloc sous lequel vous voulez l'insérer, l'encoche qui permet d'accrocher les deux blocs se colorie en jaune et en relâchant le bouton de la souris, le bloc se positionnera automatiquement à l'emplacement souhaité. Cependant, quand on démarre l'apprentissage de Blockly, la première manipulation qui est décrite paraît généralement plus facile à réaliser.

SUPPRIMER DES BLOCS

On agira un peu de la même manière quand on veut supprimer un bloc situé entre deux lignes d'instructions. Il faut d'abord déplacer vers le bas les blocs qui sont en dessous du bloc que l'on veut supprimer, puis déplacer le bloc que l'on veut supprimer vers la corbeille, et enfin raccrocher les blocs que l'on vient de désolidariser.

Il existe cependant une solution plus simple qui consiste à faire un clic droit sur le bloc que l'on veut supprimer et à choisir la commande **Supprimer x blocs**.

D'une manière plus générale, il existe trois méthodes pour supprimer des blocs :

- déplacer les blocs dans la corbeille en bas à droite de l'espace de travail ;
- sélectionner un bloc, faire un clic droit et choisir la commande **Supprimer x blocs** dans le menu contextuel ;

TUTORIEL POUR LA MANIPULATION DES BLOCS

Si vous ne comprenez pas bien toutes ces manipulations, une vidéo valant mieux qu'un long discours, regardez le tutoriel vidéo dont l'adresse figure dans les compléments en ligne de ce livre.

- Cliquer sur l'icône de la corbeille située à gauche du bouton rouge servant à exécuter le programme. Attention, cette opération qui demande une confirmation supprime tous les blocs présents sur l'espace de travail.

En fait, quand vous supprimez des blocs, ils ne disparaissent pas complètement dans la mesure où ils sont stockés dans la corbeille (l'icône qui est située en bas à droite de l'écran). Quand vous cliquez sur la corbeille, vous avez accès à tous les blocs que vous avez supprimés et vous pouvez les replacer sur l'espace de travail par un simple glisser-déposer. Cette fonctionnalité est active, même si vous avez supprimé d'un seul coup la totalité des blocs en cliquant sur le bouton de la corbeille situé à droite de la liste des langues.

DUPLIQUER DES BLOCS

Il arrive assez souvent dans un programme que l'on ait à saisir des blocs qui soient similaires ou dont les différences sont si minimes que l'on a intérêt à les dupliquer, puis à les modifier. Ainsi, plutôt que de faire deux fois la même manipulation, il est souvent plus simple de recopier un bloc. Pour dupliquer un bloc, sélectionnez-le et faites un clic droit, puis choisissez la commande **Dupliquer**. Une copie du bloc sélectionné vient se positionner en dessous légèrement à droite du bloc copié. Il ne vous reste alors plus qu'à placer le bloc copié au bon endroit et éventuellement à le modifier.

ANNULER LES DERNIÈRES ACTIONS

Il arrive très souvent quand on déplace des blocs que l'on commette une erreur car on veut agir trop rapidement. Il peut également arriver que par inadvertance on sélectionne tout son programme et qu'on le mette à la corbeille. Si l'on a passé une demi-heure à peaufiner son programme, on a de quoi être dépité par une pareille bévue. Les concepteurs de Blockly ont heureusement pensé à tout et vous pouvez revenir en arrière grâce à la combinaison de touches **CTRL + Z**, qui annule la dernière action. En pressant plusieurs fois de suite cette combinaison de touches, on peut revenir en arrière sur plusieurs niveaux dans l'historique des commandes et ainsi annuler tout une série d'actions qui viennent d'être accomplies. De la même manière, on peut annuler les annulations en pressant la combinaison de touches **CTRL + Maj + Z** (l'équivalent du CTRL + Y dans de nombreux logiciels). Ces combinaisons de touches bien pratiques permettent de corriger rapidement les erreurs que vous venez de commettre, qu'il s'agisse d'une suppression intempestive ou bien du placement incorrect d'un bloc.

DÉSACTIVER UN BLOC

Il peut être nécessaire, notamment dans les phases de test et de débogage (qui seront étudiées en Semaine 8), que l'on souhaite désactiver temporairement un bloc de manière à ce qu'il ne soit pas exécuté quand on lance le programme. Une solution consiste bien entendu à supprimer ce bloc puis à le réintégrer quand on en a à nouveau besoin, mais cela peut perdre du temps, notamment si le bloc est complexe à élaborer. Une solution beaucoup plus élégante consiste à sélectionner le bloc en question et à faire un clic droit, puis à choisir la commande **Désactiver le bloc** dans le menu contextuel. Le bloc change alors de couleur et il ne sera pas exécuté quand vous lancerez le programme.

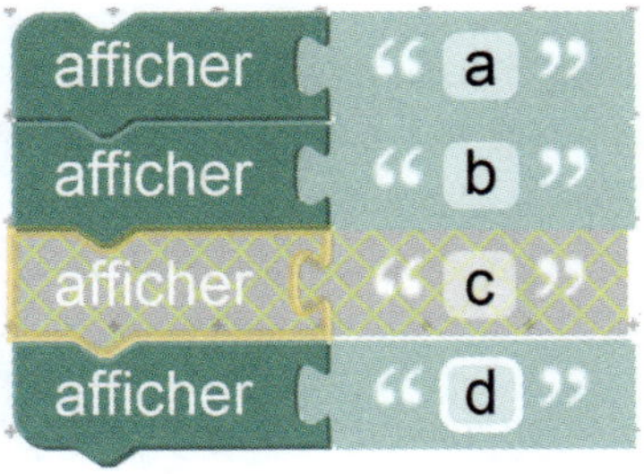

Si vous souhaitez réactiver le bloc pour qu'il soit à nouveau exécuté quand le programme est lancé, il faut le sélectionner et choisir la commande **Activer le bloc** dans le menu contextuel.

POSITIONNER DES BLOCS DANS L'ESPACE DE TRAVAIL

En théorie, les blocs sont exécutés dans l'ordre où ils sont affichés, c'est-à-dire de haut en bas. Mais que se passe-t-il quand vous avez des blocs qui ne sont pas connectés et qui ne figurent pas les uns en dessous des autres ? La copie d'écran ci-dessous présente un exemple d'une telle situation :

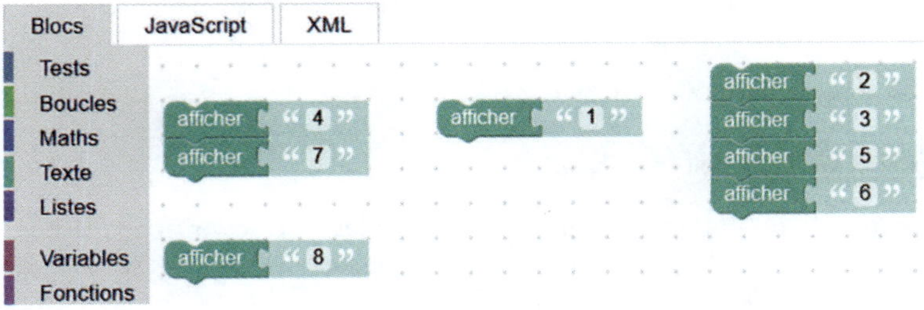

Dans cet exemple, si l'on clique sur le bouton rouge pour exécuter le « programme », Blockly affichera dans l'ordre les valeurs suivantes : 2, 3, 5, 6, 4, 7, 1, 8. Blockly exécute donc l'instruction la plus haute dans l'espace de travail, puis tous les blocs qui lui sont connectés. Ensuite, il exécute le bloc qui est en dessous le plus à gauche et le bloc qui lui est connecté, puis le bloc qui est sur la même ligne, mais situé plus à droite, et ainsi de suite.

Dans ces conditions, il est préférable, quand vous écrivez un programme, de ne pas laisser traîner sur l'espace de travail des blocs qui ne soient pas physiquement rattachés au programme principal car cela peut engendrer des erreurs.

INSTALLER BLOCKLY SUR SON ORDINATEUR

Blockly est une application en ligne qui s'exécute depuis un navigateur Internet, mais vous avez tout intérêt à l'installer sur votre ordinateur. Cela vous permettra ainsi de l'exécuter, même si vous n'êtes pas connecté à Internet.

Si l'on dispose du code source d'une application Internet, on peut l'installer sur son ordinateur et l'exécuter, en local (par opposition à en ligne), depuis le disque dur de son ordinateur dans un navigateur. L'URL de l'application ne commencera alors pas par **http://**, mais par **file:///** et indiquera le chemin d'accès au fichier de démarrage de l'application sur votre disque dur.

Pour installer Blockly sur votre ordinateur, il faut au préalable télécharger les fichiers de l'application. Pour ce faire, pointez votre navigateur à : https://www.progbloc.fr/complements/r

Suivez pas à pas les instructions de la procédure d'installation de Blockly. Vous noterez que Blockly peut s'installer sur un PC, un Mac, un ordinateur tournant sous Linux et même un appareil mobile (smartphone ou tablette) sous Android ou iOS.

Nous nous permettons d'insister sur le fait que vous devez installer la version qui est proposée sur le site compagnon de cet ouvrage et non pas sur un autre site. En effet, la version proposée sur ce site est beaucoup plus simple à installer et vous bénéficierez également d'une interface plus conviviale. Enfin, en installant Blockly sur votre ordinateur, vous ne subirez pas les éventuels ralentissements du site Web où sont hébergés les fichiers de Blockly puisqu'ils seront immédiatement accessibles en local.

POUR S'ENTRAÎNER

1/ Recopiez le programme suivant et remettez les instructions dans le bon ordre pour afficher la célèbre maxime de Nicolas Boileau « Vingt fois sur le métier remettez votre ouvrage ».

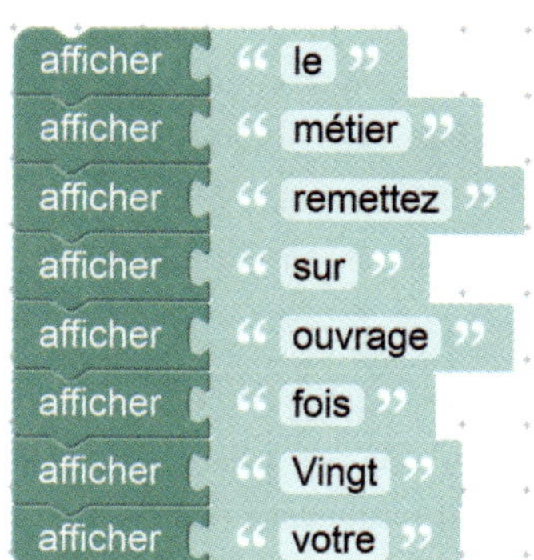

2/ Recopiez le programme suivant et insérez trois blocs **afficher** dans le bon ordre pour afficher la célèbre maxime de Nicolas Boileau « Ce **que** l'on **conçoit** bien **s'énonce** clairement ».

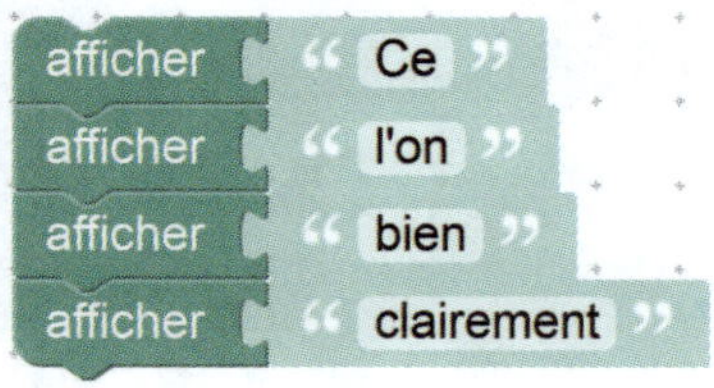

3/ Recopiez le programme suivant en utilisant la commande de duplication de bloc et supprimez les blocs qui contiennent la valeur 0.

4/ Recopiez le programme suivant et modifiez la deuxième ligne de telle sorte qu'elle affiche **si age > 17**.

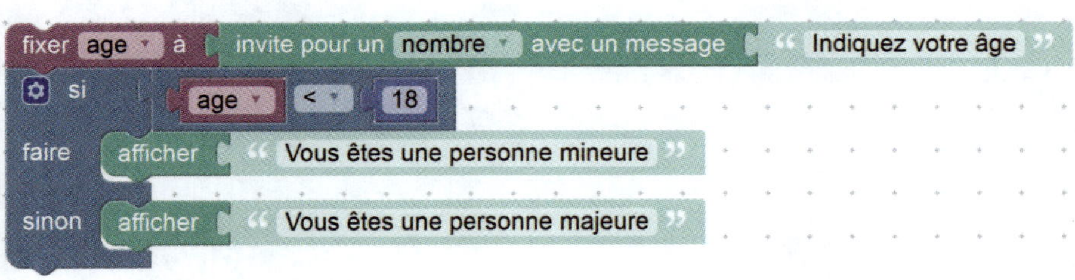

Déplacez ensuite deux blocs pour que le programme fonctionne correctement.

5/ Réalisez l'installation de Blockly en local sur votre machine en suivant les instructions dans la section **Installer Blockly sur son ordinateur**, puis créez un raccourci (raccourci sur le Bureau, favori ou marque-page dans le navigateur Internet, etc.) afin de pouvoir accéder rapidement à l'application Blockly.

C'EST VARIABLE...

SEMAINE 3

Cette semaine, nous allons aborder une notion très importante en programmation : le concept de variable. Les apprentis programmeurs ont parfois du mal à comprendre le rôle des variables et il faut reconnaître que cela n'est pas forcément intuitif. De plus, ceux qui ont déjà manipulé des variables en mathématiques ne seront pas avantagés car le concept est différent en informatique, même s'il y a quelques similitudes. Pour que chacun puisse bien appréhender cette notion, nous prendrons de nombreux exemples et nous présenterons plusieurs analogies avec des objets de la vie quotidienne.

EN INFORMATIQUE, ON TRAITE DES INFORMATIONS

La première semaine, nous avons défini les programmes et les algorithmes, mais nous n'avons pas donné de définition de l'informatique. Nous allons réparer cet oubli en reprenant la définition du *Petit Robert* :

> ***« Science du traitement de l'information ; ensemble des techniques de la collecte, du tri, de la mise en mémoire, du stockage, de la transmission et de l'utilisation des informations traitées automatiquement à l'aide de programmes mis en œuvre sur ordinateurs. »***

Pour résumer, on peut donc dire que l'informatique est la science du traitement automatisé de l'information.

L'information va donc tenir un rôle central en informatique et on peut également rajouter qu'un programme est constitué en général de trois phases bien distinctes :

- l'acquisition de l'information
- le traitement de l'information
- la restitution de l'information traitée

Prenons le temps de détailler chacune de ces phases.

CONCEPT D'INFORMATION

La notion d'information est très présente dans la vie quotidienne puisque l'on regarde les informations à la télé et que l'on cherche une information avec un moteur de recherche. Les informations que l'on va traiter sur ordinateur sont cependant de nature différente et s'apparentent plus à la notion de données que l'on retrouve dans l'expression bases de données. Une donnée est différente d'une information dans la mesure où il s'agit d'un contenu brut qui n'a pas subi de traitement intellectuel (pas d'interprétation ni de contextualisation). Dans cet ouvrage, nous continuerons à parler d'information, mais il s'agit à proprement parler de données.

L'ACQUISITION DE L'INFORMATION

L'information étant le matériau de base d'un programme, il faut bien que le logiciel la reçoive pour la traiter. Il existe de très nombreuses façons pour un programme d'acquérir de l'information. La première méthode consiste à demander à l'utilisateur du programme de la saisir et c'est d'ailleurs de la sorte que nous procéderons dans la plupart des exemples que nous emploierons dans cet ouvrage. Ainsi, le programme pose une question à l'utilisateur en affichant un champ de saisie et l'utilisateur tape sa réponse dans le champ de saisie. L'information est transmise au programme qui pourra la traiter.

Mais il existe d'autres moyens de transmettre de l'information à un programme. Au lieu d'utiliser un clavier pour saisir de l'information, on peut employer une caméra (voire un appareil photo ou un scanner) pour transmettre des images ou bien un microphone pour envoyer un son à l'ordinateur. D'une manière générale, on peut se servir d'innombrables capteurs pour envoyer des informations à des microcontrôleurs (comme l'Arduino) ou des nano-ordinateurs (comme le Raspberry Pi). Parmi les capteurs disponibles sur le marché pour un prix raisonnable, on peut citer les capteurs de température, d'humidité, de pression atmosphérique, et il en existe des dizaines d'autres.

Une autre solution pour acquérir de l'information est d'utiliser un fichier : les informations seront stockées dans un fichier et le programme ira lire les informations du fichier pour les transférer dans sa mémoire.

LE TRAITEMENT DE L'INFORMATION

Une fois l'information acquise, il faut la traiter et c'est en général la phase la plus importante et la plus intéressante d'un programme. Le traitement de l'information peut être simplissime, si l'on se contente d'additionner deux valeurs, mais il peut aussi être extrêmement sophistiqué, par exemple si le programme doit traduire dans une autre langue une phrase saisie vocalement (c'est notamment l'opération que réalise l'application pour smartphone Microsoft Translator). Bien entendu, les traitements qui peuvent être réalisés sur des informations sont innombrables et nous nous contenterons de lister ici quelques exemples simples et courants :

- réaliser un calcul sur des valeurs numériques (opération mathématique, conversion, application d'une formule, etc.)
- trier des informations (numériques ou alphanumériques, c'est-à-dire constituées de chiffres et de lettres)
- traiter du texte (convertir en majuscules, supprimer des espaces, chercher un mot dans une phrase, crypter, etc.)

Comme vous l'imaginez, certaines applications, comme la reconnaissance faciale, la traduction automatique ou le jeu d'échecs, nécessitent des traitements extrêmement complexes qui dépassent largement le cadre de cet ouvrage, mais ces logiciels respectent cependant le schéma des trois phases que nous avons décrites.

LA RESTITUTION DE L'INFORMATION TRAITÉE

Quand l'information est traitée, elle peut être présentée à l'utilisateur pour qu'il en tire profit. La plupart du temps, l'information est restituée à l'écran, mais elle peut également être dirigée vers tous les périphériques de sortie dont dispose un ordinateur :

- haut-parleurs
- imprimante
- fichier
- LED
- moteur pas à pas

- terminal braille (pour les non-voyants)
- etc.

Si l'on reprend l'exemple du programme que vous avez saisi la semaine précédente, on constate que ce programme simple comprend bien les trois phases que nous avons énoncées.

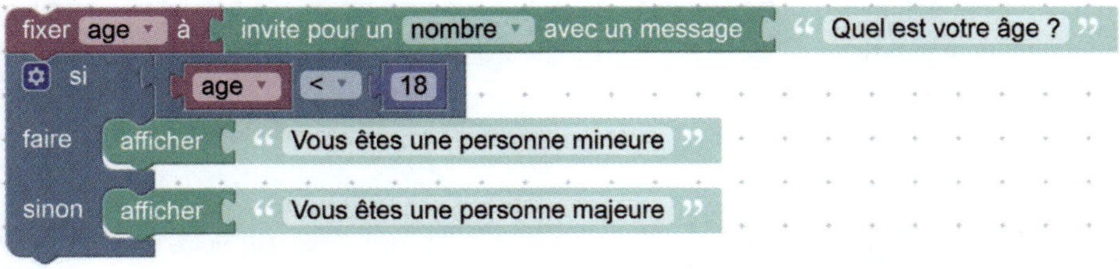

Le bloc **invite pour un nombre avec un message** permet à l'utilisateur de saisir un nombre et il s'agit donc de la phase d'acquisition de l'information, en l'occurrence l'âge d'une personne. Le bloc **si faire sinon** va permettre de traiter l'information en déterminant si une personne est majeure ou mineure. Enfin, les blocs **afficher** vont restituer à l'écran l'information traitée en fonction de l'âge de l'utilisateur. Dans la plupart des programmes que nous allons concevoir, nous retrouverons cette architecture en trois phases.

LA NOTION DE VARIABLE

Arrêtons-nous un instant sur le bloc **fixer age** du programme précédent. Si vous vous souvenez de ce que vous avez fait la semaine précédente, vous savez qu'avant de voir apparaître le bloc **fixer age**, vous avez dû cliquer sur le bouton **Créer une variable...** de la rubrique **Variables**.

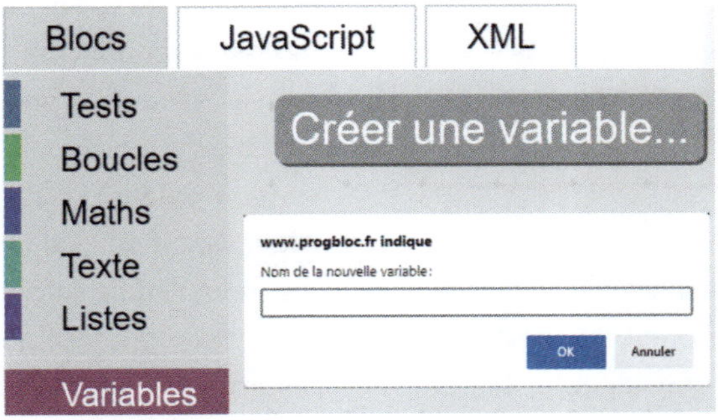

Comme son nom l'indique, ce bouton crée une variable et le bloc **fixer age** permet de stocker l'information saisie par l'utilisateur (grâce au bloc **invite pour un nombre avec un message**) dans la variable **age**. On peut donc en conclure qu'une variable est un emplacement pour stocker de l'information. Dans notre exemple, on définit un emplacement que l'on nomme **age** et on range à cet endroit l'information saisie par l'utilisateur. Si vous n'arrivez pas bien à vous représenter cette notion, vous pouvez également penser qu'une variable est un tiroir dans lequel on peut stocker un objet. Ce tiroir comporte sur sa façade une étiquette sur laquelle est inscrit le nom du tiroir. Le tiroir est la variable et l'étiquette est le nom de la variable, l'objet dans le tiroir étant le contenu de la variable.

Afin de manipuler ces notions, saisissez le programme suivant :

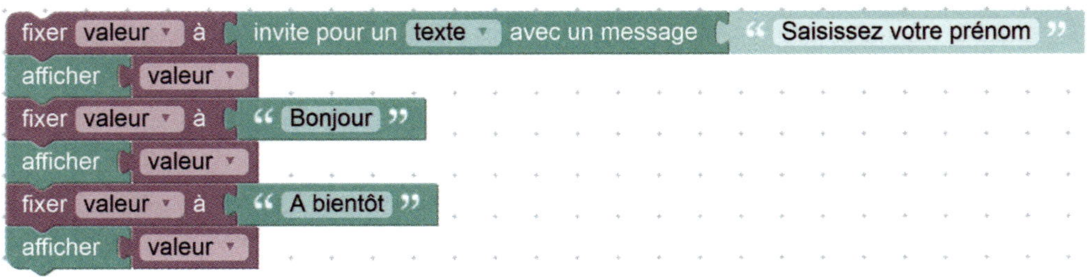

puis exécutez-le.

> **RAPPELS**
>
> Si vous avez bien suivi, vous savez que vous devez déclarer la variable **valeur** avant de pouvoir utiliser le bloc **fixer valeur.**
>
> N'oubliez pas que les blocs peuvent être dupliqués. Il y a trois fois l'instruction **afficher valeur** dans ce programme si bien qu'il est plus rapide de dupliquer ce bloc deux fois (grâce à un clic droit sur le bloc).

Analysons ce programme en reprenant l'analogie avec un tiroir. En déclarant la variable **valeur**, vous inscrivez le mot **valeur** sur l'étiquette du tiroir. Le premier bloc **fixer valeur** range dans le tiroir l'information que l'utilisateur a saisie dans le bloc **invite pour un texte avec un message** (en principe, votre prénom). Le premier bloc **afficher valeur** affiche le contenu du tiroir dont l'étiquette porte la mention **valeur**. Le deuxième bloc **fixer valeur** range dans le tiroir le mot **Bonjour** et en plaçant cette information dans le tiroir il supprime l'information qui y était auparavant stockée (votre prénom). Il est important de bien comprendre que quand on range une donnée dans une variable, on remplace l'information qui était déjà présente. On verra tout à l'heure que l'on peut quand même exploiter l'information présente avant de la remplacer, mais dans cet exemple on « écrase » la donnée stockée à l'origine dans la variable et le deuxième bloc **afficher valeur** restitue donc à l'écran le contenu du tiroir, c'est-à-dire « Bonjour ». Le troisième bloc **fixer valeur** stocke dans le tiroir les mots **A bientôt** et le troisième bloc **afficher valeur** affiche le contenu du tiroir, à savoir « A bientôt ».

Bien évidemment, ce programme n'a aucun intérêt pratique et son seul but est de vous faire manipuler le concept de variable. Que peut-on déduire de ce programme ? Premièrement, le contenu d'une variable peut évoluer au cours d'un programme et dans notre exemple, la variable **valeur** a changé trois fois de contenu. Le contenu d'une variable peut être défini par l'utilisateur (grâce au bloc **invite**), mais également par le programme lui-même, en indiquant une valeur à la suite du bloc **fixer à**.

Si l'on résume, une variable est un emplacement pour stocker temporairement de l'information, le contenu de cet emplacement pouvant varier au cours du programme. On peut accéder au contenu d'une variable en faisant référence à son nom. Les variables ne permettent que deux types d'opération : stockage d'une information et lecture d'une information. Pour reprendre notre analogie avec un tiroir, on peut déposer un objet dans un tiroir en remplaçant le contenu qui s'y trouvait précédemment ou bien regarder son contenu. Vous noterez que le contenu du tiroir peut évoluer au cours du programme et nous reviendrons sur cette question un peu plus loin.

Vous vous posez peut-être la question de savoir si ce dispositif est vraiment utile et s'il est possible de s'en passer. En effet, il est parfaitement possible de réécrire le programme précédent en n'employant aucune variable sans que son exécution en soit perturbée.

Si l'on reprend l'exemple du premier programme que vous avez écrit, il est parfaitement possible d'obtenir le même résultat sans utiliser de variable, comme l'illustre la copie d'écran qui suit :

A contrario, on peut également réécrire ce programme en employant deux variables :

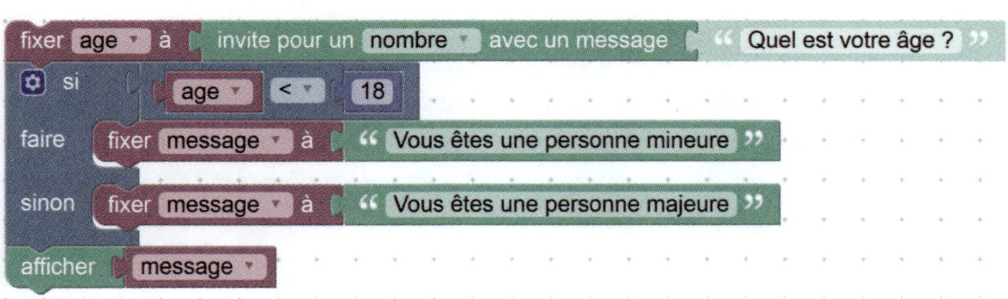

PENSER À DÉCLARER SES VARIABLES

Si vous voulez saisir ces programmes, ce que nous vous conseillons, il ne faudra pas oublier, pour le deuxième programme, de créer les variables **age** et **message.**

Certains préféreront la version sans variable alors que d'autres trouveront la version avec des variables plus lisible. Il s'agit là d'une affaire de goût personnel, mais vous pouvez retenir que dans certains cas, on n'est pas obligé d'employer des variables. Cependant, l'utilisation des variables est parfois obligatoire et, de plus, cela améliore la lisibilité des programmes en permettant notamment la décomposition d'expressions complexes en éléments plus courts, donc plus simples (nous reviendrons souvent sur cette question avec d'autres exemples). C'est la raison pour laquelle nous vous conseillons vivement d'utiliser abondamment des variables, même quand cela n'est pas forcément obligatoire.

NOMMER SES VARIABLES

Comme nous venons de le voir, il est possible de créer autant de variables qu'on le souhaite dans un programme et une bonne pratique consiste à **déclarer** (c'est le terme consacré en informatique quand on crée une variable) une variable pour chaque information que l'on aura à traiter. Prenons un exemple simple : si vous voulez calculer le prix TTC d'un produit, vous aurez besoin de quatre informations :

- le prix hors taxes
- le taux de la TVA
- le montant de la TVA
- le prix toutes taxes comprises

Il est donc préférable de déclarer quatre variables.

La déclaration d'une variable prend effet une fois qu'on a utilisé le bouton **Créer une variable...** de la catégorie **Variables** et qu'on lui a attribué un nom.

Le choix du nom des variables est important, surtout quand un programme en comporte beaucoup. Le nom d'une variable étant une référence au contenu de la variable, le bon sens commande que l'on choisisse un nom qui décrive le plus précisément possible la valeur de la variable. Malheureusement, les débutants en programmation ont souvent tendance à ne pas suivre ce conseil, notamment parce qu'un nom significatif implique un nom long, ce qui rallonge le temps de saisie...

Cette excuse est bien entendu inacceptable, surtout avec Blockly où l'on n'a à saisir le nom des variables qu'une seule fois, puisque les autres fois il suffit de sélectionner le nom de la variable que l'on veut employer dans une liste. Dans les autres langages de programmation où l'on doit saisir le texte du programme, on veut bien admettre que le fait de saisir dix fois dans un programme le nom d'une variable qui fait une vingtaine de caractères prenne un peu de temps, mais il faut vraiment considérer cela comme un investissement car un programme dont les noms des variables ne sont pas significatifs peut se révéler difficile à comprendre, comme l'illustre l'exemple suivant :

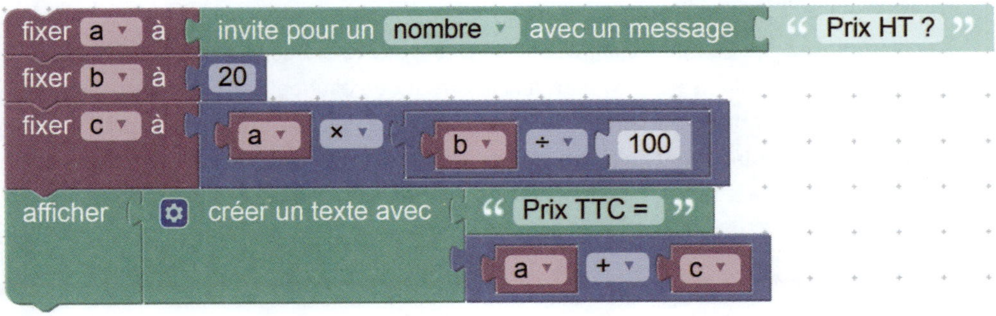

Ne préférez-vous pas la version suivante ?

Avouez que le premier programme est difficile à lire alors que le deuxième est limpide. Vous aurez compris à la lecture de ces deux programmes que le nom des variables doit représenter le plus fidèlement possible le contenu de la variable. Voici quelques conseils pour bien choisir le nom de vos variables :

- employez des noms très explicites qui désignent précisément le contenu de la variable
- n'hésitez pas à créer des noms longs car dans Blockly vous n'écrivez le nom des variables qu'une seule fois, au moment de leur déclaration
- n'employez pas d'abréviations
- n'utilisez des sigles que s'ils sont compréhensibles par tout le monde (par exemple TVA)
- n'employez pas d'article ni de préposition (**taux_TVA** est suffisant alors que **le_taux_de_TVA** est un nom de variable inutilement long)

- n'utilisez pas d'espace dans vos noms de variables, même si Blockly le tolère, mais utilisez plutôt la barre de soulignement (ce que l'on nomme *underscore* en anglais) pour séparer deux mots, comme dans **adresse_client**
- privilégiez l'emploi des minuscules, sauf pour les sigles. Ceci n'est pas une obligation, mais c'est une convention adoptée par de nombreux langages de programmation en informatique
- n'employez pas de minuscules accentuées. Blockly tolère ce type de caractères, mais cela est déconseillé, car comme l'informatique est née aux États-Unis où les caractères accentués n'existent pas, cela posera des problèmes dans certains cas (vous verrez notamment cela en semaine 9 quand nous convertirons nos programmes Blockly en JavaScript).

PRENDRE DE BONNES HABITUDES DÈS MAINTENANT

Blockly étant un outil destiné à l'apprentissage de la programmation, il est extrêmement tolérant et accepte de nombreuses choses qui sont interdites dans d'autres langages de programmation. Les puristes diront que Blockly est laxiste, mais il faut être tolérant quand on débute un apprentissage. Si l'on reprend chacune de vos phrases quand vous débutez l'apprentissage d'une langue étrangère au prétexte qu'elles ne sont pas syntaxiquement parfaites, vous allez vite vous décourager. Blockly est donc laxiste, mais c'est très bien comme cela et c'est la raison pour laquelle nous avons privilégié cet outil afin de faciliter votre apprentissage de la programmation. Cela étant, si vous pouvez prendre de bonnes habitudes tout de suite pour le nommage de vos variables, vous aurez moins de mal à passer à d'autres langages de programmation où les règles sont beaucoup plus strictes.

Encore une fois, nous nous permettons d'insister lourdement sur la nécessité d'utiliser des noms significatifs car les débutants en programmation sont souvent pressés de coder et ils ne voient pas très bien l'utilité de saisir des noms de variables à rallonge alors que l'on peut se contenter d'une abréviation. Ce gain de temps est illusoire car en informatique, le temps que l'on gagne au début en négligeant certaines bonnes pratiques est largement perdu à la fin quand il faut chercher les erreurs de programmation ou bien tâcher de comprendre un programme que l'on a écrit six mois plus tôt. De plus, si un programme ne contenant qu'une dizaine de variables reste lisible si les variables ne sont pas très bien nommées, il n'en va pas de même lorsqu'un programme en compte une centaine. Même si vous n'êtes a priori pas destiné à devenir informaticien professionnel, il est préférable de prendre de bonnes habitudes dès le départ car, au fur et à mesure de votre apprentissage, les programmes que nous étudierons deviendront plus longs et plus complexes, et contiendront par conséquence plus de variables.

VARIABLE ET MÉMOIRE

Nous avons écrit que les variables servaient à stocker temporairement de l'information, ce qui signifie que les variables n'ont une durée de vie qui n'excède pas la durée d'exécution du programme. Les variables sont donc créées par le programme et elles cessent d'exister dès que le programme prend fin. En pratique, les informations qui sont stockées dans des variables sont hébergées dans la mémoire vive (la RAM) de l'ordinateur, une mémoire volatile qui s'efface quand on éteint l'ordinateur, à la différence des informations qui sont stockées sur le disque dur. Une variable n'est jamais qu'un nom facile à retenir qui désignera l'emplacement de stockage dans la mémoire de la machine. Ces emplacements, que l'on appelle aussi adresses mémoire, sont référencés par un numéro en hexadécimal (nombre en base 16) et dans les premiers langages de programmation, quand on voulait, par exemple additionner deux valeurs, il fallait utiliser l'adresse mémoire des emplacements où étaient stockées les valeurs. Ainsi, pour additionner deux nombres, il fallait écrire, par exemple :

FFA12BF + FFA129A

Avec les langages modernes, on utilise des noms de variables à la place des adresses mémoire et vous conviendrez qu'il est infiniment plus facile, quand on veut additionner deux nombres, d'écrire :

prix_hors_taxes + montant_TVA

ON N'ADDITIONNE PAS DES CHOUX AVEC DES CAROTTES

À l'école primaire, vous avez peut-être entendu cette phrase prononcée par votre instituteur ou votre institutrice. Cette formule que tout le monde comprend prend tout son sens en informatique avec la notion de type de données. Avant de rentrer dans les détails de cette question, revenons sur les programmes que nous avons déjà étudiés et notamment le bloc **invite** dans l'exemple suivant :

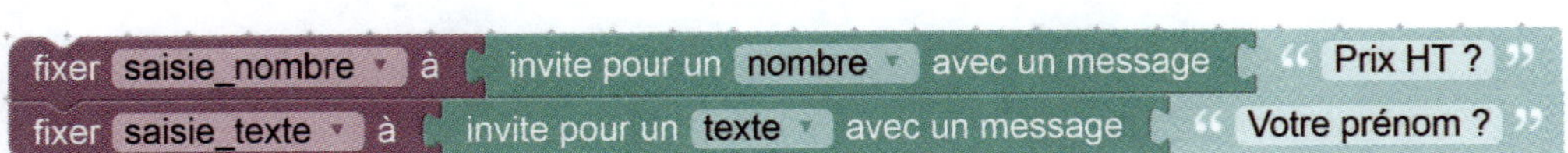

Ce programme utilise deux variables dont les valeurs sont alimentées par la saisie de l'utilisateur grâce au bloc **invite**. Il y a cependant une différence car la première ligne utilise un bloc **invite pour un nombre avec un message** alors que la deuxième ligne emploie un bloc **invite pour un texte avec un message**. Chacun comprend bien qu'un prix est un nombre et qu'un prénom est du texte, mais pourquoi faut-il faire cette distinction ? Cette question met en lumière la notion de type de données. Quand on traite des informations dans un programme, il est préférable d'établir des catégories entre les différentes données utilisées par le programme. En Blockly, on distingue seulement deux catégories : les nombres et le texte. Dans d'autres langages de programmation plus puissants, il existe de nombreux autres types de données et notamment des types pour gérer les dates, les montants monétaires, différents types numériques (entiers, nombres à virgule, etc.), des valeurs logiques (vrai ou faux), etc. En Blockly, quand on déclare une variable en lui attribuant un nom, on ne précise pas son type de données. C'est en donnant une valeur pour la première fois à une variable que l'on va déterminer son type. Si on utilise un bloc **invite pour un nombre avec un message**, la variable sera un nombre et si l'on emploie un bloc **invite pour un texte avec un message**, la variable sera du texte. Si l'on n'utilise pas de bloc invite, le type de la variable sera déterminé par l'information que l'on affecte à la variable (affecter une valeur à une variable signifie que l'on attribue un contenu à une variable). Dans l'exemple suivant, la première variable est un nombre, alors que la seconde est du texte :

Vous noterez la différence de couleur entre les deux types de données : les nombres sont en bleu alors que le texte est en vert. Cette convention reprend le code couleur des catégories de blocs, à savoir bleu pour **Maths** et vert pour **Texte**.

Rappelons que pour saisir un nombre en Blockly, il faut utiliser le premier bloc de la catégorie Maths :

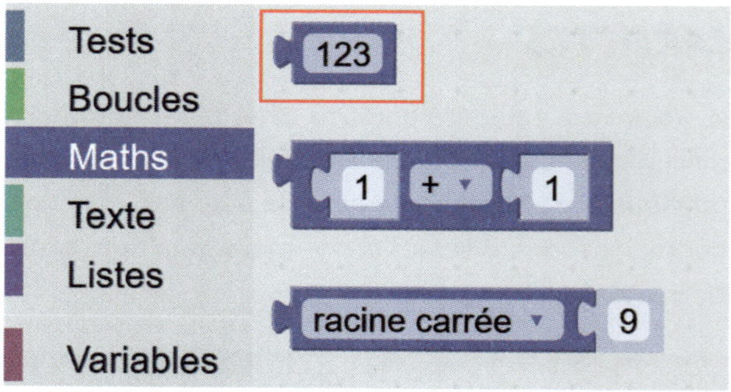

… et modifier la valeur 123 en saisissant la valeur souhaitée.

De la même manière, pour saisir un texte en Blockly, il faut utiliser le premier bloc de la catégorie Texte :

… et inscrire entre les guillemets le texte souhaité.

Revenons à notre question de l'utilité de distinguer les types de données des variables que l'on emploie dans un programme. En quoi cela est-il une aide ? Vous avez la réponse : on n'additionne pas des choux avec des carottes. Traduit en Blockly, cela signifie que certaines opérations ne pourront pas mélanger des nombres avec du texte. En attribuant un type de données à des variables, le programme va alors être capable de détecter certaines erreurs. Nous allons examiner quelques exemples qui vont nous permettre de voir plus clairement le problème.

Saisissez le programme suivant (comme vous pouvez l'imaginer, le bloc **racine carrée** se trouve dans la catégorie **Maths** ; n'oubliez pas de déclarer la variable **nombre**, sinon vous ne pourrez pas l'utiliser) :

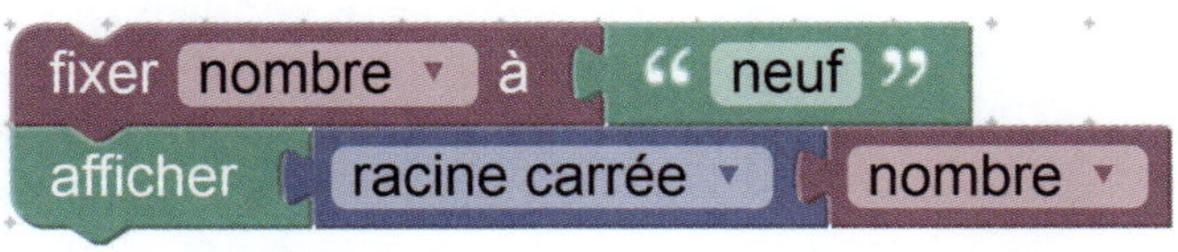

Avant d'exécuter ce programme, essayez de déterminer son résultat. Nous sommes certain que même si vous n'êtes pas très doué en maths, vous savez que la racine carrée de neuf est trois, et vous vous imaginez sans doute que c'est ce résultat qui va s'afficher.

Si vous exécutez le programme, vous verrez une magnifique boîte de dialogue qui affichera le message laconique suivant : **NaN**. NaN est l'abréviation anglaise de *Not a Number* qui signifie « Pas un nombre ». En l'espèce, on a additionné des choux et des carottes car on a cherché à savoir la racine carrée d'un texte, et non pas d'un nombre. Bien évidemment, « neuf » représente bien un nombre, mais Blockly ne le voit que comme une suite de lettres, et par conséquent comme du texte. Il faut ici bien comprendre qu'il n'y a pas d'équivalence sémantique entre le texte « neuf » et le chiffre 9. Quand on utilise le bloc **racine carrée**, Blockly s'attend à ce que la valeur ou la variable accrochée à ce bloc soit une variable de type nombre. Or la variable que l'on a appelée **nombre** est de type texte puisque la première valeur qui lui a été attribuée est de couleur verte, c'est-à-dire la couleur du texte. Si l'on avait attribué à la variable **nombre** le chiffre 9 avec la couleur bleue, le programme aurait parfaitement fonctionné. Ainsi, le programme suivant ne pose aucun problème :

Prenons un autre exemple significatif et saisissez le programme suivant :

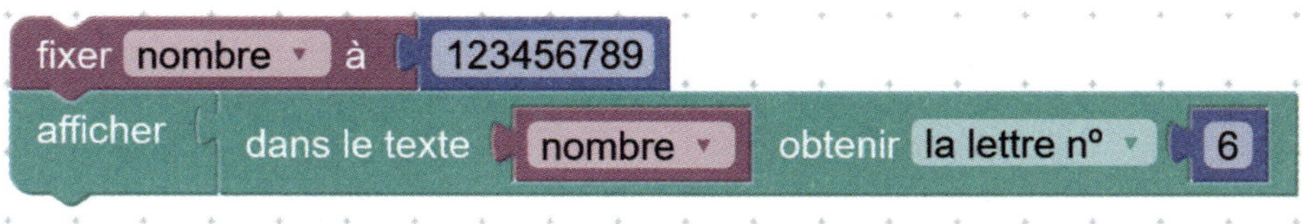

Le bloc **dans le texte obtenir la lettre #** permet, comme son nom l'indique, de récupérer dans un texte une lettre dont on indique le numéro. Dans cet exemple, cela signifie donc que l'on cherche à obtenir le sixième caractère de la variable **nombre** qui a pour valeur 123456789. Assez logiquement, vous devez penser que le programme va afficher 6 dans la mesure où cette valeur représente le sixième chiffre du nombre en partant de la gauche. Malheureusement, l'exécution de ce programme provoque un message d'erreur qui peut laisser perplexe car il indique « TypeError : nombre.charAT is not a fonction », ce que l'on peut traduire par « Erreur de type : nombre.charAT n'est pas une fonction ». Même après avoir traduit le message d'erreur, on n'est pas vraiment plus avancé quand on est un débutant en programmation. Un mot est quand même important dans ce message : TypeError. Cela signifie que nous avons commis une erreur de type et comme il n'y a que deux types de données en Blockly, cela signifie que nous avons indiqué une valeur de nombre à la place d'une valeur textuelle ou bien l'inverse. Dans cet exemple, le bloc **dans le texte obtenir la lettre #** attend que la variable qu'on lui indique soit une variable de type texte. Or nous avons indiqué une valeur numérique quand nous avons attribué une valeur à la variable **nombre** puisque la couleur de la valeur est bleue et ne comporte pas de guillemets, qui sont les marqueurs des données de type texte. Il y a donc bien une erreur de type car on a indiqué un nombre à la place d'un texte. Pour régler le problème, il suffit d'attribuer une valeur texte à la variable **nombre** :

Dans ce programme, il n'y a pas de problème et c'est bien le chiffre 6 qui est affiché à l'écran, puis la lettre « H » étant donné qu'il s'agit de la huitième lettre de l'alphabet.

Pour conclure sur cette question, vous devez faire attention quand vous initialisez une variable au type de données que vous lui attribuez. Initialiser une variable signifie qu'on lui attribue une valeur pour la première fois. C'est en initialisant une variable qu'on détermine son type : soit texte, soit nombre. Vous provoquerez une erreur de type quand le type de données attendu n'est pas celui que vous indiquez dans un bloc.

Nous avons déjà mentionné le caractère extrêmement tolérant de Blockly, mais il arrive parfois que cela provoque des résultats inattendus. Pour vous en persuader, lisez le programme suivant et essayez de deviner le résultat des cinq blocs **afficher**.

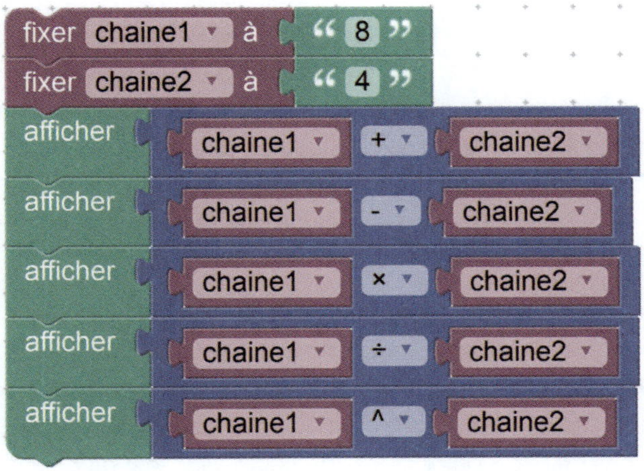

Les deux variables sont bien des variables de type caractère car leur valeur est initialisée par un texte en vert encadré par des guillemets. Certes, cette chaîne de caractères représente un chiffre, mais en théorie on ne devrait pas pouvoir utiliser ces chaînes dans des calculs. Pourtant l'exécution de ce programme affiche, dans l'ordre, 84, 4, 32, 2, 4096. En fait, seul le premier résultat est normal car quand on additionne deux chaînes de caractères, on les met bout à bout, si bien que « l'addition » de « 8 » et de « 4 » crée bien une nouvelle chaîne qui a pour valeur « 84 ». La soustraction d'une chaîne de caractères n'a aucun sens et si l'on initialise, dans ce programme, les variables avec des chaînes de caractères qui ne représentent pas des chiffres, on obtient un message d'erreur NaN. Cependant, dans la mesure où les variables représentent des chiffres et qu'elles sont employées dans un calcul, Blockly considère qu'il s'agit de variables numériques, même si elles ont été initialisées en tant que variables de type caractère. Les quatre derniers blocs **afficher** du programme opèrent donc un calcul avec les variables et affichent le résultat de la soustraction, de la multiplication, de la division et de l'élévation à la puissance (8 × 8 × 8 × 8).

Que se passe-t-il quand on emploie une variable qui n'a pas été initialisée ?

Comme vous l'avez bien compris, une variable existe dès qu'on lui a donné un nom et un type (texte ou nombre) lui est attribué dès que la variable est initialisée. Que se passe-t-il si l'on utilise une variable qu'on a oublié d'initialiser ? Pour répondre à cette question, le plus simple est d'exécuter le programme suivant :

Dans cet exemple, la variable a été déclarée (puisque l'on peut l'utiliser dans le programme), mais comme le programme ne comporte qu'une seule ligne, on voit bien que la variable n'a pas été initialisée puisque le bloc **fixer à** n'a pas été employé. Si vous exécutez ce programme, une boîte de dialogue affichera la mention *undefined*, que l'on peut traduire par indéfini. Cela signifie que la variable existe, mais qu'elle est indéfinie puisqu'elle n'a pas été initialisée. Pour régler le problème, il suffit d'affecter une valeur à la variable.

Il existe un autre cas de figure assez fréquent où cette erreur peut se produire : quand vous utilisez un bloc qui emploie une variable, le nom de la variable est prédéterminé et la variable est donc créée au moment où vous déposez le bloc sur l'espace de travail, mais, pour autant, aucune valeur n'est attribuée à cette variable, ce qui peut poser problème. Nous avons déjà rencontré ce cas de figure avec le bloc **dans le texte obtenir la lettre #**. En effet, dès que vous déposez ce bloc sur l'espace de travail, une variable **texte** est créée. Si vous oubliez d'attribuer une valeur à cette variable ou si vous oubliez de changer le nom de cette variable en indiquant la variable qui contient la valeur à traiter, vous aurez un message d'erreur. Prenons un exemple simple où un programme cherche à lire le premier caractère d'un numéro INSEE, ce qui va permettre de déterminer le genre d'une personne :

Dans cet exemple, une variable **numero_insee** a été déclarée et une valeur lui a été attribuée grâce au bloc **fixer à**. La deuxième ligne du programme utilise le bloc **dans le texte obtenir la lettre #** afin de récupérer le premier caractère du numéro INSEE. Quand le bloc a été déposé sur l'espace de travail, la variable par défaut **texte** a été créée. Normalement, il suffit de cliquer sur la liste à droite de la variable **texte** pour choisir la variable qui doit être traitée, en l'occurrence la variable **numero_insee**, mais le programmeur a visiblement omis de le faire dans notre exemple.

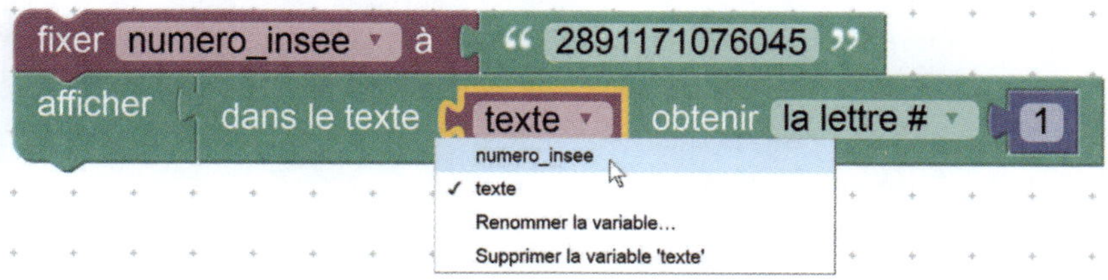

Cela a pour conséquence que l'exécution de ce programme provoque l'apparition du message d'erreur « TypeError : texte is undefined ». Comme vous l'aurez compris, on a aussi une erreur de type car la variable **texte** n'étant pas définie, la variable n'a pas de type.

RÉSUMÉ

Pour pouvoir utiliser une variable dans un programme, il faut d'abord la déclarer (lui donner un nom à l'aide du bouton **Créer une variable...** puis, dans un deuxième temps, l'initialiser, c'est-à-dire lui attribuer une valeur). La valeur initiale de la variable détermine le type de données de la variable : texte ou nombre.

LES OPÉRATIONS COURANTES SUR LES VARIABLES

Nous avons vu comment créer (déclarer) une variable et l'initialiser (lui donner une valeur pour la première fois) et nous allons à présent étudier d'autres opérations sur les variables.

RENOMMER UNE VARIABLE

Nous avons insisté sur l'importance du nom des variables et il n'est pas rare, au cours de la conception d'un programme, de changer d'avis sur le nom d'une variable et de vouloir ainsi la modifier. Un autre cas de figure courant est que l'on a mal orthographié le nom d'une variable et que l'on souhaite réparer cette erreur en changeant le nom de la variable.

Pour modifier le nom d'une variable, il suffit dans un programme de cliquer sur la liste située à droite du nom de la variable pour afficher un menu contextuel et choisir l'option **Renommer la variable…**

Cette action fait apparaître une boîte de dialogue où l'on peut indiquer le nouveau nom de la variable. Comme le laisse entendre le message de la boîte de dialogue, toutes les références au nom de la variable que vous souhaitez modifier seront changées en une seule fois. Cela est bien pratique quand on a un programme long où la variable à modifier a été utilisée de nombreuses fois.

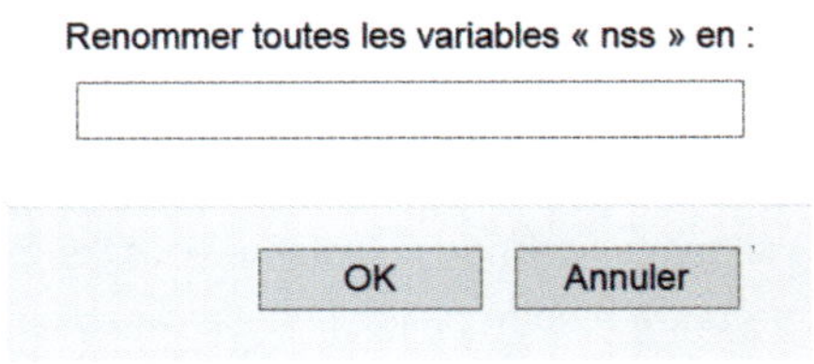

La modification est instantanée et elle est prise en compte immédiatement.

SUPPRIMER UNE VARIABLE

Quand on a beaucoup de variables dans un programme, on se rend parfois compte que l'on en a créé qui ne servent à rien et même si cela n'influe pas sur le comportement du programme, cela peut être une source d'erreur et il est donc préférable de faire le ménage en les supprimant.

Pour supprimer une variable inutile que vous avez déjà employée, vous devez cliquer sur la liste située à droite du nom de la variable pour afficher un menu contextuel. Dans le menu, choisissez l'option **Supprimer la variable**.

La suppression est immédiate et on ne vous demande aucune confirmation.

Si vous n'avez pas encore employé la variable, vous devez cliquer sur la catégorie **Variables**, puis faire un clic droit sur le nom de la variable inutile et sélectionner l'option **Supprimer la variable**.

FAIRE DES OPÉRATIONS AVEC LES VARIABLES NUMÉRIQUES

Dans cette section, nous allons passer en revue les opérations les plus courantes que vous pouvez effectuer sur des variables de type nombre, que l'on appelle également variables numériques.

L'INCRÉMENTATION

Nous allons tout d'abord étudier un bloc qui figure dans la catégorie **Variables**, le bloc **incrémenter de 1**. Le verbe incrémenter signifie augmenter la valeur d'une variable, l'incrément étant la valeur dont on augmente la variable, et l'incrémentation l'opération d'augmentation de la valeur de la variable. Par défaut, si l'on ne précise pas la valeur de l'incrément, c'est qu'il est égal à 1. Incrémenter une variable signifie donc que l'on ajoute 1 à la valeur de la variable qui, bien entendu doit être une valeur numérique. Le programme suivant illustre un exemple classique d'augmentation d'une variable :

Ce programme affiche la valeur de la variable **nombre**, une fois que l'on a ajouté 1 à sa valeur initiale (10) si bien que le résultat est 11. Vous noterez que l'on peut préciser la valeur de l'incrément et on peut donc ajouter la valeur que l'on souhaite à la variable, y compris une valeur négative. Dans cet exemple, on a bien remplacé la valeur initiale de la variable (le contenu du tiroir) par une autre valeur, mais on a remplacé cette valeur en la prenant en compte puisque la nouvelle valeur de la variable est calculée à partir de l'ancienne valeur. On pourra faire la même chose avec les variables représentant du texte.

On peut parfaitement se passer du bloc **incrémenter de 1** et utiliser un bloc mathématique à la place, comme dans l'exemple suivant :

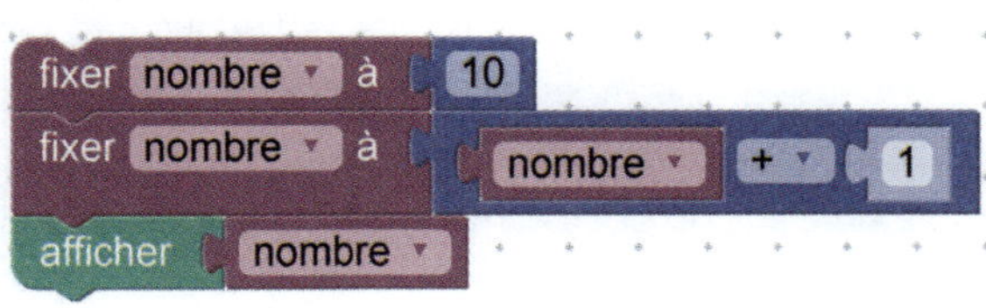

Dans les langages de programmation classiques, cette structure est très courante et s'écrit :

```
nombre = nombre + 1
```

Ce qui apparaît comme une absurdité pour un mathématicien est parfaitement logique pour un informaticien car le signe égal n'a pas la même valeur en informatique qu'en mathématiques. En informatique, le signe égal est un symbole d'affectation. Nous avons dit plus haut que quand on attribue une valeur à une variable, on dit aussi que l'on affecte une valeur à la variable. Dans cette notation, le signe égal signifie que l'on attribue à la variable **nombre** la valeur qui se trouve à droite du signe égal. Autrement dit, on ajoute 1 à la variable **nombre**.

Nous avons dit plus haut que l'opération d'incrémentation ne se conçoit que pour les variables numériques car, en vertu des principes énoncés sur les types de données, il ne paraît pas logique d'ajouter 1 à du texte. Dans ces conditions, vous serez sans doute surpris de constater que les deux programmes suivants ne provoquent aucune erreur de la part de Blockly.

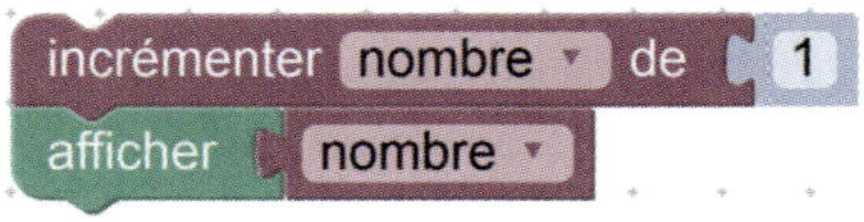

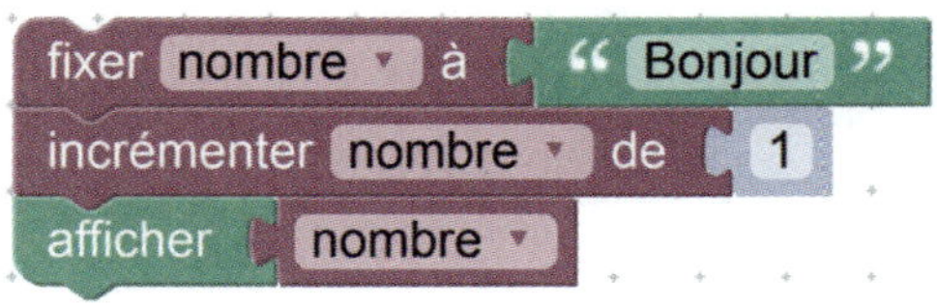

Le premier programme ne devrait pas fonctionner car la variable **nombre** n'ayant pas été initialisée, elle est indéfinie et n'a par conséquent pas de type, ce qui implique qu'elle n'est donc pas de type numérique. Blockly considère cependant que le fait que l'on veuille ajouter 1 à cette variable rend cette variable numérique et lui attribue donc le type nombre. Il considère également que cette variable doit être initialisée à zéro et le programme affiche donc le chiffre 1, qui est le résultat de 0 + 1.

Dans le deuxième programme, on a un cas un peu différent car la variable a été initialisée avec du texte. Logiquement, on devrait avoir une erreur de type car cela n'a aucun sens de chercher à ajouter 1 à un mot. Mais comme dans le premier cas, Blockly va forcer une conversion de type et considérer que la variable **nombre**, bien qu'ayant été initialisée comme une variable texte, doit être transformée en une variable numérique ayant la valeur 0. Ce deuxième programme affiche donc le même résultat que le premier.

LES OPÉRATIONS MATHÉMATIQUES

Nous avons suffisamment insisté dans la préface de cet ouvrage sur le fait qu'il n'y avait nul besoin d'être un champion en mathématiques pour apprendre l'informatique, et que nous n'allions de ce fait pas nous étendre outre mesure sur les blocs de la catégorie

Maths. Nous voudrions cependant étudier quelques blocs qui ne présentent aucune difficulté mathématique et qui seront très utiles pour un grand nombre de programmes courants.

Tout d'abord, le bloc **1+1**, qui nous a servi à simuler une incrémentation en ajoutant 1 à une variable, possède une liste qui permet de choisir entre les quatre opérations classiques (addition, soustraction, multiplication et division) plus l'opération qui consiste à élever un nombre à la puissance. Ainsi, le programme suivant affiche 2 à la puissance 3 (appelé parfois 2 exposant 3), que l'on note en général 2^3, qui est égal à 2 × 2 × 2, soit 8.

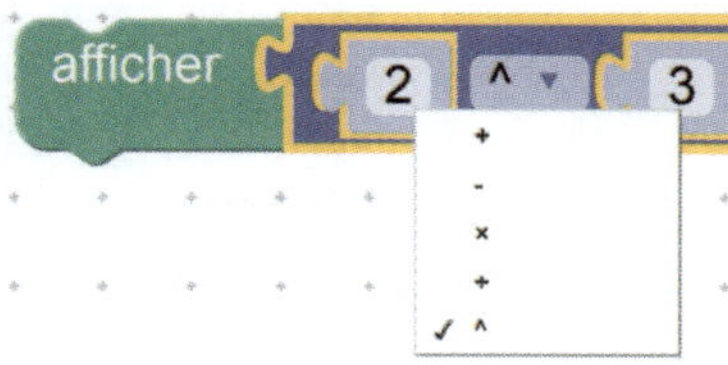

Ce bloc, qui est le deuxième de la catégorie **Maths**, est très pratique pour réaliser les opérations arithmétiques de base et vous aurez peut-être remarqué qu'il peut être imbriqué dans d'autres blocs du même type afin de réaliser des calculs comportant plus de deux valeurs. Ainsi, dans le programme que nous avons déjà étudié pour calculer le prix TTC à partir d'un prix HT, le calcul du montant de la TVA doit être réalisé en imbriquant un bloc **1 + 1** dans un autre bloc **1 + 1**. Ce type d'imbrication de blocs permet de calculer la formule : montant_TVA = Prix HT × (taux_TVA / 100).

En théorie, il est possible d'imbriquer un nombre important de blocs **1 + 1**, mais dans la pratique, on tentera de décomposer une formule de calcul complexe en différents calculs intermédiaires car comme l'illustre le bloc suivant, on ne peut pas dire que ce type d'agencement soit très lisible…

Pour imbriquer des blocs **1 + 1**, il faut déposer un bloc **1 + 1** dans la valeur 1, à gauche ou à droite de l'opérateur +.

Le bloc **est pair** est intéressant car il permet d'obtenir toute une série d'informations qui peuvent se révéler très utiles dans un programme. En effet, si l'on déroule la liste de ce bloc, on s'aperçoit qu'il donne accès à sept options (pair, impair, premier, entier, positif, négatif, et divisible par).

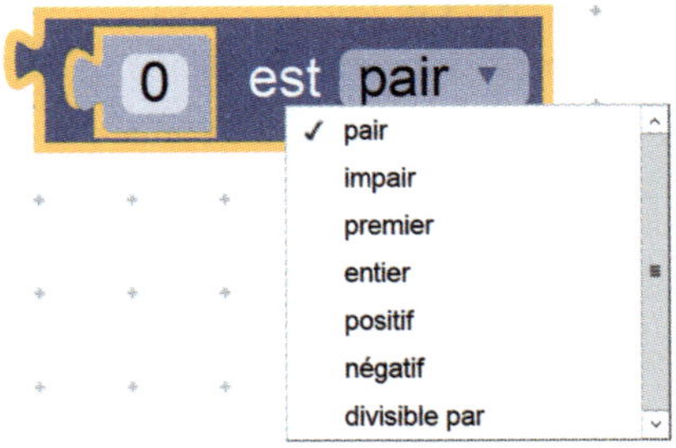

Vous noterez enfin qu'il existe un bloc pour arrondir les nombres et un autre bloc pour définir un nombre aléatoire, ce qui sera très utile pour programmer des jeux où l'on a besoin de faire intervenir le hasard. Il existe bien entendu d'autres blocs mathématiques, mais ils sont plus spécialisés et leur intérêt n'est pas primordial pour les programmes que nous voulons réaliser.

MANIPULER LES VARIABLES TEXTUELLES

Avec quelques opérations de base, on peut accomplir de très nombreux traitements sur des données textuelles. Nous allons vous présenter dans cette section quelques blocs que vous utiliserez très souvent quand vous manipulez du texte. À sujet, il est temps de préciser la terminologie des données de type texte. En informatique, on parlera

BLOCS ET INFO-BULLES

Il n'y a pas vraiment de système d'aide en ligne dans Blockly et les seules aides dont vous allez pouvoir disposer pour programmer en Blockly, outre ce livre, ce sont les info-bulles qui sont associées à chaque bloc. Pour mémoire, une info-bulle est un texte d'aide qui apparaît quand on pointe un objet. Ainsi, quand un bloc est déposé sur l'espace de travail, il suffit de pointer le bloc pour voir apparaître presque immédiatement un texte expliquant le fonctionnement du bloc. Ce type d'aide est la plupart du temps largement suffisant pour comprendre, mais il arrive que malgré la présence de l'info-bulle, l'explication ne soit pas très limpide et il faut alors tester le fonctionnement du bloc pour voir comment il réagit, ou bien lire l'ouvrage que vous tenez entre les mains...

volontiers de **chaînes de caractères** pour faire référence à des données textuelles. Cela est dû à la traduction en français du terme anglais *string* qui désigne une chaîne. Pour un ordinateur, un texte est considéré comme une suite de caractères individuels que l'on nomme chaîne de caractères. Comme les informaticiens aiment bien abréger les mots, on parle même de chaîne pour désigner du texte. Ainsi, dans la suite de cet ouvrage, quand nous parlerons de chaînes, ce sera pour désigner des données textuelles par opposition à des données numériques.

METTRE DES TEXTES BOUT À BOUT

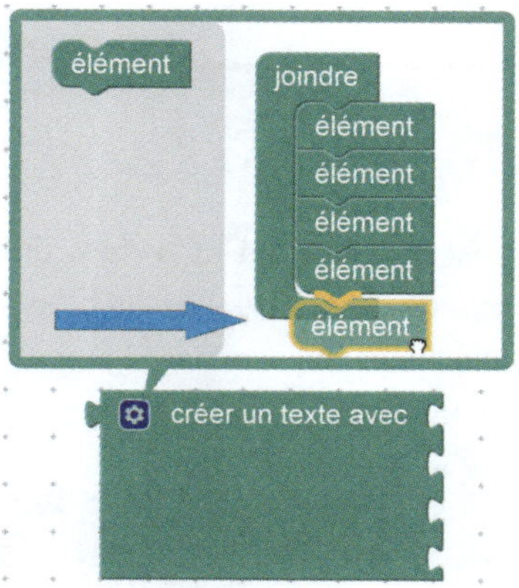

Très souvent, dans un programme, on a besoin de rassembler des informations textuelles pour en faire une phrase ou un libellé complet. Le bloc **créer un texte avec** va servir à cela. C'est un bloc très simple à utiliser où il suffit d'empiler les unes au-dessous des autres les chaînes que l'on veut accoler. Par défaut, le bloc **créer un texte avec** ne contient que deux emplacements pour rassembler des chaînes et il n'est pas rare d'avoir besoin de plus d'emplacements. Pour ce faire, il suffit de cliquer sur la roue crantée du bloc et d'ajouter autant d'emplacements qu'on le souhaite en déplaçant le bloc **élément** dans l'empilement des blocs sous le bloc **joindre**. Si vous avez intégré trop d'emplacements sous le bloc **joindre**, Il suffit de les faire repasser à gauche en les déplaçant pour les supprimer. Pour faire disparaître la fenêtre d'ajout d'emplacements, cliquez à nouveau sur la roue crantée.

Voici un exemple d'utilisation du bloc **créer un texte avec** :

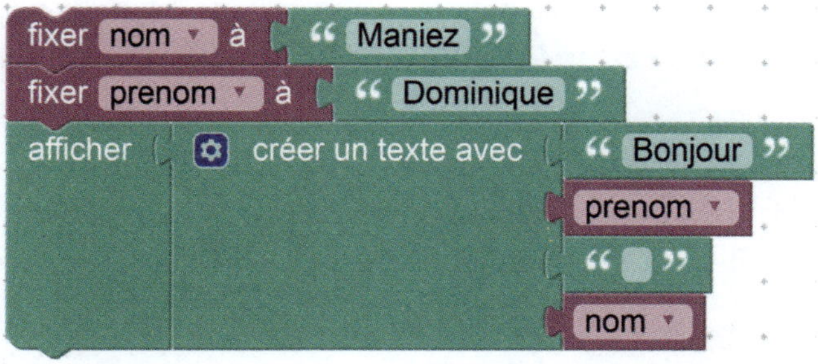

Ce programme simple stocke deux chaînes de caractères dans deux variables intitulées **nom** et **prenom**. Puis le bloc **afficher** va afficher une fenêtre à l'écran qui contient le message « Bonjour Dominique Maniez ». La principale difficulté, quand on utilise le bloc **créer un texte avec**, consiste à gérer les espaces entre les mots. Ainsi, dans cet exemple, il ne faut pas oublier d'ajouter un espace à la fin du mot « Bonjour » et il faut ajouter un espace entre les variables **prenom** et **nom**. Si l'on oublie cela, c'est le message « BonjourDominiqueManiez » qui sera affiché. Le troisième emplacement entre les

> **CONCATÉNATION**
>
> L'opération technique qui consiste à mettre bout à bout des chaînes de caractères s'appelle en informatique concaténation. Cette fois-ci, c'est un terme latin (catena signifie chaîne en latin) et non pas anglais qui a servi à forger ce mot.

variables **prenom** et **nom** contient donc un espace (qu'il faut taper en plaçant le curseur dans le champ de saisie et en appuyant sur la barre d'espacement), mais il y a une difficulté dans Blockly car il est impossible de voir à l'écran si cet emplacement contient un espace ou s'il ne contient rien, c'est-à-dire si la chaîne est vide (on parle de chaîne vide quand la chaîne ne contient aucun caractère). C'est une source fréquente d'erreurs, mais nous verrons plus tard comment régler ce problème.

CONNAÎTRE LA LONGUEUR D'UNE CHAÎNE DE CARACTÈRES

Il est très souvent utile dans un programme de connaître la longueur d'un texte, d'un mot, d'une phrase, etc. Le bloc **longueur** sert à cela et nous verrons la semaine suivante différentes utilisations de cette fonctionnalité. Dans l'immédiat, voici un exemple d'utilisation de ce bloc :

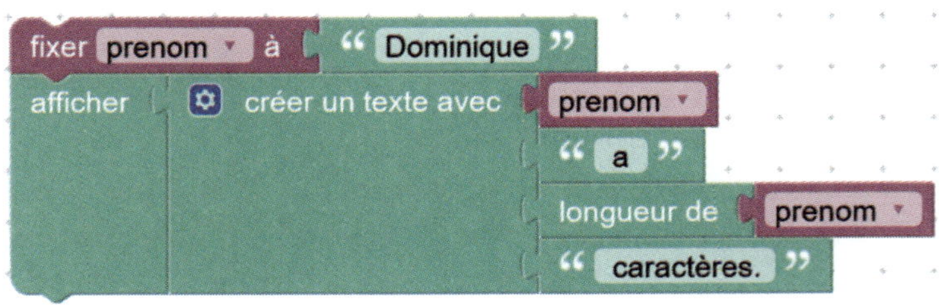

Ce programme affiche la longueur de la variable **prenom**, à savoir 9 caractères dans notre exemple.

TROUVER UN TEXTE DANS UN TEXTE

Il arrive souvent dans un programme manipulant des chaînes que l'on ait besoin de rechercher la présence d'un mot ou d'une lettre dans un texte. Dans ce cas, on utilisera le bloc **dans le texte trouver la première occurrence** pour accomplir cette tâche. Si vous faites apparaître l'info-bulle associée à ce bloc, vous verrez le message suivant à l'écran :

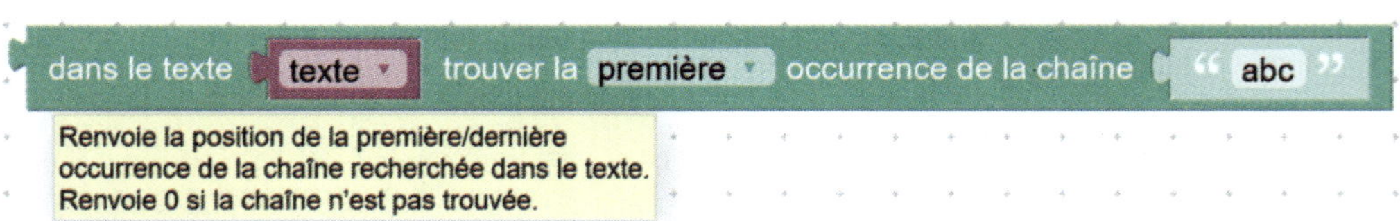

Précisons tout d'abord le sens du mot « occurrence » : une occurrence est la présence d'un mot ou d'une chaîne de caractères dans un texte. On peut, par exemple, dire qu'il y a 3 occurrences du pronom « nous » dans la phrase « Nous nous sommes étreints longuement en nous disant au revoir » car le mot « nous » apparaît trois fois dans cette phrase. L'info-bulle évoque la première/dernière occurrence car la liste déroulante de la clause **première** permet de préciser la première ou la dernière occurrence. Si l'on indique la première occurrence (valeur par défaut), la recherche se fera de gauche à droite et si l'on indique la dernière occurrence, la recherche s'effectuera de droite à gauche. La recherche s'effectue dans la variable **texte** et ce qui est cherché est inscrit à droite du bloc dans le champ **« abc »**. La position dont parle l'info-bulle est tout simplement la position du caractère de début de l'occurrence trouvée. L'exemple suivant va éclairer notre propos :

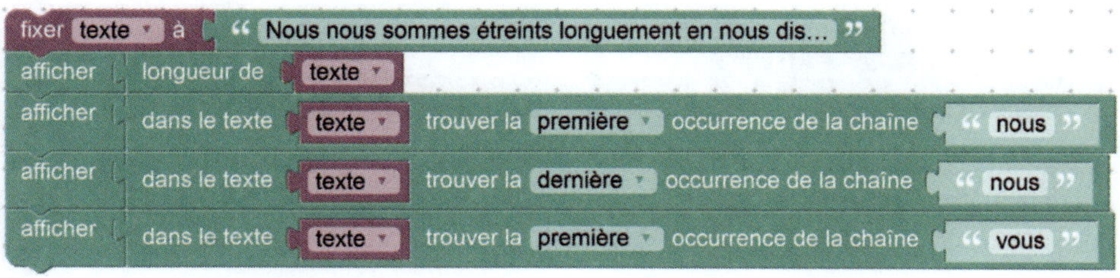

Ce programme initialise la variable **texte** avec la phrase « Nous nous sommes étreints longuement en nous disant au revoir ». Vous noterez que la fin de la phrase n'apparaît pas à l'écran, mais cela est normal. Nous avons choisi d'utiliser la variable **texte** car c'est la variable qui est créée automatiquement dès que l'on dépose le bloc **dans le texte trouver la première occurrence** sur l'espace de travail. Bien entendu, vous pouvez créer une autre variable, mais il ne faudra pas oublier de la sélectionner dans le bloc, à la place de la variable **texte**. La deuxième ligne du programme affiche la longueur de la phrase (61 caractères). La troisième ligne affiche la position de la première occurrence de « nous ». Si vous pensez que c'est le chiffre 1 qui va s'afficher, vous vous trompez. En fait, c'est le chiffre 6 qui apparaît. La raison est simple : le bloc **dans le texte trouver la première occurrence** fait la différence entre les minuscules et les majuscules si bien qu'il distingue « Nous » de « nous ». C'est donc bien au sixième caractère de la phrase que l'on trouve la première occurrence de « nous » (vous noterez que l'espace entre « Nous » et « nous » compte pour un caractère). La quatrième ligne du programme utilise le bloc **dans le texte trouver la dernière occurrence** et la recherche s'effectue en partant de la droite. Le programme affiche donc le nombre 41 car c'est la position, en partant de la gauche, de la dernière occurrence de la chaîne recherchée. La dernière ligne du programme affiche 0 car la chaîne « vous » ne figure pas dans la variable **texte**. Nous verrons dans un autre programme comment utiliser ce bloc pour tester la présence ou l'absence d'une chaîne de caractères dans une autre chaîne.

EXTRAIRE UN TEXTE À PARTIR D'UN TEXTE

Il arrive très souvent que l'on ait besoin dans un programme d'extraire une information contenue dans une autre information. On peut citer quelques exemples :

- détermination du mois de naissance à partir d'une date de naissance (25/**12**/1989)
- détermination du département de naissance à partir d'un numéro INSEE (28911**71**076045)
- détermination du département à partir d'un code postal (**21**190)

Le bloc **dans le texte obtenir la sous-chaîne** permet très simplement d'atteindre cet objectif. Il suffit de préciser la position de début et la position de fin dans la chaîne pour extraire la sous-chaîne. L'exemple suivant permet de déterminer l'année de naissance à partir d'un numéro INSEE :

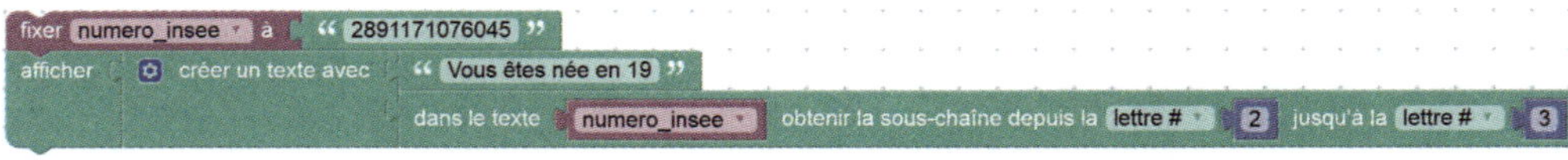

Le premier bloc initialise la variable **numero_insee** avec un numéro INSEE. La deuxième ligne du programme affiche une concaténation de chaînes avec la chaîne « Vous êtes née en 19 » à laquelle on colle les deux derniers chiffres de l'année de naissance que l'on a extraits à partir du numéro INSEE. Dans un numéro INSEE, comme vous le savez sans doute, le premier chiffre correspond au genre et les deux chiffres suivants aux deux derniers chiffres de l'année de naissance. Ainsi, en extrayant les deuxième et troisième caractères du numéro INSEE, on arrive à reconstituer l'année de naissance complète. Comme nous le verrons par la suite, on peut arriver à extraire de très nombreuses informations d'un numéro INSEE…

Cette possibilité d'extraire une sous-chaîne est vraiment très puissante et nous l'utiliserons dans de nombreux programmes où nous aurons à manipuler du texte.

CONVERTIR EN MAJUSCULES OU EN MINUSCULES

Le bloc **en MAJUSCULES**, comme son nom l'indique, convertit en majuscules la chaîne ou le contenu de la variable qu'il traite. Vous noterez que ce bloc compte en réalité trois fonctionnalités : en majuscules, en minuscules, majuscule au début de chaque mot, ce dernier mode mettant en capitales l'initiale de chaque mot de la chaîne.

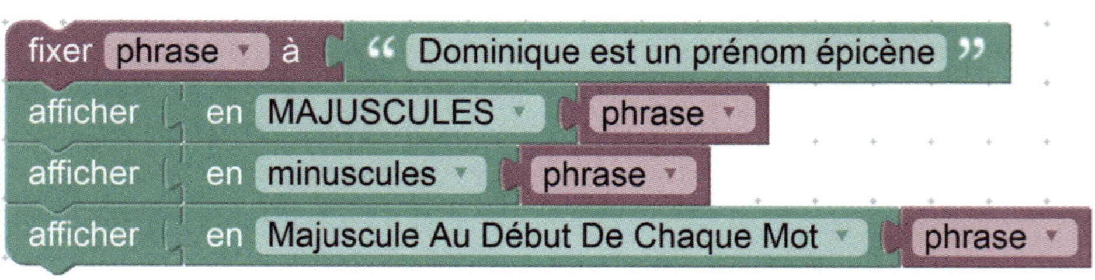

Ce programme affiche successivement les phrases suivantes :

- DOMINIQUE EST UN PRÉNOM ÉPICÈNE

- dominique est un prénom épicène
- Dominique Est Un Prénom Épicène

Nous avons vu précédemment que Blockly faisait la différence entre les majuscules et les minuscules, ce qui peut poser un problème quand on recherche un mot dans un texte. Comment s'assurer que la recherche va fonctionner correctement quand on ne sait pas si le mot a été écrit en minuscules ou en majuscules (voire une combinaison des deux) dans le texte où la recherche est effectuée ? Dans l'exemple précédent, nous recherchions le mot « nous » et la recherche n'avait pas trouvé la première occurrence de ce mot car, comme il était placé en début de phrase, il y avait une majuscule à la première lettre du mot. Comme pour l'ordinateur il y a une différence entre « Nous » et « nous », la recherche ne trouvait pas la première occurrence de « Nous ».

Le bloc **en MAJUSCULES** va nous permettre de résoudre ce problème simplement. Pour traiter la difficulté posée par la recherche d'une chaîne, il suffit de convertir en minuscules ou en majuscules la chaîne où s'effectue la recherche et d'écrire la chaîne recherchée en minuscules ou en majuscules. L'exemple suivant montre comment utiliser cette technique :

ATTENTION, ÇA CASSE !

Selon le Petit Robert, la casse est la « boîte divisée en casiers contenant les caractères d'imprimerie nécessaires au compositeur ». Ce terme renvoie à l'époque où les textes étaient composés avec des caractères en plomb. Les lettres les moins fréquemment utilisées étaient disposées en haut du casier et les lettres les plus fréquentes étaient en bas du casier. Écrire en bas de casse signifie aujourd'hui écrire en minuscules. On retrouve ce terme en anglais dans les expressions *lower case* (minuscules), *upper case* (majuscules) et *case sensitive*, que l'on traduit maladroitement par sensible à la casse, mais qui signifie tout simplement que le programme fait la différence entre les majuscules et les minuscules, comme Blockly.

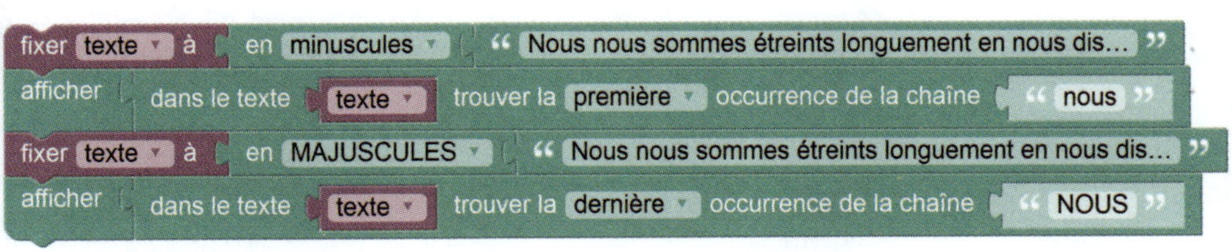

Dans la première ligne du programme, le contenu de la variable est converti en minuscules, puis la deuxième ligne effectue une recherche sur la variable en cherchant une chaîne écrite en minuscules. La dernière partie du programme utilise cette même technique en convertissant la chaîne en majuscules. Chacun aura bien compris qu'il faut écrire la chaîne recherchée dans la casse utilisée pour la conversion.

RÉSUMÉ SUR LES VARIABLES

Les variables étant essentielles à la rédaction des programmes, nous résumons ici les principaux enseignements de cette semaine :

- une variable est un emplacement où on peut stocker une information
- on emploie une variable en la désignant par son nom
- il est important de donner des noms significatifs aux variables
- en Blockly, il existe deux types de données : le texte et les nombres
- si l'on mélange les types de données, cela risque de provoquer une erreur de type
- les variables permettent de décomposer les formules complexes en unités plus courtes et par conséquent plus faciles à comprendre

SAUVEGARDER UN PROGRAMME BLOCKLY

Nous vous avons conseillé, la semaine précédente, d'installer Blockly en local (c'est-à-dire sur votre ordinateur, votre tablette ou votre smartphone), ce qui permet d'exécuter Blockly sans être connecté à Internet. Même si l'hypothèse d'une absence de connexion Internet est aujourd'hui de moins en moins fréquente, il existe (fort heureusement) encore quelques endroits sur la planète où relever ses courriels est impossible…

Que l'on exécute Blockly hors-ligne ou en ligne depuis le site https://www.progbloc.fr/blockly/, il n'y a malheureusement aucune fonctionnalité simple qui soit prévue pour enregistrer ses programmes. Cela signifie que lorsque vous fermez votre navigateur, vous perdez la totalité des programmes que vous avez rédigés. Cette situation est frustrante, mais nous allons voir qu'il existe un moyen relativement facile à mettre en œuvre pour contourner ce problème.

La méthode que nous vous proposons nécessite quelques manipulations, mais vous constaterez rapidement que cette gymnastique deviendra un automatisme quand vous en aurez pris l'habitude.

Pour sauvegarder un programme Blockly qui est affiché sur votre écran, accomplissez les étapes suivantes :

1. Cliquez sur le bouton **XML**
2. Du code commençant par la ligne `<xml xmlns="https://developers.google.com/blockly/xml">` apparaît à l'écran
3. Sélectionnez l'intégralité de ces lignes de code (le raccourci CTRL + A permet de le faire sur PC)
4. Copiez l'ensemble du texte sélectionné (CTRL + C)
5. Collez ce que vous venez de copier dans un nouveau document d'un éditeur de code (si vous avez un PC, nous vous recommandons d'installer Notepad ++)

6. Enregistrez ce nouveau document sous un nom significatif au format eXtensible Markup Language file (XML). Le fait de choisir le format XML mettra en couleur, dans Notepad++, le code que vous venez de copier.

Vous disposez maintenant d'un fichier que vous allez à tout moment pouvoir réinjecter dans Blockly.

> **SAUVEGARDE EN LIGNE**
>
> Il existe en fait une version de Blockly en ligne qui autorise la sauvegarde des programmes (accessible à partir de http://tinyurl.com/prog-blocs), mais nous vous déconseillons de l'employer. En effet, la disponibilité de cette adresse Web n'est pas garantie dans le temps et cette version disponible en ligne est moins conviviale que celle que nous vous proposons. Nous vous recommandons d'installer Blockly en local sur votre ordinateur et de sauvegarder vos programmes en utilisant la technique décrite ci-dessous..

Pour charger un fichier que vous avez sauvegardé selon cette méthode, accomplissez les étapes suivantes dans Blockly :

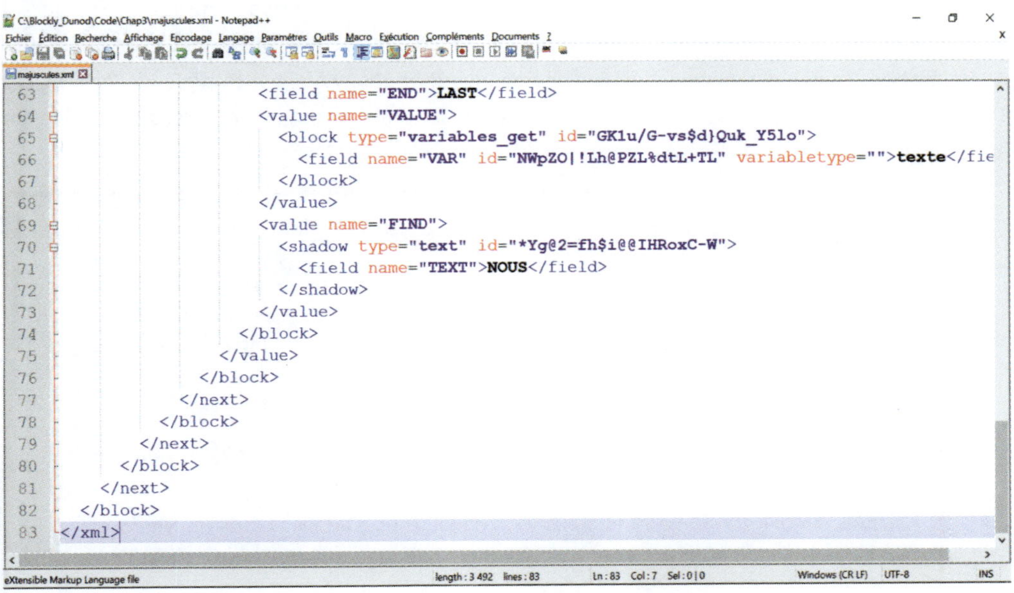

1. Cliquez sur le bouton **XML**
2. Sélectionnez l'intégralité des lignes de code (le raccourci CTRL + A permet de le faire sur PC)
3. Supprimez l'ensemble du texte sélectionné (attention, le contenu du programme à l'écran sera perdu s'il n'a pas été sauvegardé)
4. Assurez-vous bien qu'il n'y a plus aucun caractère dans la zone XML et collez l'intégralité du contenu du fichier XML que vous avez enregistré (bien entendu, il

faut au préalable avoir chargé ce fichier dans Notepad++ ou un autre éditeur, avoir sélectionné la totalité de son contenu et l'avoir copié)

5. Cliquez sur le bouton **Blocs** et, comme par enchantement, les blocs du fichier que vous avez sauvegardé réapparaissent !

Ces manipulations pourront vous paraître fastidieuses au départ, mais nous pouvons vous garantir que vous en prendrez très vite l'habitude et que vous les réaliserez en quelques secondes.

Si vous avez du mal à comprendre l'enchaînement de la procédure, vous trouverez sur le site https://www.progbloc.fr/complements/ une vidéo de démonstration d'une sauvegarde d'un programme Blockly.

LANGAGE XML

Le langage XML est un sujet passionnant, dont l'étude dépasse malheureusement le cadre de cet ouvrage. Comme vous allez cependant manipuler très souvent dans Blockly des données au format XML, il nous paraît important que vous compreniez de quoi il s'agit. Tout d'abord, vous devez retenir que XML n'est pas un langage de programmation, mais un langage de description de données. XML est le sigle de eXtensible Markup Language, que l'on peut traduire par langage de balisage extensible. À l'instar

INSTALLER UN ÉDITEUR DE CODE

La méthode employée pour sauvegarder les programmes Blockly nécessite l'utilisation d'un éditeur de code. Si vous travaillez sur PC, nous vous suggérons l'utilitaire libre et gratuit Notepad++ que vous pouvez télécharger à l'adresse suivante : https://notepad-plus-plus.org/fr/

Par défaut, l'interface de Notepad++ est en anglais. Pour la passer en français, allez dans le menu **Setting → Preferences...** puis dans la section **Localization** choisissez **Français** dans la liste déroulante. Cliquez sur le bouton **Fermer.**

Si vous travaillez avec un Mac, nous vous conseillons d'intaller l'outil de Microsoft Visual Studio Code (à ne pas confondre avec Visual Studio qui est une application réservée aux professionnels) que vous pouvez télécharger sur la page :

https://visualstudio.microsoft.com/fr/

Vous noterez que cet éditeur de code fonctionne également sous Windows et Linux.

Même si pour l'instant vous n'allez pas utiliser les fonctionnalités d'édition de code de ces outils, nous vous recommandons cependant d'installer au moins un éditeur de code sur votre machine, car vous en aurez besoin pendant la semaine 9.

Si vous préférez différer cette installation, sachez qu'un simple éditeur de texte, comme le Bloc-notes sous Windows, ou TextEdit avec un Mac, permettent de sauvegarder vos programmes Blockly..

de nombreux sigles en informatique qui se terminent par ML (HTML, SGML, VML, S2ML, etc.), XML est donc un langage qui permet de décrire des données à l'aide de balises encadrées par les caractères < et >. XML est né des limites de HTML, le langage de création des pages Web dont les rudiments sont décrits dans l'avant-dernier chapitre de ce livre. Si le langage HTML permet d'afficher correctement des pages Web, il ne sait pas en revanche décrire la nature des données qui sont affichées. Le caractère extensible de XML autorise la création de balises qui vont permettre de catégoriser les données affichées, ce qui va autoriser des traitements plus sophistiqués.

Quand, dans Blockly, vous cliquez sur l'onglet XML, vous affichez une description des blocs qui vous ont permis de coder votre programme. Même si la lecture du code XML n'est pas évidente, vous pouvez néanmoins reconnaître certains éléments du programme. Par exemple, le code XML, après la ligne d'en-tête <xml xmlns="https://developers.google.com/blockly/xml"> comprend un bloc qui énumère la liste des variables du programme, comme dans l'exemple suivant :

```
<variables>
  <variable id="xufK}AuUrMG)thn|#]E{">nombre_questions</variable>
  <variable id=",(u9$;`bWNYiPtt^SXMO">nombre_1</variable>
  <variable id=":`Yx%i_oHD}xxh;Cn`5_">nombre_2</variable>
</variables>
```

Le code XML suivant décrit, par exemple, le type de bloc employé, sa position, ainsi que le libellé employé dans l'invite :

```
<block type="variables_set" id="ZQ(`le#K%Vi:gRPv{hBv" x="-338"
                                                        y="-162">
  <field name="VAR" id="xufK}AuUrMG)thn|#]E{">nombre_questions</field>
  <value name="VALUE">
    <block type="text_prompt_ext" id="bijEaF-1p9m[El1.B$(7">
      <mutation type="NUMBER"></mutation>
      <field name="TYPE">NUMBER</field>
      <value name="TEXT">
        <shadow type="text" id="{1N1G,DplU=|%;]X.Jkv">
          <field name="TEXT">Combien de questions ?</field>
        </shadow>
      </value>
    </block>
```

Ce code XML correspond au bloc fixer nombre_questions à invite pour un nombre avec un message « Combien de questions ? ». Bien entendu, il ne sert à rien de percer tous les mystères du codage de votre programme Blockly en langage XML, mais il est intéressant de comprendre le principe de cette traduction.

Et puisque nous parlons de culture informatique, sachez également que les fichiers Word (.docx) et Excel (.xlsx) ne sont en fait que des archives compressées de document au format XML (de la même manière que les fichiers ePub, les livres au format électronique, sont des archives de fichiers au format HTML). Si vous ne nous croyez pas, faites l'expérience suivante : prenez une copie d'un fichier Word et changez son extension (.docx) en .zip. L'explorateur de fichiers va vous mettre en garde, mais passez outre son avertissement et décompressez ensuite l'archive. Dans le dossier word, vous trouverez un fichier document.xml qui contient le texte de votre fichier Word.

POUR S'ENTRAÎNER

1/ Recopiez un des programmes de ce chapitre, sauvegardez-le au format XML. Fermez votre navigateur, puis rechargez le programme que vous venez de sauvegarder.

2/ Chargez dans Blockly le fichier **Exo2_Chap3.xml** qui se trouve dans les compléments électroniques de cet ouvrage.

3/ Réécrivez le programme suivant sans utiliser de variable :

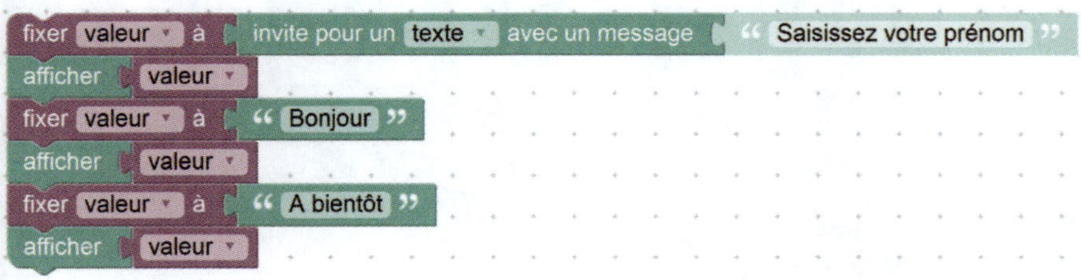

4/ Réécrivez le programme suivant en changeant les noms des variables :

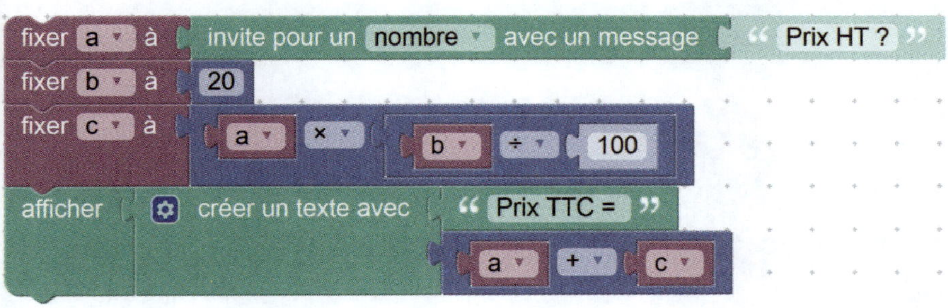

5/ En prenant exemple sur le programme suivant, déterminez comment afficher le département de naissance à partir d'un numéro INSEE :

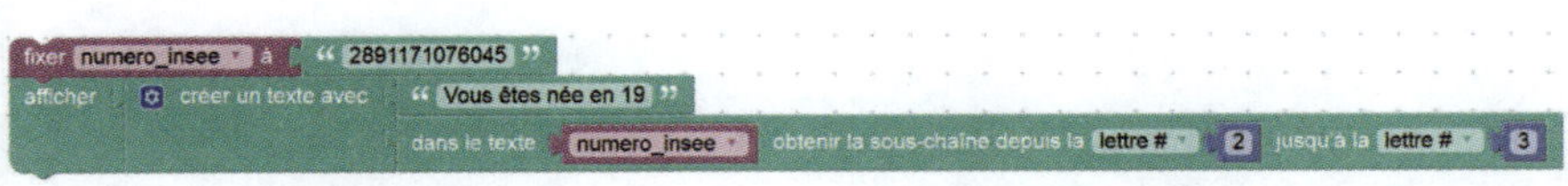

ÇA TOURNE EN BOUCLE !

SEMAINE 4

Jusqu'à présent, tous les programmes que nous avons écrits se déroulent en séquence, c'est-à-dire que les instructions s'exécutent dans l'ordre où elles sont écrites (de haut en bas). Cette semaine et la suivante, nous allons voir que l'on peut modifier le cours d'un programme et changer l'ordre d'exécution des instructions.

RÉPÉTER DES INSTRUCTIONS

Comme nous venons de l'écrire, les programmes sur lesquels nous avons travaillé déroulent leurs instructions les unes après les autres et chaque instruction n'est exécutée qu'une seule fois. Cela signifie que si nous voulons répéter une instruction, nous n'avons, pour le moment, pas d'autre solution que de l'écrire autant de fois que nous voulons la répéter. Dans ces conditions, si vous voulez répéter trois fois l'affichage d'un message à l'écran, afin de bien frapper les esprits, vous n'avez, dans l'état actuel de vos connaissances, pas d'autre choix que d'écrire, par exemple, le programme suivant :

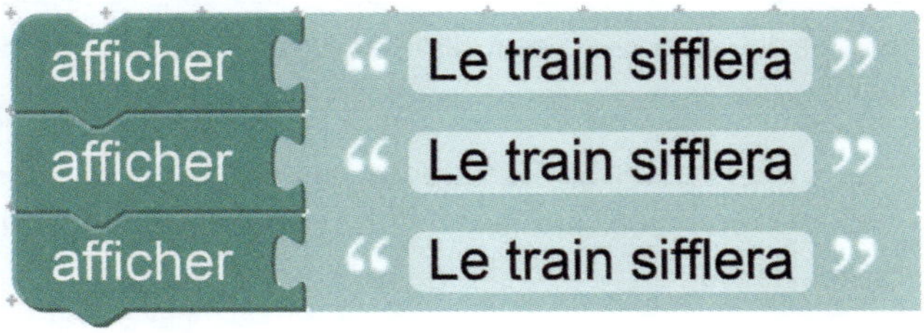

Ce programme n'a bien entendu aucun intérêt, si ce n'est celui de vous montrer que la répétition d'une instruction peut se faire très simplement quand le nombre de fois où l'on réitère une action n'est pas très important.

MISE EN GARDE

Vous noterez que si vous exécutez ce programme, il affiche la première fois une boîte de dialogue où figure la phrase « Le train sifflera ». Lors de l'affichage de la deuxième boîte de dialogue, vous pouvez voir apparaître dans certains navigateurs un message vous invitant à cocher une case pour ne plus afficher d'autres boîtes de dialogue. **Ne cochez surtout pas cette case,** car Blockly ne fonctionnera plus correctement après. Sous Firefox, le message est « Empêcher cette page d'ouvrir des dialogues supplémentaires » et sous Edge, « Ne pas laisser cette page créer plus de messages ». Si vous n'avez pas suivi ce conseil, il vous faut fermer le navigateur pour le relancer afin de retrouver un fonctionnement normal.

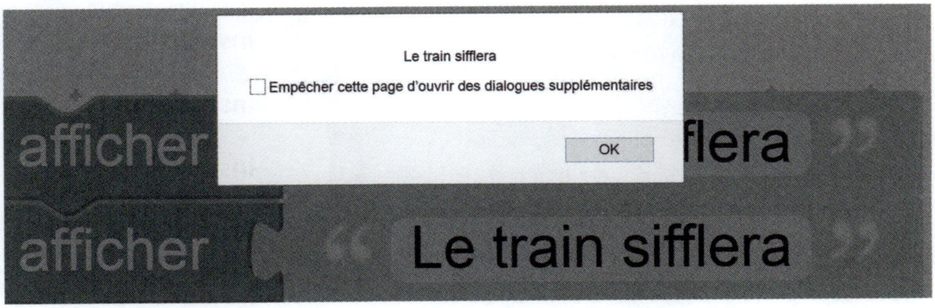

Mais que va-t-il se passer quand il faudra répéter une instruction cent fois, voire mille fois ? Faudra-t-il empiler les instructions les unes en dessous des autres ? Bien évidemment, la réponse est négative et les langages de programmation prévoient des mécanismes simples pour répéter des instructions sans avoir à les dupliquer bêtement. Cela est d'autant plus important que si l'on réfléchit bien, on se rend compte que les opérations qu'effectue un ordinateur sont souvent extrêmement répétitives. C'est d'ailleurs ce qui fait la force des ordinateurs : ces machines douées pour l'automatisation savent finalement faire peu de choses (au sens où elles disposent d'un jeu d'instructions assez réduit), mais elles le font très bien, très rapidement et sans jamais se lasser. Un ordinateur peut réaliser des centaines de milliers de fois le même traitement sans se plaindre et avec une vélocité inégalée. Ce sera le génie du programmeur, en combinant des instructions élémentaires, d'arriver à créer des programmes sophistiqués qui réalisent des tâches utiles.

Même si vous n'en avez pas encore conscience, les programmes informatiques ont très souvent à gérer des répétitions et pour vous en persuader voici une liste de tâches simples qui nécessitent de répéter des instructions :

- lire un à un les caractères d'un mot
- lire un à un les mots d'un texte
- lire les points d'une image
- écrire le calendrier des jours d'un mois
- lire une liste
- accorder dix coups à un joueur pour trouver la solution d'un jeu
- attendre…

Dans toutes ces situations, le programmeur va devoir répéter des instructions afin de gérer la tâche en question correctement. En programmation, on appelle **boucle** l'opération qui permet de répéter des instructions. Le principe des boucles est simple :

- on répète toutes les instructions à l'intérieur de la boucle
- il peut y avoir une ou plusieurs instructions dans la boucle
- les instructions sont exécutées dans l'ordre où elles sont affichées
- le parcours des instructions dans la boucle s'appelle une **itération** (du latin iter qui signifie chemin)
- une fois le nombre d'itérations accomplies, le programme sort de la boucle et exécute l'instruction qui suit immédiatement la boucle
- Il peut y avoir une boucle à l'intérieur d'une boucle (on parle alors de boucles imbriquées)

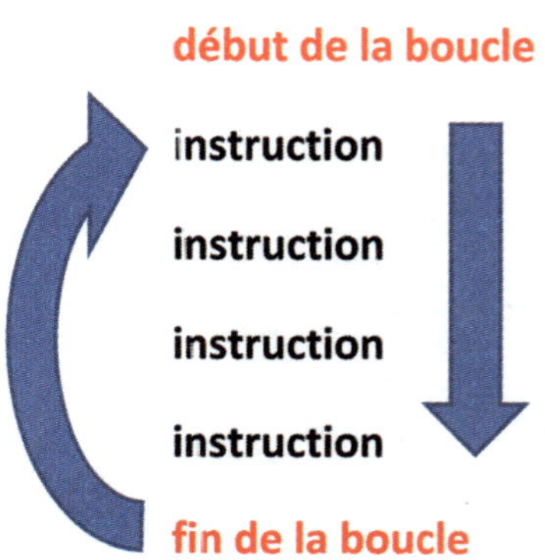

Blockly possède plusieurs types de boucles que nous allons passer en revue.

BOUCLE RÉPÉTER X FOIS

Comme vous l'imaginez sans doute, les blocs des boucles se trouvent dans la catégorie **Boucles**. Le premier bloc de cette catégorie, le bloc **répéter 10 fois**, est le type de boucle le plus simple et c'est celui par lequel nous allons commencer.

L'info-bulle de ce bloc précise qu'il permet d'exécuter des instructions plusieurs fois. Vous n'avez que deux informations à fournir à ce bloc :

- le nombre de répétitions (programmé à 10 par défaut)
- les instructions que vous voulez répéter (à droite du mot **faire**)

Si nous voulons reproduire le programme précédent à l'aide d'une boucle, il suffit d'écrire le programme suivant :

Encore une fois, ce programme n'a aucun intérêt, si ce n'est celui de vous montrer un exemple d'utilisation de la boucle **répéter x fois**.

Le programme suivant est un peu plus ambitieux et va nous permettre de bien comprendre le fonctionnement d'une boucle :

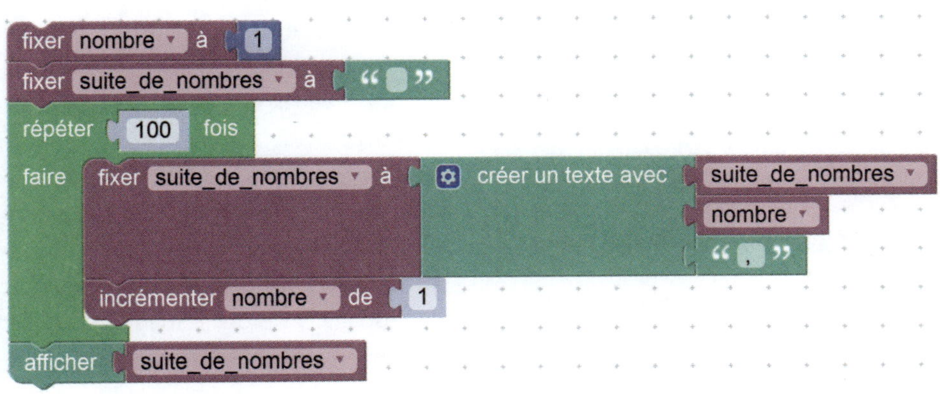

SAISISSEZ LES EXEMPLES ET MODIFIEZ-LES !

Nous ne le redirons jamais assez, mais c'est en programmant que l'on apprend à programmer. Dans la mesure où les exemples de programmes de cet ouvrage ne sont en général jamais très longs, nous vous encourageons vivement à les reproduire systématiquement afin de les tester et de les modifier.

Si vous saisissez ce programme et que vous le testez, vous verrez qu'il fait apparaître la liste des nombres de 1 à 100.

```
1, 2, 3, 4, 5, 6, 7, 8, 9, 10, 11, 12, 13, 14, 15, 16, 17, 18, 19, 20, 21, 22, 23, 24, 25, 26, 27, 28, 29, 30, 31, 32, 33, 34, 35, 36, 37, 38, 39,
40, 41, 42, 43, 44, 45, 46, 47, 48, 49, 50, 51, 52, 53, 54, 55, 56, 57, 58, 59, 60, 61, 62, 63, 64, 65, 66, 67, 68, 69, 70, 71, 72, 73, 74, 75,
76, 77, 78, 79, 80, 81, 82, 83, 84, 85, 86, 87, 88, 89, 90, 91, 92, 93, 94, 95, 96, 97, 98, 99, 100,

                                                                                                    OK
```

Ce programme initialise deux variables : **nombre** et **suite_de_nombres**, respectivement avec les valeurs 1 et une chaîne vide (il n'y a aucun caractère saisi entre les guillemets, même pas un espace). **nombre** est donc une variable numérique alors que **suite_de_nombres** est une variable texte, que l'on nomme également variable caractère. Le bloc **répéter 100 fois** va donc répéter une centaine de fois les instructions qui sont comprises dans la section **faire**. Cette section comporte deux lignes d'instructions qui ont chacune pour but de modifier le contenu des deux variables du programme. Le programme va donc répéter cent fois ces deux lignes de code, puis quand il aura achevé son cycle de répétitions, il va sortir de la boucle et exécuter l'instruction qui suit la boucle, qui se trouve être la dernière ligne du programme et qui affiche le contenu de la variable **suite_de_nombres**.

ABSENCE D'ERREUR DE TYPE

Vous vous demandez peut-être pourquoi il n'y a pas d'erreur de type dans ce programme car on ajoute (en les concaténant) des nombres et du texte. Dans d'autres langages de programmation, il faudrait effectivement convertir la variable nombre, qui est bien une variable numérique puisqu'elle est initialisée avec la valeur 1 (en bleu), en une variable de type caractère pour que l'on puisse l'accoler à une virgule et un espace. Blockly est laxiste en la matière puisqu'il réalise cette conversion de type de données sans nous demander notre avis. En fait, quand on utilise le bloc **créer un texte avec**, Blockly considère que toutes les données qu'il met bout à bout sont des données textuelles, même s'il s'agit de nombres.

Examinons de plus près le contenu des instructions de la boucle. La première ligne de la boucle modifie le contenu de la variable **suite_de_nombres**. L'instruction va attribuer à la variable **suite_de_nombres** la valeur de la variable **suite_de_nombres** et y ajouter le contenu de la variable **nombre** ainsi qu'une chaîne de caractères constituée d'une virgule et d'un espace. Vous devez mémoriser le fait que, pour un informaticien, écrire x = x +

1 signifie que l'on ajoute 1 à x. Dans ces conditions, cette instruction signifie que l'on ajoute (concatène) à la variable un nombre, une virgule et un espace à chaque de tour de boucle.

La deuxième ligne de la boucle est plus simple car elle se contente d'ajouter 1 à la variable **nombre** à chaque tour de boucle. Le tableau suivant indique la valeur des variables à différents moments du programme :

Ligne du programme	nombre	suite_de_nombres
1	1	
2	1	« »
Tour de boucle n°1	2	« 1, »
Tour de boucle n°2	3	« 1, 2, »
Tour de boucle n°3	4	« 1, 2, 3, »
Tour de boucle n°4	5	« 1, 2, 3, 4, »
Tour de boucle n°5	6	« 1, 2, 3, 4, 5, »

Vous pouvez ainsi constater la puissance des boucles qui, en quelques lignes de programme, permettent de générer automatiquement une grande série de nombres. Et vous pouvez bien entendu vous amuser à changer la valeur du nombre de répétitions pour générer des séries encore plus grandes (n'essayez cependant pas des nombres trop grands car vous risquez de planter votre navigateur ; et de toutes les façons, même si le navigateur ne plante pas, la boîte de dialogue ne pourra pas afficher la totalité des nombres...).

Une fois que les cent tours de boucle sont achevés, la variable **suite_de_nombres** contient donc la liste des nombres de 1 à 100 séparés par des virgules, la dernière instruction du programme se contentant d'afficher le contenu de cette variable dans une boîte de dialogue.

Nous allons maintenant prendre un autre exemple qui manipule des nombres et qui permet de résoudre facilement un problème classique de la légende des échecs que l'on nomme « échiquier de Sissa »[1]. Cette légende raconte que pour le remercier, un roi demanda à l'inventeur du jeu d'échecs ce qu'il désirait comme récompense. Sissa, l'inventeur du jeu, demanda au roi de placer un grain de riz sur la première case de l'échiquier, puis de doubler la mise sur chacune des autres cases de l'échiquier qui en compte 64. Le roi devait donc placer un grain sur la première case, deux grains sur la deuxième case, quatre grains sur la troisième case, huit grains sur la quatrième case

[1] www.math93.com/index.php/112-actualites-mathematiques/304-le-probleme-de-l-echiquier-de-sissa

ORDRE DES INSTRUCTIONS

Afin de bien comprendre que l'ordre des instructions a de l'importance, essayez de permuter l'ordre des instructions au sein de la boucle et examinez la différence entre les deux programmes.

et ainsi de suite jusqu'à la soixante-quatrième case. Le roi parut étonné de la modestie de la demande de Sissa, mais c'est parce qu'il n'avait sans doute pas d'ordinateur pour calculer le nombre total de grains qu'il allait devoir donner comme récompense…

Pour ceux que les maths ne rebutent pas trop, vous aurez compris que l'on place sur chacune des cases des puissances de 2 successives : 2^0, 2^1, 2^2, 2^3, etc., le calcul final étant égal à $2^0 + 2^1 + 2^2 + 2^3 + \ldots + 2^{63}$. Même si l'on ne sait pas ce qu'est une puissance de 2, on peut facilement résoudre ce problème à l'aide du programme suivant :

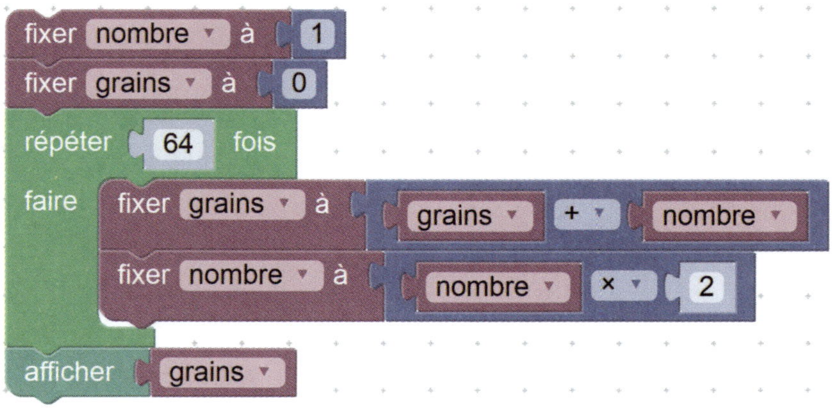

Ce programme utilise deux variables : la variable **nombre** pour initialiser le nombre de grains de riz au départ et la variable **grains** qui sert à additionner le nombre total de grains de riz sur l'ensemble des cases de l'échiquier. En utilisant une boucle **répéter 64 fois**, on peut assez simplement calculer le montant de la récompense de Sissa. La première instruction **fixer grains** permet d'additionner le nombre total de grains, tandis que la deuxième instruction **fixer nombre** calcule le nombre de grains sur chacune des cases. Quand le programme quitte la boucle, il affiche dans la dernière instruction le nombre total de grains sur l'échiquier. Il s'agit d'un nombre très grand car le programme affiche la valeur 18 446 744 073 709 552 000.

Dans un bloc **répéter x fois**, vous pouvez indiquer une valeur fixe (les informaticiens appellent cela coder en dur, et c'est en général une pratique à éviter) pour déterminer le nombre de répétitions quand vous connaissez à l'avance précisément le nombre d'itérations de votre boucle, mais il est également possible de placer une variable à la place d'une valeur fixe, ce qui apporte de la souplesse au programme. Le nombre de répétitions peut ainsi dépendre de la valeur d'une variable du programme et, par exemple, être choisi par l'utilisateur, comme dans le programme suivant :

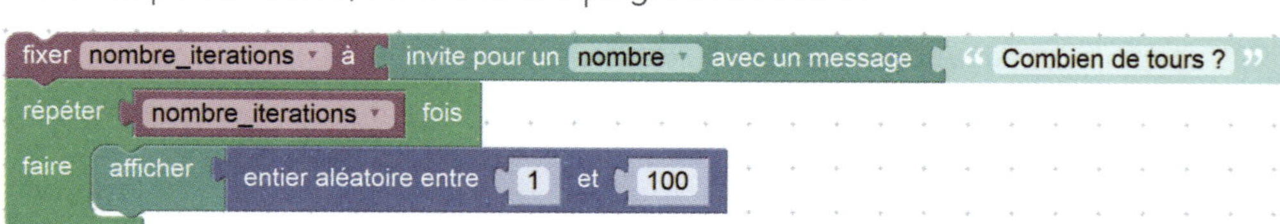

Ce programme très simple demande à l'utilisateur le nombre de tours qu'il souhaite pour une boucle et stocke le résultat dans la variable **nombre_iterations**. Cette variable sert ensuite de compteur pour une boucle **répéter x fois**. À l'intérieur de la boucle, un bloc **entier aléatoire** affiche un nombre compris entre 1 et 100 choisi au hasard. Si vous testez ce programme, ne choisissez pas un nombre de tours trop important car vous allez devoir appuyer sur la touche **Entrée** autant de fois que le nombre que vous aurez saisi...

ERREUR DE CALCUL ET GRANDS NOMBRES

En fait, la valeur exacte du calcul est 18 446 744 073 709 551 615, soit une différence de 385 unités. Vu le nombre total de grains de riz, l'erreur n'est pas importante, mais vous devez sans doute vous demander pourquoi votre ordinateur ne sait pas compter. Est-ce notre programme qui est en cause ? Notre programme est parfaitement correct, mais le nombre maximal que sait traiter JavaScript sans erreur de calcul est 2^{53}. Dans la mesure où l'on emploie dans notre programme des nombres qui vont jusqu'à 2^{63}, il n'est pas anormal que le calcul soit faux. Si l'on voulait que ce calcul soit juste, il faudrait employer un autre langage de programmation qui utilise des types de données numériques prenant en compte des nombres plus longs.

BOUCLE COMPTER AVEC I DE 1 À 10 PAR 1

La boucle **compter avec i de 1 à 10 par 1** est une boucle plus évoluée que la boucle **répéter x fois**. Son nom et sa syntaxe peuvent intimider au départ, mais quand vous l'aurez apprivoisée, vous ne pourrez plus vous en passer. Cette boucle utilise une variable, nommée **i** par défaut, qui sert de compteur du nombre d'itérations (le nombre de répétitions des instructions de la boucle). Bien entendu, on peut modifier le nom de la variable par défaut et parfaitement choisir un autre nom à la place de **i**. Le fait de disposer d'une variable donne de la souplesse au programme car on n'est pas obligé de connaître à l'avance le nombre de répétitions comme avec la boucle **répéter x fois**. De plus, on peut utiliser la variable à l'intérieur de la boucle, ce qui va se révéler intéressant dans de très nombreux programmes. Enfin, on peut faire varier le **pas** (au sens de faire un pas quand on avance) de l'**incrément**, ce qui signifie que l'on n'est pas obligé de compter de 1 en 1, mais que l'on peut compter de 2 en 2, de 10 en 10, etc.

Si l'on emploie les valeurs par défaut de la boucle **compter avec i de 1 à 10 par 1**, cela signifie donc que l'on va répéter les instructions de la boucle 10 fois et que la variable **i** évoluera de 1 à 10 au fil des tours (au premier tour, **i** vaut 1, au deuxième tour, **i** vaut 2, etc.). Nous allons reprendre notre programme qui affiche les nombres de 1 à 100, mais cette fois-ci nous souhaitons n'afficher que les nombres pairs de 0 à 100. Nous pourrions tout à fait reprendre le même programme et utiliser une boucle **répéter 50 fois**, mais nous allons ici employer un autre type de boucle :

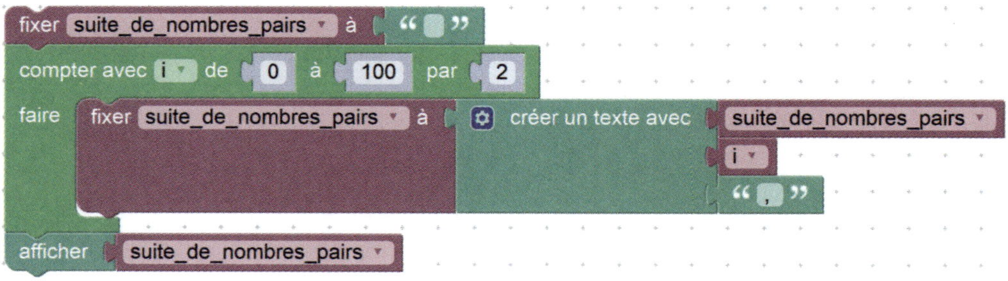

Si vous comparez les deux programmes, vous constaterez qu'ils sont assez similaires, mais que nous n'avons plus besoin de la variable **nombre** car nous disposons de la variable **i** qui est intégrée à la boucle. De plus, nous n'avons pas besoin dans la boucle d'instruction pour incrémenter **i** car cette fonctionnalité fait partie de la boucle (**par 2**). Il faut comprendre la syntaxe de la boucle **compter avec i de 0 à 100 par 2** comme « je vais compter de 2 en 2 de 0 à 100 (0, 2, 4, 6, 8, 10, 12… 98, 100) » et la variable **i** aura la valeur 0 au premier tour de la boucle, puis sa valeur sera augmentée de 2 (**par 2**) à chaque tour jusqu'à atteindre la valeur 100.

Le résultat du programme est affiché ci-dessous :

0, 2, 4, 6, 8, 10, 12, 14, 16, 18, 20, 22, 24, 26, 28, 30, 32, 34, 36, 38, 40, 42, 44, 46, 48, 50, 52, 54, 56, 58, 60, 62, 64, 66, 68, 70, 72, 74, 76, 78, 80, 82, 84, 86, 88, 90, 92, 94, 96, 98, 100,

OK

QUELLE EST LA VALEUR DE I À LA FIN DE LA BOUCLE ?

Dans l'exemple précédent, on compte de 0 à 100 par 2 et ce sont bien les nombres pairs de 0 à 100 qui sont affichés dans la boîte de dialogue, si bien que lorsque l'on vous pose la question de savoir quelle est la valeur de i à la fin de la boucle, vous allez assez naturellement répondre 100. Comme vous êtes une personne scrupuleuse, vous allez quand même vérifier par vous-même et rajouter une instruction **afficher i** à la fin du programme. Vous constaterez alors que c'est la valeur 102 qui s'affiche… Comment est-ce possible ? En fait, il faut comprendre qu'avec ce type de boucle le programme rajoute (ou enlève) la valeur de l'incrément à la fin de chaque tour de boucle. Dans notre exemple, quand la boucle est arrivée à 100, elle rajoute à la fin du dernier tour, avant de sortir de la boucle, la valeur 2, si bien que i vaut effectivement 102. Cette information est utile à savoir et nous nous en servirons dans un programme de jeu.

La boucle **compter avec i** est très pratique quand on a à générer des listes de nombres dont l'incrément (la valeur que l'on ajoute à la variable à chaque tour de boucle) est fixe (+1, +2, +5, +10, -1, -10, -100, etc.). Dans l'exemple que nous venons de voir, la liste est produite dans un ordre croissant, mais il est parfaitement possible d'inverser cet ordre et d'afficher la liste de 100 à 0. Pour ce faire, il suffit d'inverser les bornes de la boucle dans la syntaxe et de préciser **compter avec i de 100 à 0 par 2**. Logiquement, on devrait préciser **par -2** puisque dans cet exemple on soustrait la valeur 2 à chaque tour de boucle, mais Blockly est suffisamment intelligent pour comprendre de lui-même, si bien que l'on n'a pas besoin de mettre un signe négatif devant la valeur de l'incrément.

Nous allons voir un exemple de ce type de boucle où la valeur de la variable **i** décroît à chaque tour de boucle avec un programme où l'on traite une chaîne de caractères. Imaginons que pour les besoins d'un jeu de lettres on doive inverser les lettres d'un mot (le mot « bonjour » devient ainsi « ruojnob »). Le programme suivant répond à cet objectif :

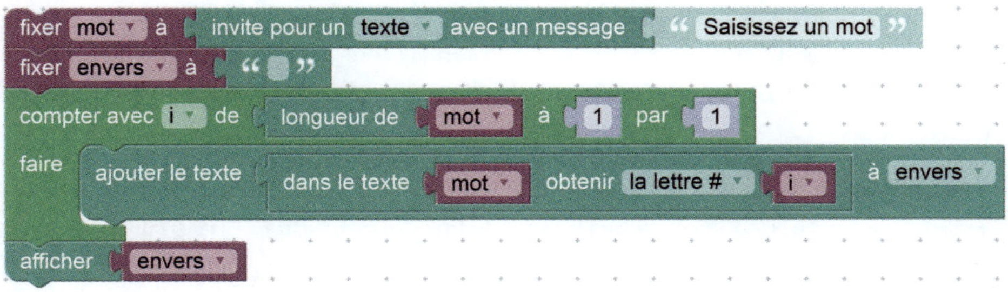

Ce programme utilise trois variables : **mot**, **envers** et **i**. La variable **mot** sert à stocker la saisie de l'utilisateur et la variable **envers** le résultat final de la chaîne inversée. La variable **i** est créée automatiquement par Blockly dès que l'on pose le bloc **compter avec i** sur l'espace de travail. Nous aurions pu modifier le nom de cette variable pour le rendre plus intelligible et l'appeler, par exemple **position_lettre**, puisque la variable **i** va bien représenter la position de la lettre à l'intérieur du mot et évoluer au fil des tours de boucle, au fur et à mesure que l'on balaye la chaîne de caractères, mais nous avons conservé le nom **i** car dans ce type de boucle (que les informaticiens appellent boucle for, car en anglais *for* signifie pour) c'est une convention d'appeler la variable **i**. Et s'il y a une boucle imbriquée dans la boucle **i**, on appelle en général la variable **j**, et ainsi de suite…

Si vous souhaitez néanmoins renommer la variable, il n'y a rien de plus facile : cliquez sur la liste à droite de la variable **i** et choisissez **Renommer la variable…** dans le menu contextuel.

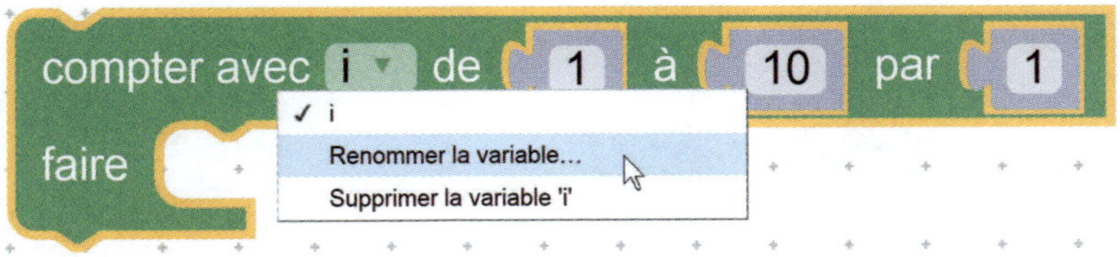

Examinons à présent la syntaxe de la boucle qui stipule **compter avec i de longueur de mot à 1 par 1**. On utilise ici le bloc **longueur de** pour déterminer la longueur du mot saisi par l'utilisateur. Si l'utilisateur saisit le mot « bonjour » qui a une longueur de 7 lettres, on aura dans les faits une boucle **compter avec i de 7 à 1 par 1**. Comme la valeur 7 est supérieure à 1, cela signifie que Blockly va décrémenter à chaque tour de boucle, **i** commençant à 7 et finissant à 1. Ainsi, l'instruction balaye le mot saisi, caractère par caractère, en partant de la droite, ce qui va nous permettre d'inverser la chaîne de caractères.

La dernière ligne de la boucle utilise deux blocs : le bloc **dans le texte obtenir la lettre #** (le symbole **#** signifie n° en anglais) pour récupérer chaque caractère individuellement en partant de la dernière position, c'est-à-dire de droite à gauche. Le bloc **ajouter le texte à** permet à chaque tour de boucle d'ajouter la lettre au mot que l'on veut voir retranscrit à l'envers. Ce bloc conserve la valeur antérieure de la variable et permet une construction plus concise qu'avec un bloc **fixer**. Ainsi, au premier tour de la boucle, si l'utilisateur a saisi la chaîne « bonjour », envers contiendra r, puis au deuxième tour, ru, au troisième tour, ruo, etc.

Si vous avez du mal à comprendre le fonctionnement des boucles, il peut être très utile d'inclure à l'intérieur de la boucle des blocs **afficher** qui permettent de visualiser la valeur des variables qui sont manipulées au fil des itérations. Ainsi, le programme suivant affiche à la fin de chaque tour de boucle la variable qui sert de compteur à la boucle (**position_lettre**), la lettre extraite du mot, et la chaîne inversée. Même si cela est un peu fastidieux d'appuyer sur la touche **Entrée** après l'exécution de chaque bloc **afficher**, cela vous permet de voir le programme se dérouler pas à pas sous vos yeux et de bien comprendre le fonctionnement de la boucle. Vous noterez en outre que dans cette version, nous avons utilisé le duo de blocs **fixer** et **créer un texte avec**, à la place du bloc **ajouter le texte à** :

BOUCLE RÉPÉTER TANT QUE

La boucle **répéter tant que** est un troisième type de boucle extrêmement utile en programmation car il permet de répéter un ensemble d'instructions un certain nombre de fois en fonction d'une **condition**. Au départ, le concept de condition en informatique peut sembler intimidant, mais il n'est finalement pas si compliqué que cela. Une condition est une expression logique à laquelle on peut attribuer la valeur vrai ou faux. En général, une condition comprend deux valeurs qui sont reliées par un opérateur, mais on peut avoir des conditions beaucoup plus compliquées. Voici quelques exemples de conditions simples :

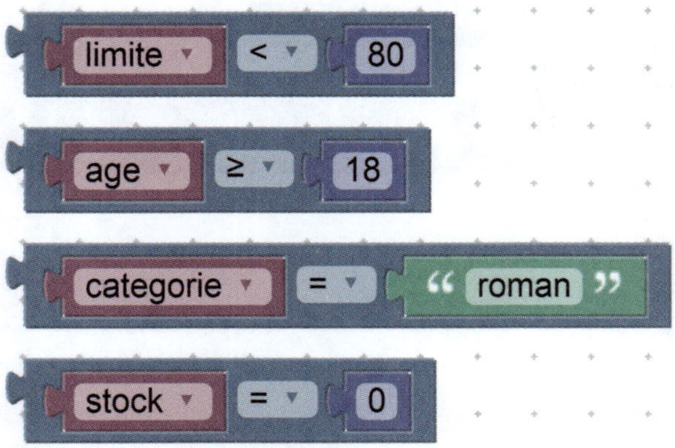

Les conditions sont construites avec des blocs disponibles dans la catégorie **Logique**. Pour ces quatre exemples de condition, le programme est capable de déterminer, en fonction de la valeur de la variable incluse dans la condition, si la condition est vraie ou fausse. Par exemple, si la variable **limite** a la valeur 100, la première condition est fausse ; si la variable **age** a la valeur 20, la deuxième condition est vraie.

On peut complexifier les conditions en utilisant les opérateurs logiques **et** ainsi que **ou**, comme dans les exemples suivants :

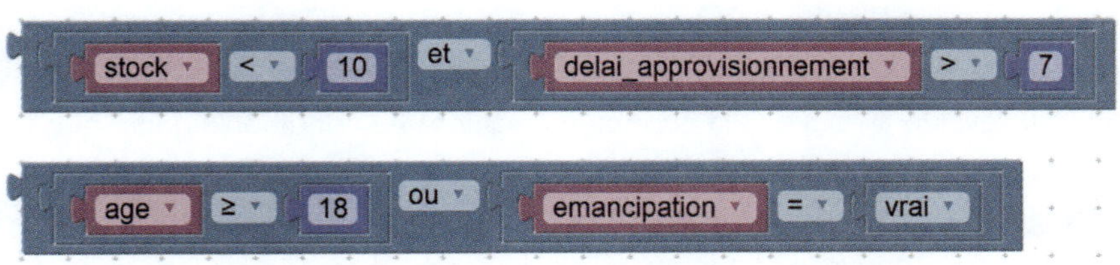

Vous noterez que même si ces conditions sont plus complexes, on peut néanmoins décider si elles sont vraies ou fausses. Vous remarquerez également que ces conditions peuvent très bien être formulées en langage naturel. La première condition peut être exprimée sous la forme : « si le stock est inférieur à 10 unités et si le délai d'approvisionnement est supérieur à 7 jours ».

La boucle **répéter tant que** répète donc les instructions qui sont à l'intérieur de la boucle tant que la condition spécifiée est vraie. Voici un exemple d'une telle boucle :

OPÉRATEURS LOGIQUES

De la même manière qu'il existe des opérateurs mathématiques (+, -, * et /), il y a des opérateurs logiques qui permettent de combiner des conditions logiques. Dans Blockly, les deux principaux opérateurs logiques sont « ou » et « et » qui s'emploient comme vous le feriez en langage naturel. Si vous comprenez la différence entre « fromage et dessert » et « fromage ou dessert », vous ne devriez avoir aucun mal à utiliser des opérateurs logiques..

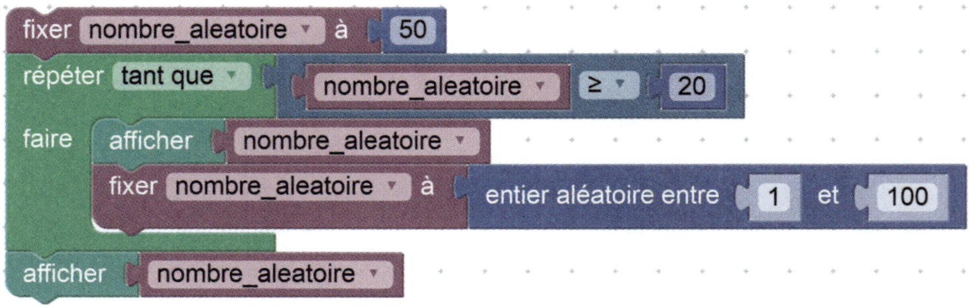

COMPARAISON ET AFFECTATION

Attention, dans ces blocs de condition, le signe = n'affecte par la valeur à la variable mentionnée. Par exemple, dans la troisième ligne, la variable **catégorie** est comparée à « roman », mais cette valeur « roman » n'est pas donnée à **catégorie**. Seul le bloc **fixer** permet d'affecter une valeur à une variable.

Ce programme utilise une variable **nombre_aleatoire** qui est initialisée avec la valeur 50. La boucle **répéter tant que** emploie la condition **nombre_aleatoire ≥ 20**. Comme **nombre_aleatoire** est égal à 50, la condition est vraie si bien que le programme peut rentrer dans la boucle et exécuter les instructions qu'elle contient. La première instruction affiche la variable **nombre_aleatoire** qui vaut donc 50 puisqu'elle a été initialisée avec cette valeur. La deuxième instruction modifie la variable **nombre_aleatoire** en lui attribuant un nombre aléatoire compris entre 1 et 100. Le premier tour de boucle est terminé et le programme reprend au sommet de la boucle, puis évalue à nouveau la condition. Évaluer une condition signifie que l'on va tester sa valeur, c'est-à-dire déterminer si elle est vraie ou fausse. Si le nombre aléatoire qui a été généré est supérieur ou égal à 20, on repart pour un autre tour de boucle et la condition sera à nouveau testée au début du prochain tour, et ainsi de suite. Le programme tournera en boucle jusqu'à ce que la condition devienne fausse. Ce sera le cas lorsque le nombre généré aléatoirement sera strictement inférieur à 20. Cela peut arriver très rapidement, mais cela peut aussi prendre quelques tours puisque par définition tout cela est le fruit du hasard…

La dernière instruction du programme affiche la variable **nombre_aleatoire** qui sera forcément inférieure à 20 puisque c'est cette valeur qui aura permis de sortir de la boucle. Vous noterez que pour que le programme rentre dans la boucle, la condition doit être vraie. Dans le cas contraire, le programme n'exécute aucune des instructions de la boucle. C'est par exemple le cas dans ce programme qui est une très légère variation du précédent :

ATTENTION AUX BOUCLES INFINIES

Dans l'exemple précédent, comme la condition de la boucle n'est pas vraie, le programme ne rentre pas dans la boucle. En revanche, il peut se produire le problème inverse avec les boucles tant que : on n'arrive pas à en sortir ! Connu sous le nom de boucle infinie, ce phénomène n'est pas rare si l'on n'y prend pas garde et oblige à fermer le navigateur ou à attendre la prochaine coupure de courant... Cela se produit si les instructions à l'intérieur de la boucle ne font jamais évoluer la condition ; par conséquent, vous devez toujours veiller à ce qu'il y ait dans la boucle des instructions qui fassent passer la condition d'entrée dans la boucle de la valeur vrai à la valeur faux.

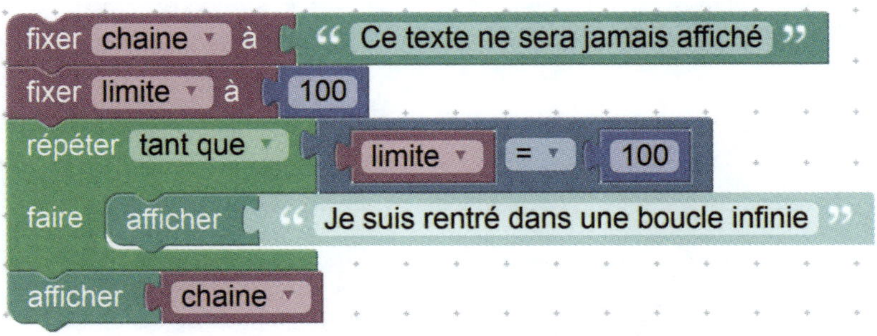

Dans cet exemple que pour une fois il n'est guère conseillé de tester, le programme va afficher sans arrêt la boîte de dialogue « Je suis rentré dans une boucle infinie ». La variable chaine ne sera jamais affichée car la condition d'entrée dans la boucle est toujours vraie. Puisqu'aucune instruction ne vient modifier cette condition à l'intérieur de la boucle, le programme n'en sortira jamais.

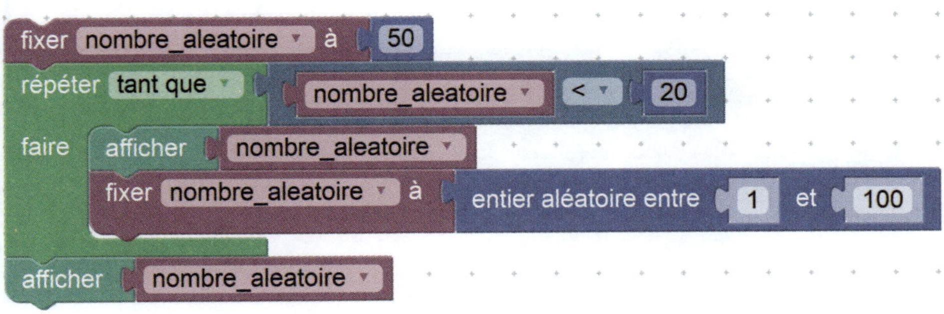

Comme la variable **nombre_aleatoire** a été initialisée à 50, la condition est fausse dès le départ puisque 50 n'est pas inférieur à 20.

Les boucles **répéter tant que** servent souvent à vérifier la saisie de l'utilisateur quand il doit respecter certains critères. Tant que les critères de saisie ne sont pas respectés, on demande à l'utilisateur de recommencer. Le programme suivant utilise cette structure de contrôle pour imposer une longueur de mot de passe de 8 caractères :

Sur le même modèle de programme, il serait relativement facile de tester qu'un mot de passe fait plus de 8 caractères, contient au moins une majuscule et un chiffre.

Sur le même principe de validation, on peut employer la boucle **répéter tant que** dans un jeu où le joueur bénéficiera d'essais tant qu'il n'aura pas trouvé la solution. Ce principe de validation de réponse de l'utilisateur peut être appliqué à tout exercice scolaire qui pose une question à un élève et qui boucle sur la question tant que la réponse correcte n'a pas été trouvée. Voici un exemple minimaliste d'exercice de calcul mental qui vous permettra de réviser (ou de faire réviser) vos tables de multiplication :

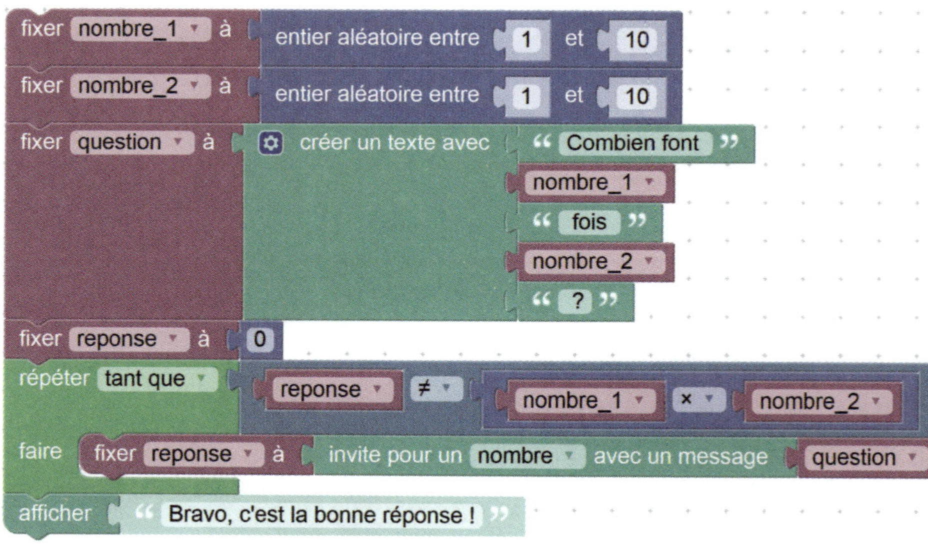

Ce programme emploie quatre variables. Les variables **nombre_1** et **nombre_2** servent à stocker les deux nombres qui seront employés dans la question (par exemple, « combien font 7 fois 8 ? »). La variable **question** va servir à stocker le message de la question posée à l'élève. Pour ce faire, on utilise un bloc **créer un texte avec** composé de cinq éléments. N'oubliez pas de saisir des espaces après « Combien font », avant et après « fois » et avant le point d'interrogation qui termine la question.

La variable **reponse**, comme son nom l'indique, va recueillir la réponse de l'élève. Cette variable est initialisée à 0 car on est certain avec cette valeur que la condition pour entrer dans la boucle sera toujours vraie. En effet, comme les deux nombres à multiplier sont compris entre 1 et 10, on est assuré que le résultat de la multiplication ne sera jamais égal à 0. La condition d'entrée dans la boucle compare donc la variable **reponse** au résultat de la multiplication des deux nombres. Une fois que le programme est rentré dans la boucle, il pose la question à l'élève et reçoit sa réponse dans la variable **reponse**. Si la réponse n'est pas correcte, la condition de la boucle est vraie et on repose la question à l'élève jusqu'à ce qu'il trouve la bonne réponse.

BOUCLE RÉPÉTER JUSQU'À

La boucle **répéter jusqu'à** est très similaire à la boucle **répéter tant que**, mais dans ce bloc, le programme exécute les instructions à l'intérieur de la boucle jusqu'à ce que la condition devienne vraie. Si on veut exprimer la même chose en d'autres termes, on peut dire que le programme exécute la boucle **tant que la condition est fausse**. Si, à l'entrée dans la boucle, la condition est vraie, le programme ne rentre pas dans la boucle. Le résultat des boucles **répéter tant que** et **répéter jusqu'à** est donc équivalent et leur différence n'est qu'une simple question de formulation. On a finalement la même distinction en langage naturel où les deux formulations suivantes sont équivalentes :

- je saisis mon mot de passe tant que la saisie est incorrecte
- je saisis mon mot de passe jusqu'à ce que la saisie soit correcte

Vous pouvez donc, à votre guise, employer un type de boucle ou l'autre, pourvu que le résultat du programme soit conforme à vos attentes. Dans le programme suivant, nous avons repris l'exemple de calcul mental, mais nous avons employé une boucle **répéter jusqu'à**. Bien entendu, nous avons dû modifier la condition pour que le programme fonctionne correctement.

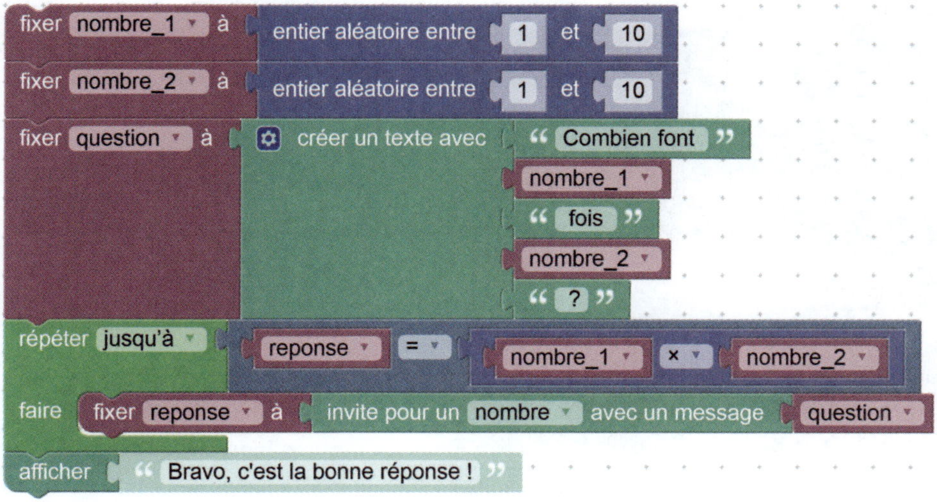

Encore une fois, vous aurez sans doute une préférence pour un type de boucle ou l'autre, en fonction de la manière dont vous formulez les données du problème à résoudre, mais l'important est que le programme fonctionne.

Boucles imbriquées

Comme nous l'avons déjà dit, il est possible d'avoir une boucle à l'intérieur d'une boucle et l'on aura donc dans ce cas ce que l'on appelle **une boucle imbriquée dans une autre boucle**. Ce type de situation n'est pas rare dans un programme et, dans les langages de programmation classiques, on fait souvent générer aux débutants qui découvrent les boucles imbriquées une table de Pythagore.

	1	**2**	**3**	**4**	**5**	**6**	**7**	**8**	**9**	**10**
1	1	2	3	4	5	6	7	8	9	10
2	2	4	6	8	10	12	14	16	18	20
3	3	6	9	12	15	18	21	24	27	30
4	4	8	12	16	20	24	28	32	36	40
5	5	10	15	20	25	30	35	40	45	50
6	6	12	18	24	30	36	42	48	54	60
7	7	14	21	28	35	42	49	56	63	70
8	8	16	24	32	40	48	56	64	72	80
9	9	18	27	36	45	54	63	72	81	90
10	10	20	30	40	50	60	70	80	90	100

Dans ce type de programme, une boucle sert à écrire les lignes et une autre boucle sert à écrire les colonnes. Il n'est pas possible d'avoir le même rendu en Blockly, mais on peut néanmoins créer un programme de table de multiplication qui affichera la liste de toutes les valeurs de la table, les unes à la suite des autres, dans une boîte de dialogue.

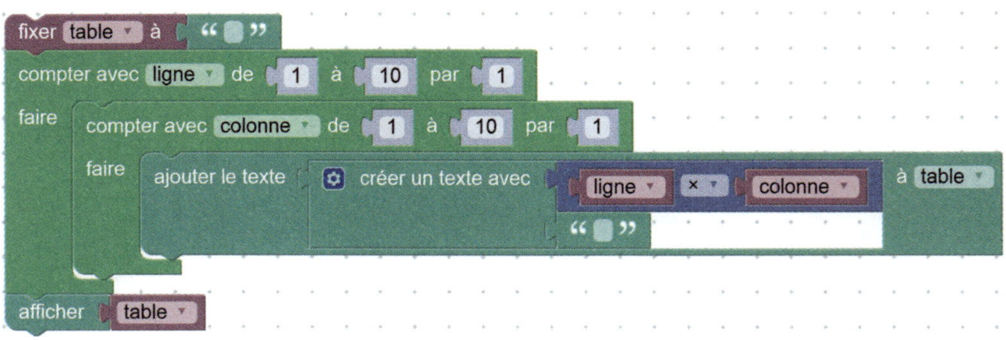

Dans cet exemple, on a bien une boucle **compter avec x de 1 à 10 par 1** dans une autre boucle **compter avec x de 1 à 10 par 1**. L'instruction à l'intérieur de la deuxième boucle est donc répétée 100 fois (10 × 10). Le résultat n'est pas très bien présenté en Blockly, mais on retrouve bien une centaine de valeurs affichées qui représentent le résultat de chaque multiplication individuelle.

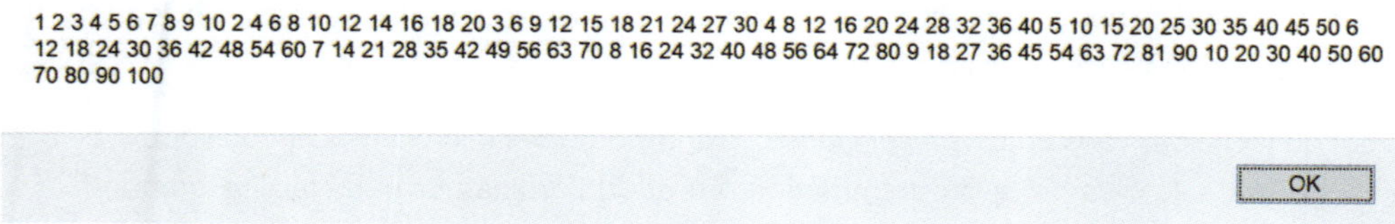

Pour illustrer un autre exemple de boucle imbriquée, nous allons reprendre notre exercice de calcul mental en proposant une variante où l'on demande à l'élève le nombre de questions auquel il souhaite répondre.

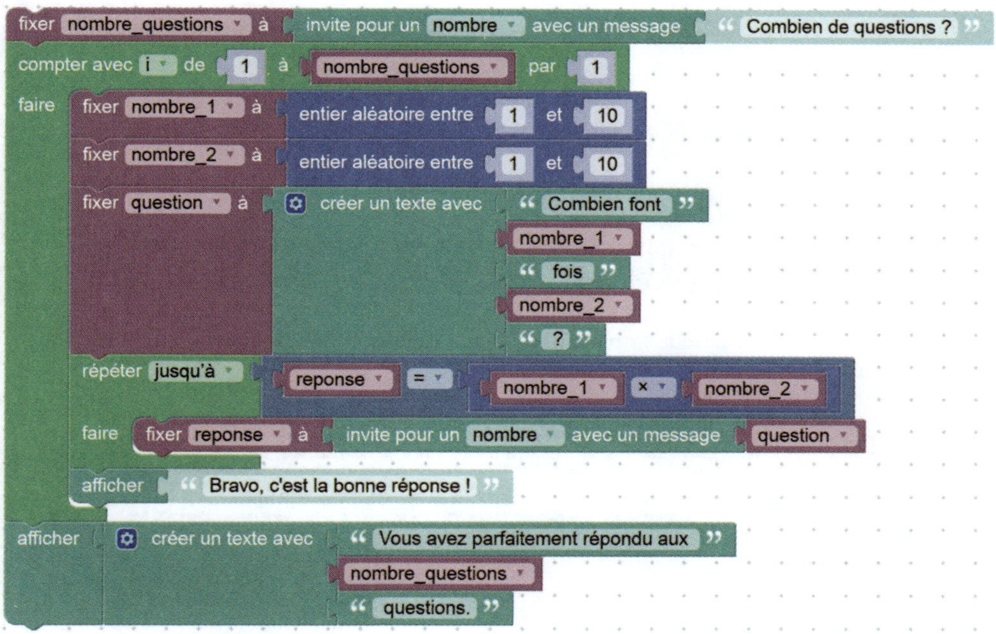

Dans ce programme, la variable **nombre_questions** sert à stocker le nombre de questions qui seront posées à l'élève. Cette variable est ensuite employée dans une boucle **compter avec i de 1 à x par 1** pour générer autant de questions de calcul que le nombre saisi par l'utilisateur dans la première ligne du programme.

SORTIR D'UNE BOUCLE

Dans la catégorie **Boucles**, vous avez sans doute constaté la présence d'un bloc nommé **quitter la boucle**. Comme son nom l'indique, ce bloc sert à sortir d'une boucle, mais son utilisation implique l'emploi d'un test conditionnel, structure de contrôle qui sera abordée la semaine prochaine. Nous verrons donc un exemple d'utilisation du bloc **quitter la boucle** quand l'étude des tests conditionnels sera abordée.

De la même manière, il existe un bloc **pour chaque élément i dans la liste**, mais comme il nécessite l'utilisation d'une liste, notion qui sera examinée durant la semaine 6, nous différerons quelque peu son apprentissage.

Quoi qu'il en soit, vous en savez déjà assez pour répéter des instructions et vous pouvez ainsi goûter aux joies de la programmation. En effet, l'ordinateur nous facilite grandement la vie en nous épargnant des tâches répétitives qui, par définition, doivent être programmées en utilisant des boucles.

POUR S'ENTRAÎNER

1/ En commençant un programme par la ligne suivante :

créez un programme qui emploie une boucle **répéter x fois** et qui affiche le résultat suivant :

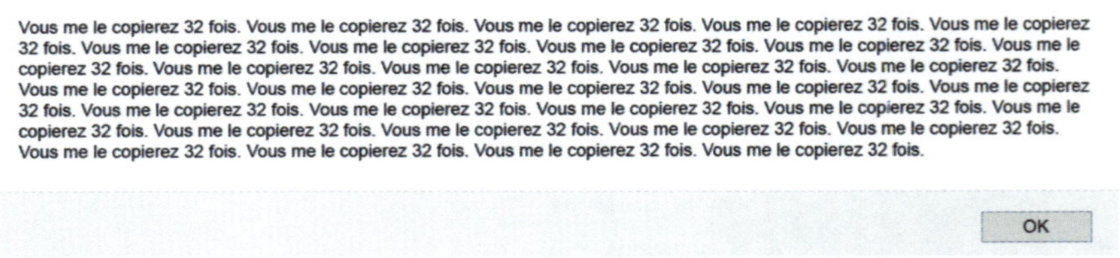

2/ En commençant un programme par la ligne suivante :

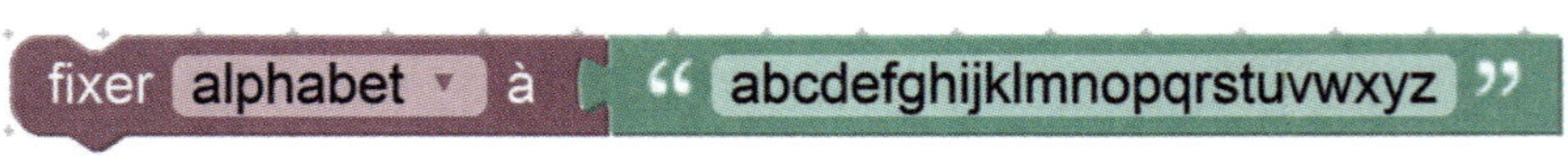

créez un programme qui emploie une boucle **compter avec i de 1 à x par 1** et qui affiche le résultat suivant :

3/ En commençant un programme par la ligne suivante :

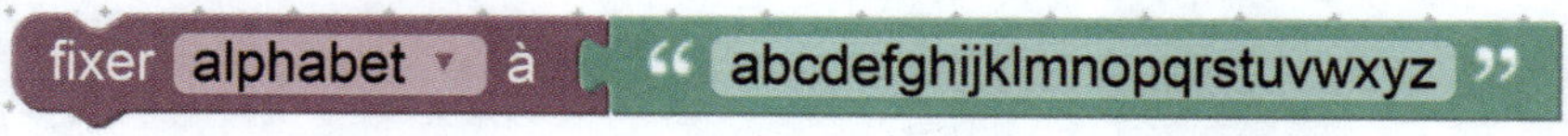

créez un programme qui emploie une boucle **compter avec i** et qui affiche le résultat suivant :

4/ Sur le modèle du programme suivant, écrivez un programme qui teste qu'un mot de passe contient au moins un chiffre.

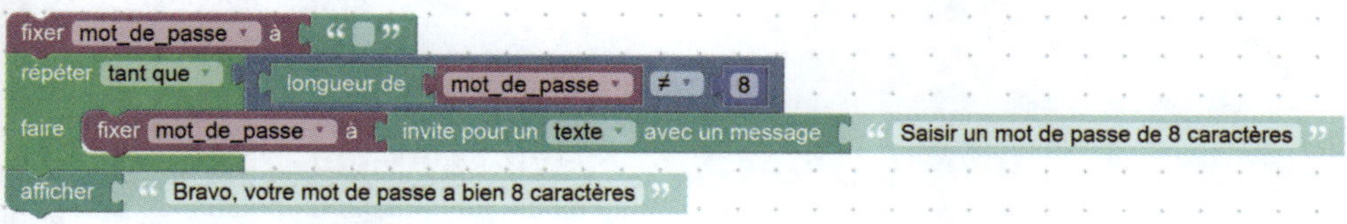

5/ Sur le modèle du programme suivant, écrivez un programme qui demande l'addition de deux nombres compris entre 1 et 50 et qui affiche dans la dernière ligne du programme le nombre de réponses fausses de l'élève.

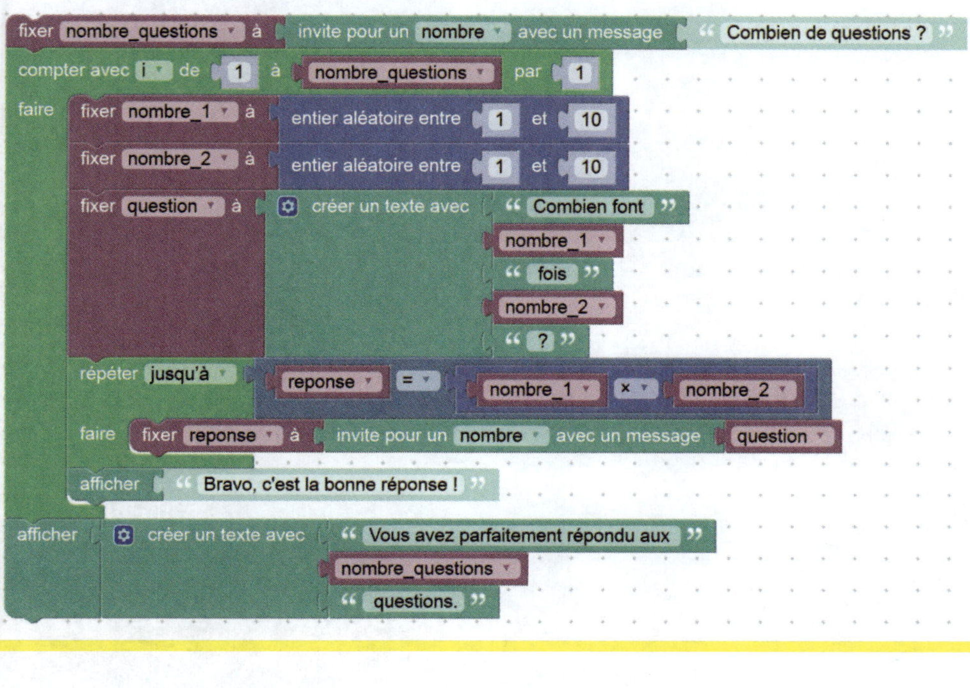

AVEC DES SI…

SEMAINE 5

La semaine précédente, nous avons vu avec les boucles comment modifier le déroulement en séquence des programmes. Cette semaine, nous allons aborder une autre structure de contrôle qui modifie également la linéarité des programmes : le test conditionnel. Ce type d'instruction est essentiel en programmation car il va décupler la puissance de vos programmes en permettant des traitements conditionnels. En d'autres termes, et beaucoup plus simplement : vos programmes vont pouvoir prendre en compte différents scénarios. En effet, comme dans la vraie vie, qui est rarement un long fleuve tranquille, le déroulement séquentiel des instructions n'est qu'exceptionnel car il survient très souvent des complications, des obstacles et des problèmes qui viennent bouleverser la linéarité des choses. On est par conséquent obligé de faire des choix et nous allons étudier maintenant les blocs qui permettent de contrôler l'exécution des instructions.

LA NOTION DE TEST CONDITIONNEL

Sous ce nom barbare, on désigne en fait une réalité très simple que l'on accomplit quotidiennement car notre vie est faite de choix, petits ou grands : essence ou diesel, Edge ou Firefox, fromage ou dessert ? Aucun programme informatique ne sait traiter ces dilemmes, mais on retrouve en programmation cette forme d'interrogation ; en effet, si l'on veut, par exemple, écrire un programme qui affiche le calendrier du mois en cours, il faut prévoir le nombre de jours exact du mois en cours. Comme les mois peuvent avoir 28, 29, 30 ou 31 jours, des tests conditionnels vont nous permettre de régler ce problème. On appelle test conditionnel une instruction qui pose une question au programme et qui exécute une action en fonction de la réponse donnée. Si on voulait donner un exemple de test conditionnel dans la vie de tous les jours, cela donnerait :

```
Si le chocolat qu'on me propose contient au moins 70 % de cacao,
    J'en prends deux carrés
  Sinon
    Je refuse poliment en prétextant un régime.
```

L'informatique étant assez binaire, il est impératif qu'à la question posée, on ne puisse répondre que par oui ou par non. Dans un test conditionnel, le programme va évaluer une condition logique, notion que nous avons déjà rencontrée quand nous avons étudié la boucle **répéter tant que**. Pour mémoire, évaluer une condition logique signifie que l'on va déterminer si l'énoncé de la condition est vrai ou faux. Dans notre exemple, la condition logique est :

Ce chocolat comporte-t-il au moins 70 % de cacao ?

Dans un programme, les conditions logiques sont bien évidemment différentes, mais on doit néanmoins toujours pouvoir décider si elles sont vraies ou fausses.

Les blocs qui permettent de gérer les tests conditionnels se trouvent dans la catégorie **Logique**.

CONDITION LOGIQUE

Si vous ne vous rappelez plus très bien comment fonctionnent les conditions logiques et comment on les rédige en Blockly, reportez-vous au chapitre précédent, à la section « Boucle répéter tant que ».

BLOC SI FAIRE

Dans sa forme la plus simple, le test conditionnel se présente sous la forme suivante :

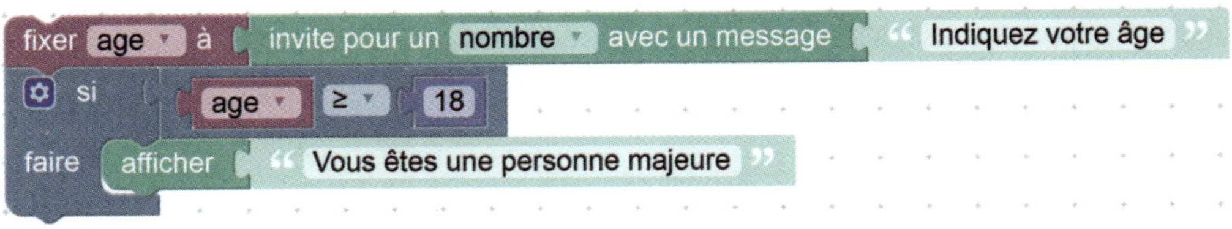

L'instruction **faire** est exécutée si et seulement si la condition est vraie. Dans cet exemple, si l'utilisateur saisit un nombre supérieur ou égal à 18, alors le message « Vous êtes une personne majeure » est affiché. Si l'utilisateur saisit un nombre inférieur à 18, alors le programme n'affiche rien du tout. Si l'on veut traiter ce cas de figure, on peut rajouter un autre bloc **si faire** :

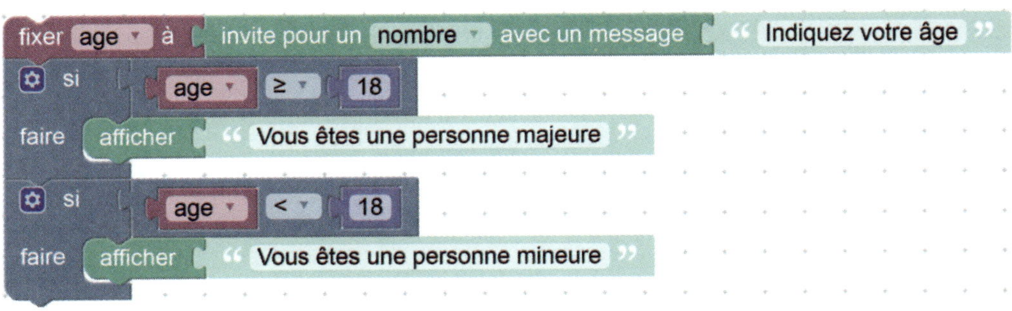

Cette manière de faire est bien entendu possible, mais quand on a affaire à un choix binaire, on préférera choisir un bloc **si faire sinon**.

BLOC SI FAIRE SINON

L'exemple précédent peut être écrit de manière plus concise en employant un bloc **si faire sinon** :

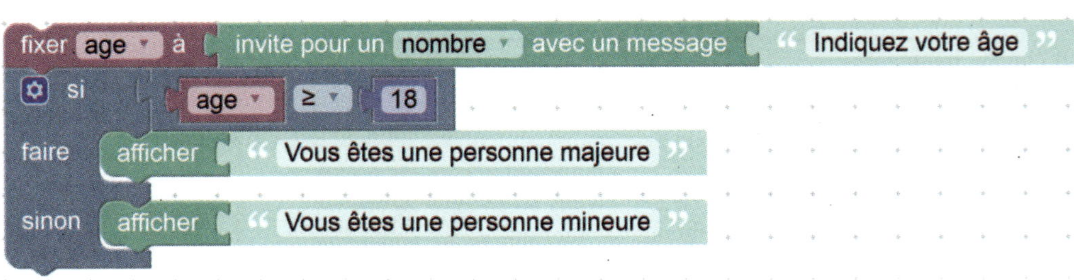

Quand vous n'aurez à traiter que deux choix qui s'excluent mutuellement, il faudra employer ce type de structure plutôt que deux blocs **si faire** qui se suivent.

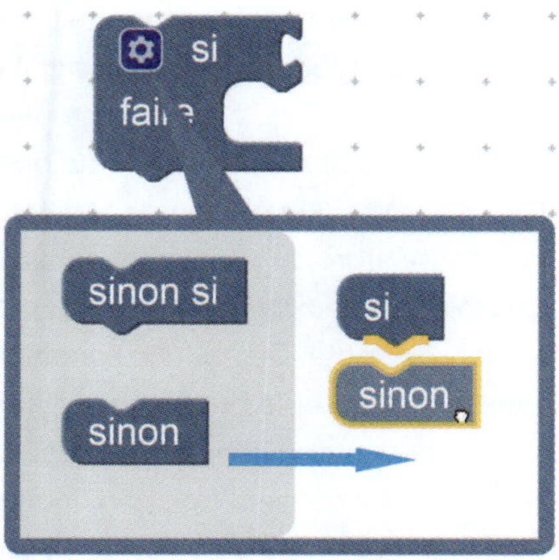

Pour faire apparaître la clause **sinon** dans un bloc **si faire**, vous devez cliquer sur la roue crantée du bloc. Cela affiche une fenêtre qui se décompose en deux parties. Dans la partie gauche, vous trouverez deux blocs : **sinon si** et **sinon**. Dans la partie droite se trouve le bloc **si** qui fait partie du bloc par défaut. Pour ajouter une clause **sinon**, il suffit de faire glisser le bloc **sinon** de la partie gauche vers la partie droite, puis d'accrocher ce bloc sous le bloc **si**.

Quand les deux blocs sont bien solidaires, vous pouvez valider la modification en cliquant à nouveau sur la roue crantée, ce qui fait apparaître le bloc **si faire sinon**.

Si vous vous êtes trompé, vous pouvez effectuer l'opération inverse et faire passer le bloc **sinon** de la droite vers la gauche, ce qui aura pour effet d'annuler l'ajout de ce bloc.

Dans un bloc **si faire sinon**, la condition est évaluée ; si elle est vraie, c'est l'instruction du bloc **faire** qui est exécutée, et si elle est fausse, c'est l'instruction du bloc **sinon** qui est exécutée. Cette structure convient donc parfaitement pour traiter tous les choix binaires. Il arrive cependant que l'on ait plus de deux choix à traiter et il faut alors opter pour une autre structure de contrôle.

BLOC SI FAIRE SINON SI

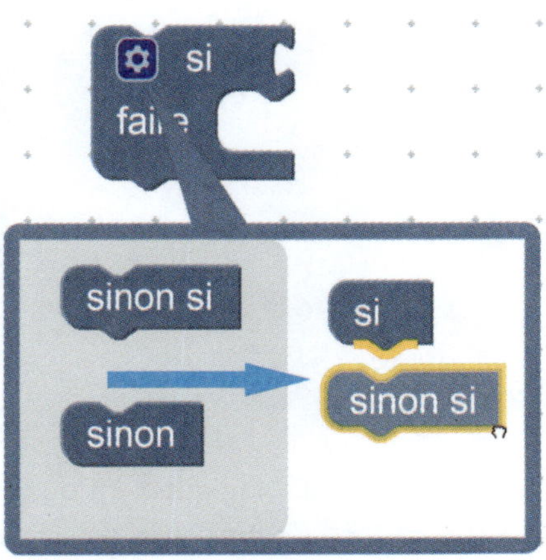

Le bloc **si faire sinon si** va permettre de traiter les choix où vous avez plus de deux options. Le bloc **sinon si** s'intègre de la même manière que le bloc **sinon**, en cliquant sur la roue crantée. Il suffit ensuite de faire passer le bloc **sinon si** de la gauche vers la droite pour l'accrocher sous le bloc **si**.

Il y a cependant des différences importantes entre les blocs **sinon** et **sinon si**. La première différence se voit graphiquement. On ne peut rien accrocher à la suite d'un bloc **sinon**, ce qui signifie que le bloc **sinon** doit terminer la structure **si faire**

sinon. En revanche, on peut accrocher un autre bloc à la suite d'un bloc **sinon si** ; ce bloc supplémentaire peut être un bloc **sinon** ou bien un autre bloc **sinon si**. Cela signifie qu'il peut y avoir plusieurs blocs **sinon si** les uns à la suite des autres, alors qu'il ne peut y avoir qu'un seul bloc **sinon** dans la structure de contrôle. Comme son nom l'indique, le bloc **sinon si** permet d'énoncer une condition de telle sorte que plusieurs conditions peuvent être évaluées. Les conditions sont évaluées dans l'ordre où elles sont écrites et si la première condition est fausse, elle passe le contrôle à la deuxième condition, qui à son tour, si elle est fausse, passe le contrôle à la condition suivante. Dès qu'une condition est vraie, l'instruction du bloc **faire** correspondant est exécutée et le programme quitte immédiatement le bloc **si faire sinon**, sans évaluer les autres conditions, pour passer à l'instruction qui suit immédiatement ce bloc. L'exemple suivant contient trois conditions : une condition **si** et deux conditions **sinon si**. Comme le bloc compte en plus une clause **sinon**, selon signifie que le programme peut traiter quatre choix possibles. L'ajout d'un bloc **sinon** garantit qu'au moins une instruction sera exécutée. S'il n'y a pas de bloc **sinon** dans un bloc **si faire sinon si**, il est possible qu'aucune instruction ne soit exécutée si aucune des conditions n'est vraie.

Dans cet exemple, les quatre choix possibles sont les suivants :

- âge supérieur ou égal à 18
- âge inférieur à 2
- âge inférieur à 12
- âge compris entre 12 et 17

Le dernier choix correspond à la clause **sinon** du bloc. Il se déduit logiquement du fait que si le programme arrive à cette instruction, c'est que toutes les autres conditions sont fausses, ce qui revient à dire que l'âge n'est pas supérieur ou égal à 18, n'est pas inférieur à 2 et n'est pas inférieur à 12. On peut donc en conclure que l'âge est compris entre 12 ans et 17 ans.

Le tableau suivant liste différents scénarios de saisie de la variable **age** et le cheminement du programme au sein du bloc, afin que vous compreniez bien le déroulement du traitement des conditions.

Valeur de la variable age après la saisie	Déroulement des instructions dans le bloc si faire sinon si sinon
1	condition **age** ≥ 18 fausse condition **age** < 2 vraie on affiche le message « Vous êtes un bébé » on quitte le bloc **si faire sinon si sinon**
5	condition **age** ≥ 18 fausse condition **age** < 2 fausse condition **age** < 12 vraie on affiche le message « Vous êtes un enfant » on quitte le bloc **si faire sinon si sinon**
14	condition **age** ≥ 18 fausse condition **age** < 8 fausse condition **age** < 12 fausse toutes les conditions étant fausses, on passe au bloc **sinon** on affiche le message « Vous êtes un ado » on quitte le bloc **si faire sinon si sinon**
20	condition **age** ≥ 18 vraie on affiche le message « Vous êtes une personne majeure » on quitte le bloc **si faire sinon si sinon**

Si vous avez bien suivi, vous avez compris que l'ordre des conditions est très important dans la mesure où les conditions sont évaluées dans l'ordre où elles sont saisies. Dans l'exemple qui suit, nous avons repris le programme précédent et nous avons souhaité rajouter une condition pour tester si l'âge saisi correspond à une personne qui est à la retraite (age > 65). Malheureusement, nous avons mal placé notre condition et le programme ne fonctionne pas.

En effet, si l'on saisit, par exemple, la valeur 70 dans l'invite, le programme affichera le message « Vous êtes une personne majeure », mais pas le message « Vous êtes à la retraite ». Cela est normal car nous avons mal placé la condition que nous avons rajoutée. Quand on saisit la valeur 70, le programme examine la première condition (age ≥ 18) et comme elle est vraie, il affiche le message correspondant et quitte le bloc sans examiner les autres conditions. Pour régler le problème, il faut corriger le programme de la manière suivante et, dans ce cas-là, tous les choix possibles seront pris en compte.

Nous allons voir un autre exemple qui permet de bien voir que l'ordre des conditions est primordial. Imaginons que vous souhaitiez afficher la mention obtenue par un élève au bac en fonction de sa moyenne générale. Le libellé de la mention dépend du tableau suivant :

Moyenne générale	**Mention**
Inférieure à 10	Échec
Comprise entre 10 et 12	Passable
Comprise entre 12 et 14	Assez bien
Comprise entre 14 et 16	Bien
Supérieure à 16	Très bien

En général, quand les débutants en programmation veulent coder ce type de programme, ils ont tendance à écrire la condition « comprise entre 10 et 12 » de la manière suivante :

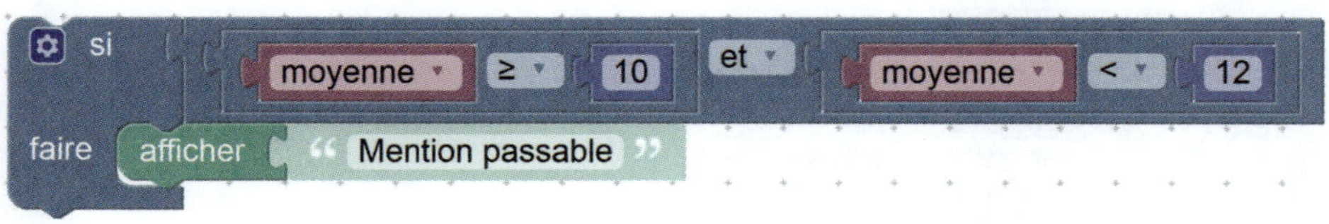

Même si cela fonctionne, on peut procéder plus simplement en réfléchissant bien à l'ordre des conditions. Ainsi, le programme suivant affiche correctement les mentions en fonction de la moyenne saisie sans utiliser des conditions employant l'opérateur logique **et**.

Pourquoi ce programme fonctionne-t-il correctement quand l'utilisateur saisit, par exemple, une moyenne générale de 11 ? La raison est simple : quand le programme arrive à la condition **moyenne < 12**, il a déjà évalué la condition **moyenne < 10** et il sait que cette condition est fausse. Quand vient le tour de l'évaluation de la condition **moyenne < 12**, cela revient donc à poser la question de savoir si la moyenne est comprise entre 10 et 12.

L'ordre où l'on énonce les conditions est bien entendu très important et vous aurez remarqué que dans ce programme les conditions sont croissantes : <10, <12, <14 et <16. Si vous ne respectez pas cet ordre, votre programme ne fonctionnera pas correctement. En revanche, on peut sans problème utiliser l'ordre inverse, mais il faut dans ce cas-là toujours respecter la progression des conditions.

Ce programme, qui utilise des opérateurs **>** plutôt que **<**, fonctionne tout aussi bien que le précédent et ce sera à vous de déterminer quel ordre vous voulez choisir dans l'énoncé de vos conditions, l'essentiel étant de bien respecter l'ordre, qu'il soit dans un sens ou un autre. Il faut donc bien penser à adapter l'opérateur au sens de la progression.

Dans les programmes que nous venons de créer, nous n'avons pour le moment employé que des conditions qui comparent des valeurs numériques, mais il est parfaitement possible de tester une valeur comportant des caractères. L'exemple suivant, qui est très classique dans un programme, demande à l'utilisateur de confirmer une suppression en saisissant OUI (en majuscules). Si la valeur saisie par l'utilisateur est bien égale à « OUI », alors la suppression a lieu (pour simplifier le programme, nous nous contentons d'afficher un message), sinon la demande de suppression est annulée.

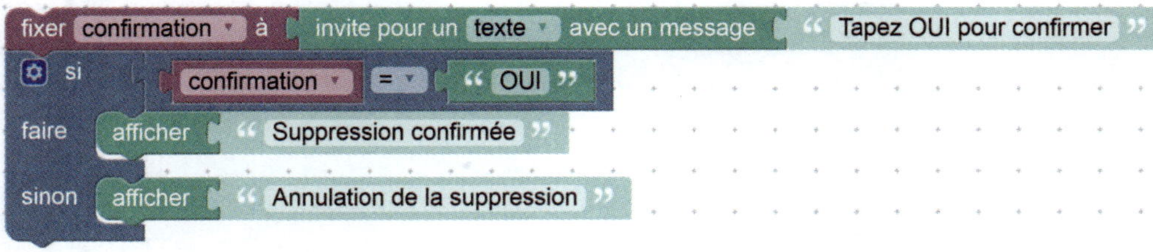

Ce type de comparaison est très courant en informatique et vous devez vous souvenir que Blockly fait la différence entre les majuscules et les minuscules. Si vous voulez neutraliser cette différence, il faut employer la technique que nous avons étudiée en semaine 3.

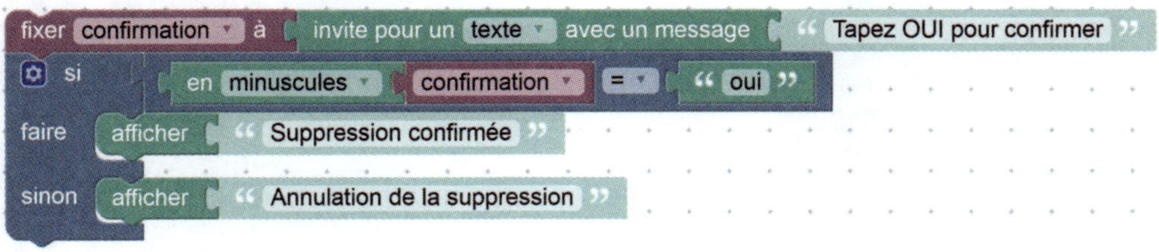

Dans cet exemple, l'utilisateur peut saisir « OUI », « oui », « Oui », « ouI » ou bien encore « OuI » pour confirmer la suppression, le bloc **en minuscules** et la comparaison avec la valeur « oui » se chargeant de neutraliser toutes les différences de graphies.

Dans l'exemple sur l'attribution des mentions, notre programme testait cinq options, mais il est possible d'empiler beaucoup plus de conditions, comme nous allons le voir dans l'exemple suivant.

NUMÉRO INSEE : VARIABLE NUMÉRIQUE OU CARACTÈRE ?

Ce programme emploie une variable qui stocke un numéro INSEE qui contient (sans sa clé) 13 chiffres. Dans la mesure où le numéro INSEE ne contient que des chiffres, vous pensez sans doute qu'il doit s'agir d'une variable de type numérique. On pourrait traiter un numéro INSEE de la sorte, mais dans la mesure où l'on ne fait aucun calcul avec ce numéro (on ne l'additionne pas ni ne le multiplie ou le divise), on considère qu'il s'agit d'une variable de type caractère. On agira ainsi avec toutes les données qui ne comportent que des chiffres, mais pour lesquelles aucun calcul n'est réalisé. Les codes postaux, les numéros clients ou les numéros étudiants appartiennent également à ces types de données composés uniquement de chiffres qui seront considérés comme des caractères. Cette décision permet d'utiliser des instructions de traitement de chaînes de caractères, ce qui dans le cas du numéro INSEE est particulièrement intéressant. Si le numéro INSEE était considéré comme une variable numérique, l'extraction des informations signifiantes qui le composent serait beaucoup moins facile.

Ce programme commence par demander à l'utilisateur de saisir son numéro INSEE et stocke la valeur dans une variable caractère, en vertu de ce que nous venons d'expliquer. La deuxième ligne stocke dans la variable **mois** le quatrième et le cinquième caractères du numéro INSEE, qui représentent le numéro du mois de la date de naissance. Nous nous servons ensuite de cette information pour afficher sous forme textuelle le nom du mois de naissance de l'utilisateur. Pour ce faire, nous empilons une série de douze tests conditionnels, une année comptant douze mois. La saisie de ce programme est un peu fastidieuse, mais elle peut être grandement facilitée en utilisant la fonctionnalité de duplication des blocs d'instruction.

Comme la variable **mois** est une variable de type caractère, il faut bien veiller dans l'élaboration de la condition logique à tester la variable avec une valeur textuelle (de couleur verte et encadrée par des guillemets). Cela étant, Blockly est tellement tolérant que si vous formulez votre programme en employant une valeur numérique dans la comparaison, cela ne génère pas une erreur de type et le programme fonctionne quand même. Ainsi, l'extrait du code suivant où le test pour le mois de janvier emploie une valeur numérique s'exécute normalement alors que l'on compare « 01 » à 1.

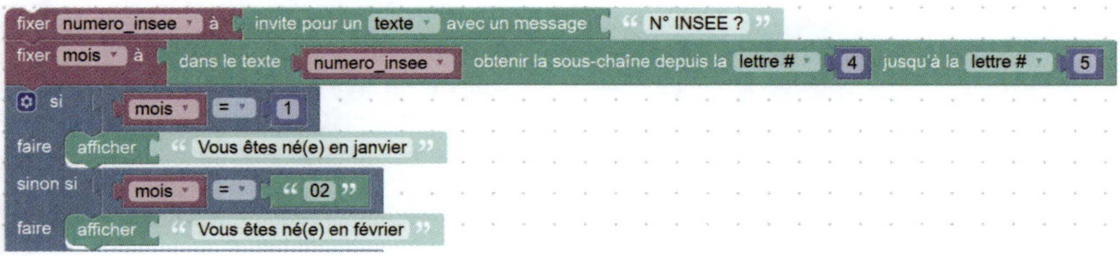

Bien entendu, nous ne vous recommandons pas de coder de cette manière-là et sachez de plus que dans tout autre langage de programmation, cela provoquera une erreur de type.

Notre programme emploie douze tests conditionnels à la suite sans problème et il n'y a pas dans les spécifications de Blockly de limitation du nombre de conditions **sinon si**. En revanche, il y a quand même une limite pratique au nombre de conditions que l'on peut empiler et si vous avez dans l'idée d'écrire un programme tel que celui illustré ci-dessous, qui devrait compter une centaine de conditions, nous vous souhaitons beaucoup de courage…

Très clairement, Blockly n'a pas été prévu pour cela et quand vous dépassez une trentaine de conditions, vous commencez à avoir des problèmes dans la manipulation de l'interface utilisateur. Nous avons réussi « l'exploit » d'empiler une cinquantaine de conditions, mais nous pensons que nous avons atteint là les limites de l'outil et qu'il faut envisager d'autres méthodes pour traiter ce genre de problème.

CLASSEMENT DES CONDITIONS

Dans l'exemple où nous affichons les mois sous leur forme textuelle (janvier, février, mars, etc.), l'ordre des conditions n'a pas d'importance, alors que c'était le cas dans le programme d'attribution des mentions. On pourrait donc placer les tests conditionnels dans n'importe quel ordre sans perturber le bon fonctionnement du programme. Nous avons choisi d'écrire les conditions dans l'ordre des mois de l'année car cela est plus naturel, et surtout plus pratique pour s'assurer que l'on n'a pas oublié de traiter une condition.

Dans la mesure où quand une condition est évaluée comme étant vraie, l'évaluation des autres conditions s'arrête et le programme sort du bloc **si faire**, un programmeur soucieux d'optimiser le temps d'exécution de son code chercherait à placer en tête des conditions les cas les plus fréquents. En toute logique, il faudrait même classer les conditions dans l'ordre décroissant de leur probabilité. Bien entendu, cette hypothèse ne vaut que pour les programmes où l'ordre des conditions n'a pas d'importance. Si l'on voulait appliquer ce principe à notre programme, il faudrait placer la condition si mois = « 09 » en tête du programme puisque c'est en septembre qu'il y a le plus de naissances en France[1].

Ce type d'optimisation n'a bien évidemment aucun intérêt pour notre programme, mais quand il y de très nombreuses conditions à évaluer et que ce traitement se répète des milliers de fois, le gain de temps obtenu par une organisation statistique des conditions dans le code n'est pas négligeable.

LES CONDITIONS COMPLEXES

[1] www.ined.fr/fichier/s_rubrique/19823/popf.1_re.gnier_2010.fr.pdf

Comme avec la boucle **répéter tant que** (voir la semaine précédente), il est possible d'avoir des conditions complexes formées à l'aide d'opérateurs logiques, ce qui permet de réaliser des tests sophistiqués. Nous allons prendre un exemple classique où l'on souhaite tester l'appartenance d'une variable à un groupe de valeurs. Dans notre programme, nous souhaitons afficher la région d'origine d'un individu en fonction de son numéro INSEE. Comme vous le savez, cette information ne figure pas directement dans le numéro INSEE, où seul le département de naissance est indiqué. Il faut donc prévoir des tests conditionnels pour afficher cette information. Pour notre exemple, nous n'allons traiter qu'une partie du problème en ne réglant que le cas de la région Bourgogne-Franche-Comté, qui est composée des 8 départements suivants :

- Côte-d'Or (21)
- Doubs (25)
- Jura (39)
- Nièvre (58)
- Haute-Saône (70)
- Saône-et-Loire (71)

- Yonne (89)
- Territoire de Belfort (90)

Pour savoir si quelqu'un est originaire de la région Bourgogne-Franche-Comté, il suffit donc d'établir une condition formée de plusieurs opérateurs logiques **ou**. En pseudo-code, le programme est très simple, puisqu'il suffit d'écrire la phrase suivante :

```
Si le département de naissance est '21' ou '25' ou '39' ou '58' ou '70'
ou '71' ou '89' ou '90' alors
 Vous êtes né(e) en Bourgogne-Franche-Comté
```

Le codage de cette formule en Blockly ne pose aucun problème, si ce n'est que l'imbrication de l'opérateur **ou** dans l'élaboration de la condition n'est pas particulièrement aisée dans l'interface utilisateur et qu'il faut être vigilant pour ne pas se tromper. La copie d'écran ci-dessous illustre un aperçu général du programme et la deuxième copie d'écran présente un fragment du code agrandi.*

Après la saisie du numéro INSEE, le numéro du département (sixième et septième caractères) est extrait de la chaîne et vous pouvez constater que nous avons dérogé à nos conventions de nommage des variables en appelant cette variable **dept** au lieu de **departement**. Nous avons pris cette liberté car ce nom de variable court diminue la longueur de la ligne et facilite ainsi la création de la condition dans l'interface utilisateur. Si cela vous choque, rien ne vous interdit de changer le nom de la variable une fois que la condition aura été saisie.

Même si la saisie de la condition n'est pas très facile en raison de l'imbrication de l'opérateur **ou**, il faut reconnaître que la concision de la formule est séduisante, surtout si le programme doit traiter toutes les régions de France.

Vous devez cependant être conscient qu'il est parfaitement possible d'assurer le même traitement en codant autrement les conditions, et le programme suivant est fonctionnellement équivalent à la version qui emploie une condition complexe formée d'une succession d'opérateurs **ou**.

UN PROBLÈME, PLUSIEURS SOLUTIONS

Comme souvent en programmation, il n'y a pas de solution unique pour résoudre un problème. Même si certaines solutions sont plus rapides ou plus élégantes, nous vous conseillons de privilégier la solution que vous comprenez le mieux.

À noter, cette version permet notamment de traiter le cas où la personne n'est pas née en Bourgogne-Franche-Comté.

LES TESTS IMBRIQUÉS

ET LES LISTES ?

Nous verrons la semaine prochaine qu'une liste permet de traiter ce problème de manière beaucoup plus concise.

De la même manière que l'on peut placer une boucle à l'intérieur d'une boucle, il est possible d'imbriquer un test **si faire** dans un autre test **si faire**. L'exemple suivant traite d'une autre façon un problème que nous avons déjà rencontré.

Comme vous l'avez sans doute compris, on aurait pu écrire ce programme en se contentant d'empiler des clauses **sinon si** dans le bon ordre, mais ce type de formulation peut sembler plus naturel à certains utilisateurs car on distingue d'abord deux cas (les majeurs et les mineurs) et à l'intérieur de chacune de ces catégories, on traite à nouveau deux cas de figure.

Vous pouvez imbriquer autant de niveaux de tests **si faire** que vous le souhaitez, mais, comme toujours, il y a une limite pratique qui est la lisibilité du programme. S'il y a trop de niveaux d'imbrication, on a vraiment du mal à se repérer dans le code. Encore une fois, préférez les structures de programme lisibles et ne cherchez pas, dans un premier temps, à optimiser à outrance votre code.

CUMULER DES BOUCLES ET DES TESTS

Maintenant que vous maîtrisez les notions de boucle et de test, vous pouvez associer ces deux structures de contrôle et commencer à créer des programmes vraiment sophistiqués. Nous allons étudier trois exemples qui illustrent des techniques différentes que vous pourrez facilement réemployer dans d'autres programmes.

COMPTER LES VOYELLES D'UNE PHRASE

Supposons que pour les besoins d'une étude linguistique on vous demande de comptabiliser le nombre de voyelles dans un texte. Comme cette activité est fastidieuse, vous n'avez pas envie de compter à la main et vous allez donc demander à votre ordinateur de le faire à votre place. Pour ce faire, vous décidez d'écrire un programme qui demande à un utilisateur de saisir une phrase et qui affiche ensuite dans une boîte de dialogue le nombre de voyelles de la phrase.

Vous avez déjà, grâce aux boucles, appris à balayer une chaîne caractère par caractère et vous savez également comment détecter la présence d'une chaîne dans une autre. À l'aide de ces deux techniques, vous devez pouvoir compter les voyelles d'un texte sans trop de problèmes. Il ne reste plus qu'à se mettre d'accord sur ce qu'est une voyelle et votre programme sera terminé ! En l'occurrence, votre programme va bien entendu prendre en compte les voyelles accentuées et il considérera que la liste des voyelles est égale à « aâàeéèêiîïoôuûùüy ». Le programme suivant résout en moins d'une dizaine de lignes de code le problème du comptage des voyelles dans un texte.

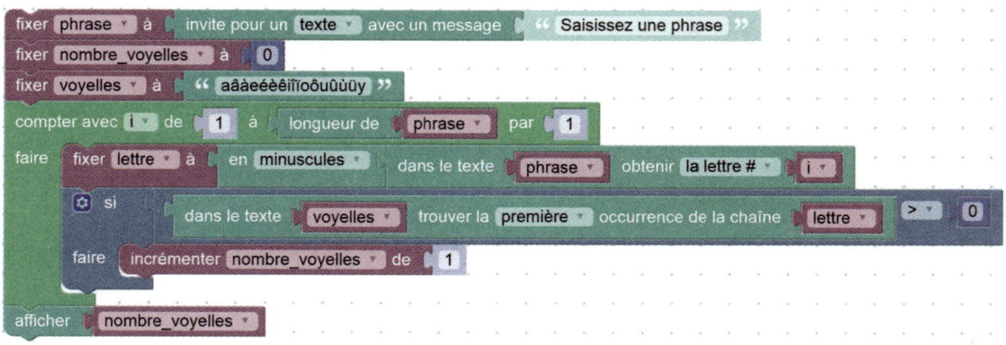

La première instruction assigne à la variable **phrase** le contenu de la saisie de l'utilisateur, c'est-à-dire le texte dont nous allons compter les voyelles. La deuxième ligne initialise à zéro la variable qui va servir à tenir la comptabilité de nos voyelles. La troisième instruction initialise la variable **voyelles** avec la liste des voyelles, en prenant bien en compte les voyelles accentuées. L'instruction suivante est une boucle **compter avec i** qui est le cœur de notre programme et qui va balayer de gauche à droite, caractère par caractère, la chaîne saisie par l'utilisateur. À l'intérieur de cette boucle, il y a deux instructions : une instruction pour extraire un caractère de la chaîne et un test conditionnel pour savoir si ce caractère est une voyelle.

La première instruction extrait donc un caractère et le stocke dans une variable, **lettre**, que nous avons créée à cet effet. Nous avons choisi de créer cette variable pour décomposer le traitement afin de le rendre plus simple à comprendre. Cette étape n'était absolument pas obligatoire et nous aurions très bien pu nous en passer et écrire le test conditionnel directement. L'extrait de code ci-dessous illustre le test conditionnel sans l'utilisation de la variable intermédiaire :

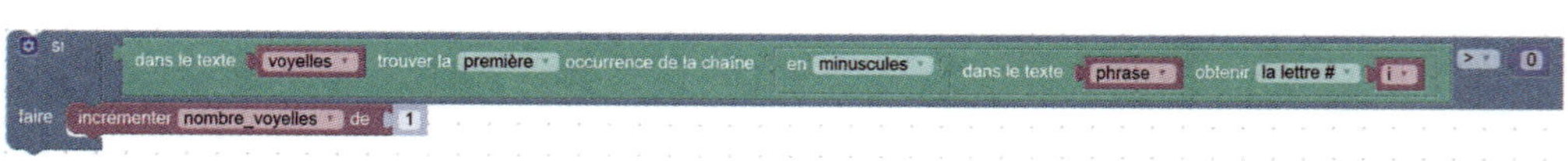

Nous pensons que cette décomposition est utile quand on démarre l'apprentissage de la programmation, mais vous pouvez vous en passer si vous le souhaitez.

Une fois que le caractère a été extrait, il faut l'analyser et savoir s'il s'agit d'une voyelle. Pour ce faire, on emploie l'instruction **dans le texte trouver la première**

occurrence qui renvoie la position de la chaîne si elle est trouvée, et 0 dans le cas contraire. Il suffit donc de tester si la valeur renvoyée par le bloc est supérieure à 0 pour s'assurer qu'il s'agit bien d'une voyelle. En outre, pour traiter le problème de la différence entre les majuscules et les minuscules, nous prenons soin de convertir le caractère extrait en minuscules car la variable **voyelles** contient la liste des voyelles écrites en minuscules.

TEST DE VALIDITÉ DE MOT DE PASSE

Dans ce deuxième exemple, nous allons traiter un problème classique en informatique : s'assurer qu'un mot de passe remplit bien certaines conditions. Dans notre exemple, le mot de passe doit satisfaire trois conditions : avoir au moins 8 caractères, contenir au moins une majuscule et contenir au moins un chiffre. Avant de détailler l'algorithme que nous avons choisi pour résoudre ce problème, nous pouvons déjà remarquer que ce programme ne pose a priori aucune difficulté car nous savons récupérer la longueur d'une chaîne de caractères et nous savons détecter la présence d'une majuscule et d'un chiffre – il suffit d'utiliser la même méthode de calcul du nombre de voyelles dans une phrase. Nous reviendrons sur cette question, mais il est important, quand vous réfléchissez à la manière de résoudre un problème informatique, de penser à des problèmes similaires auxquels vous avez déjà trouvé une solution.

Voici la manière dont nous avons traité la validation d'un mot de passe (au passage, vous noterez que la taille de nos programmes s'allonge au fur et à mesure que nous progressons dans l'étude de la programmation) :

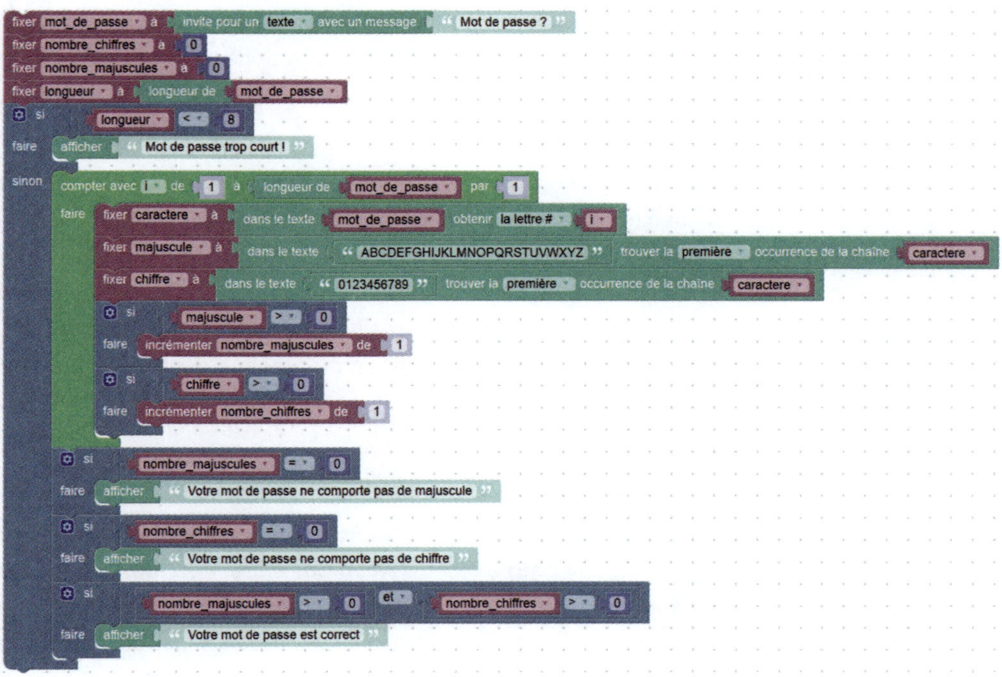

Nous commençons classiquement notre programme par l'initialisation de quatre variables qui vont servir respectivement à :

- stocker le mot de passe saisi par l'utilisateur
- comptabiliser le nombre de chiffres du mot de passe
- comptabiliser le nombre de majuscules du mot de passe
- compter la longueur du mot de passe

Nous avons ensuite choisi de tester la condition de longueur (au moins 8 caractères) et si cette condition n'est pas remplie, les tests de validité ne vont pas plus loin et un message d'erreur est affiché.

Si la condition de longueur est satisfaite, le programme va analyser le mot de passe caractère par caractère et, comme dans l'exemple précédent, nous utilisons une variable intermédiaire, **caractere**, pour stocker le caractère extrait du mot de passe. Nous initialisons ensuite deux variables qui vont servir respectivement à tester si ce caractère est une majuscule, puis un chiffre. N'oubliez pas que le bloc **dans le texte trouver la première occurrence** retourne la position de la chaîne recherchée et 0 si cette chaîne est absente. Le test > 0 permet par conséquent de savoir si la chaîne est présente. S'il y a une majuscule, on incrémente le compteur des majuscules présentes dans le mot de passe et, s'il y a un chiffre, on incrémente le compteur des chiffres présents dans le mot de passe.

À la fin de la boucle, quand toute la chaîne du mot de passe a été analysée, le programme passe par trois tests pour vérifier les conditions et afficher les messages en conséquence. Dans le dernier test conditionnel, il n'y a que deux conditions reliées par un opérateur logique **et** car on se trouve dans le bloc **sinon** du premier bloc **si faire**, ce qui signifie que la condition de longueur est satisfaite. On a donc bien nos trois conditions remplies.

On aurait pu concevoir ce programme autrement, mais nous n'avons pas cherché à l'optimiser car nous avons privilégié la simplicité et la lisibilité. Normalement, cela ne sert à rien de continuer à chercher des majuscules ou des chiffres si l'on a déjà trouvé une occurrence de ce type de caractère, si bien qu'un programme optimisé arrêterait l'analyse de la chaîne dès qu'une majuscule et un chiffre sont trouvés, ce qui n'est pas le cas dans notre programme, étant donné que la totalité du mot de passe est analysée. Cela étant, il ne sert pas à grand-chose d'optimiser un programme dont l'exécution est immédiate…

JEU DU NOMBRE SECRET

Pour clore ce chapitre, nous allons nous amuser à programmer un jeu dont la règle est simple : le programme choisit un nombre aléatoire compris entre 1 et 100, puis il vous demande de deviner ce nombre secret en saisissant des propositions jusqu'à ce que vous le trouviez. À chaque saisie de nombre, le programme répondra « Trop petit » si la proposition que vous avez faite est plus petite que le nombre à deviner et « Trop grand » si le nombre que vous avez saisi est plus grand que le nombre secret. Vous n'avez droit qu'à 10 coups pour deviner le nombre secret. Si vous n'avez pas réussi à deviner le nombre secret en 10 coups, le programme s'arrête et affiche le message « Vous n'avez pas réussi à trouver en 10 coups ». Si vous réussissez à trouver le nombre secret en moins de 10 coups, le programme affiche le message « Bravo, vous avez trouvé le nombre secret » et il s'arrête.

Comme ce programme est assez simple, il ne comporte pas un trop grand nombre de lignes et son architecture est relativement facile à comprendre : à l'intérieur d'une boucle, on gère la saisie de l'utilisateur qui doit deviner le nombre secret et des tests conditionnels permettent de savoir si le joueur a gagné, saisi un nombre trop grand ou saisi un nombre trop petit.

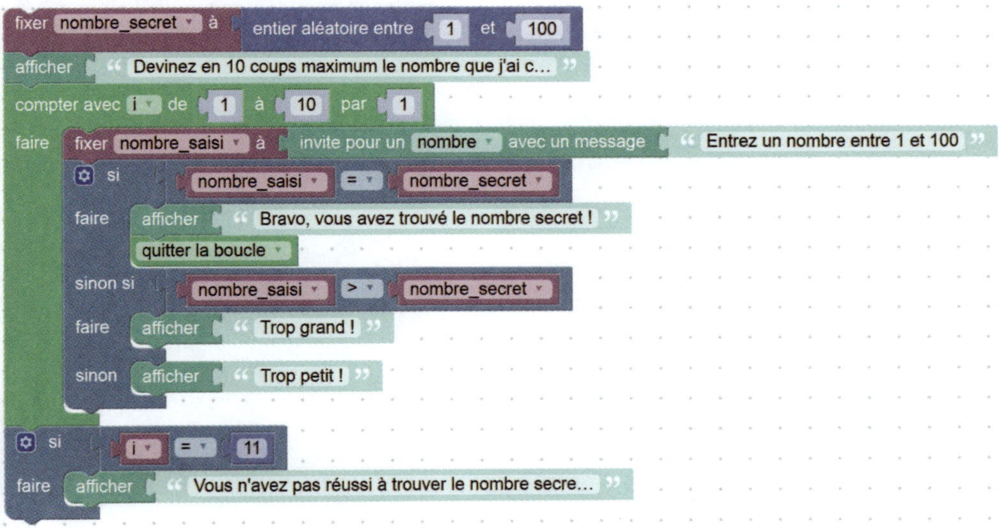

Comme vous avez à présent de l'expérience, il nous paraît inutile de vous fournir des explications détaillées. Nous insisterons cependant sur deux choses : la première concerne le bloc **quitter la boucle** que nous n'avons encore jamais rencontré en situation. La boucle permettant au joueur d'avoir 10 essais pour deviner le nombre, il faut bien pouvoir quitter la boucle quand le joueur trouve le nombre secret en moins de 10 coups. Le bloc **quitter la boucle** associé à un test conditionnel permet de sortir de la boucle dès que le joueur a trouvé le nombre secret. La deuxième chose concerne le dernier test conditionnel du programme et la valeur de **i** en fin de boucle. Si le joueur n'a pas réussi à trouver le nombre secret en 10 coups, il faut le lui signifier. En fait, la variable **i** qui

DICHOTOMIE

Connaissez-vous l'algorithme pour deviner le nombre secret en un minimum de coups ? Si tel n'est pas le cas, la lecture de la page Wikipédia suivante vous donnera quelques pistes : https://fr.wikipedia.org/wiki/Recherche_dichotomique

est le compteur de la boucle sert à compter les essais du joueur et si ce dernier n'a pas réussi à trouver le nombre secret en 10 coups, le programme va quitter la boucle sans que la solution ne soit trouvée. Comme la variable **i** en sortie de boucle vaut 11, il suffit de tester si **i** est égal à 11, pour savoir si le joueur n'a pas trouvé la solution en 10 coups. Vous noterez que si le joueur trouve la solution à la dixième tentative, le programme sort de la boucle avant que **i** ne soit incrémenté, si bien que **i** vaut 10 en sortie de boucle.

En étudiant ces trois exemples, vous avez pu constater que l'association des boucles et des tests conditionnels autorise des programmes beaucoup plus intéressants. Vous possédez à présent les techniques de base de la programmation pour laisser libre cours à votre imagination.

POUR S'ENTRAÎNER

1/ En reprenant l'exemple du test de validité d'un mot de passe, créez un programme qui vérifie si les conditions suivantes sont remplies : longueur supérieure à 12 caractères, présence d'un chiffre, présence d'une minuscule, présence d'un signe de ponctuation.

2/ Rédigez un programme qui demande à un utilisateur de saisir une lettre et qui affiche si la lettre saisie est en minuscules ou en majuscules.

3/ Écrivez un programme qui demande à un utilisateur de saisir un nombre et qui affiche dans une boîte de dialogue le nombre de chiffres pairs et le nombre de chiffres impairs du nombre saisi. Exemple : si l'utilisateur saisit le nombre 12345, le programme doit afficher « 12345 est composé de 2 chiffres pairs et de 3 chiffres impairs ». Le programme doit fonctionner quelle que soit la longueur du nombre saisi.

4/ L'un des plus anciens systèmes de cryptographie s'appelle le chiffre de César. Ce système consiste à décaler les lettres d'un message pour le rendre illisible. Ainsi, quand on choisit de décaler d'une lettre, les A deviennent des B, les B deviennent des C, etc. Par exemple, si l'on veut coder le mot « CRYPTOGRAPHIE », alors ce mot est transformé en « DSZQUPHSBQIJF ».

Écrivez un programme qui demande à un utilisateur de saisir un mot en majuscules et qui affiche dans une boîte de dialogue le mot crypté selon le chiffre de César avec un décalage de huit lettres (A devient H, B devient I, etc.).

5/ En repartant du programme de jeu du nombre secret, écrivez une variante qui affiche le message « Bravo, vous avez trouvé le nombre secret en x coups ! », x représentant le nombre de tentatives du joueur.

J'EN AI TOUTE UNE LISTE !

SEMAINE 6

Avec toutes les techniques que vous avez apprises, vous en savez déjà suffisamment pour réaliser des programmes assez sophistiqués. Nous avons cependant rencontré la semaine précédente quelques difficultés quand il a fallu gérer un grand nombre d'informations, notamment une liste de départements. Nous allons étudier dans ce chapitre une méthode très utile pour gérer de grandes collections d'informations.

OÙ LES VARIABLES MONTRENT LEURS LIMITES

Au fur et à mesure que vous allez apprendre à programmer, vous vous trouverez dans des situations où vous allez utiliser des variables qui représentent des données similaires appartenant à ce que l'on pourrait appeler une collection. Vous pouvez ainsi vouloir stocker les noms des jours de la semaine dans des variables, comme dans l'exemple suivant :

De la même manière, on pourrait aussi déclarer les noms des élèves d'une classe, les titres des livres de sa bibliothèque, les noms des joueurs d'une équipe d'ultimate frisbee, etc.

Cette façon de procéder, même si elle est correcte, n'est pas très efficace car elle va empêcher tout traitement automatique de la liste (des jours de la semaine, des élèves, des livres, des joueurs, etc.). En effet, si l'on souhaite, ne serait-ce qu'afficher les noms des jours de la semaine stockés dans des variables, il n'y a pas d'autre solution que de faire référence explicitement aux 7 variables déclarées, de la manière suivante :

ou bien de cette manière-là si l'on veut afficher les jours de la semaine sur une seule ligne :

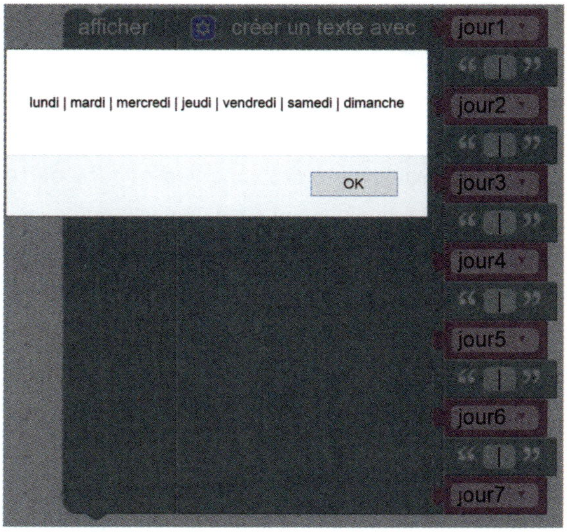

Il n'y a malheureusement aucune possibilité de faire une boucle sur les variables pour balayer tous les jours de la semaine, comme on le fait pour les caractères d'un mot. Dans ces conditions, ce qui est acceptable pour une liste comportant 7 éléments devient proprement ingérable quand la collection dépasse une vingtaine d'éléments.

Face à cette difficulté, tous les langages de programmation possèdent une structure de données qui résout le problème, et Blockly ne fait pas exception à la règle avec la notion de **liste**.

> **TABLEAUX, ARRAYS, MATRICES**
>
> Dans les autres langages de programmation, on parle parfois de tableau à la place de liste. En anglais, on utilise le terme *array*, qui signifie aussi matrice.

Une **liste** est un ensemble de données qui représentent un même type d'informations. On appelle **éléments** les données qui composent la liste. Comme les variables, les listes ont un nom qui sert à les manipuler. Pour différencier chaque élément d'une liste, on leur attribue un numéro que l'on nomme **indice**. C'est pour cette raison que l'on évoque parfois les listes sous le nom de v**ariables indicées**, ce qui signifie tout simplement qu'il s'agit de variables munies d'un numéro.

DÉCLARATION ET INITIALISATION DES LISTES

Une liste est une variable un peu particulière, mais une variable quand même, si bien qu'il faut la déclarer avant de l'utiliser. Pour ce faire, on utilise le bouton **Créer une variable...** de la catégorie **Variables**. Au départ, une liste est donc une variable comme une autre.

Il existe plusieurs possibilités pour attribuer des valeurs à une liste et nous allons passer en revue ces différentes méthodes.

NOMS DES LISTES

Les listes étant des variables, on attribue aux listes des noms qui suivent les mêmes règles de nommage que pour les variables. Il y a cependant une convention que nous respectons dans cet ouvrage : comme les listes représentent des collections de données, on leur donne un nom au pluriel, par exemple : jours, livres, joueurs, etc.

CRÉATION D'UNE LISTE VIDE

Comme vous pouvez l'imaginer, les blocs de gestion des listes se trouvent dans la catégorie **Listes,** mais avant de pouvoir utiliser une liste, vous devez la déclarer, comme n'importe quelle variable. Une fois que vous avez déclaré la liste, vous pouvez, avant de lui attribuer des éléments, dire qu'il s'agit d'une liste vide. Pour ce faire, on utilise le bloc **créer une liste vide.** Le programme suivant illustre la création d'une liste vide.

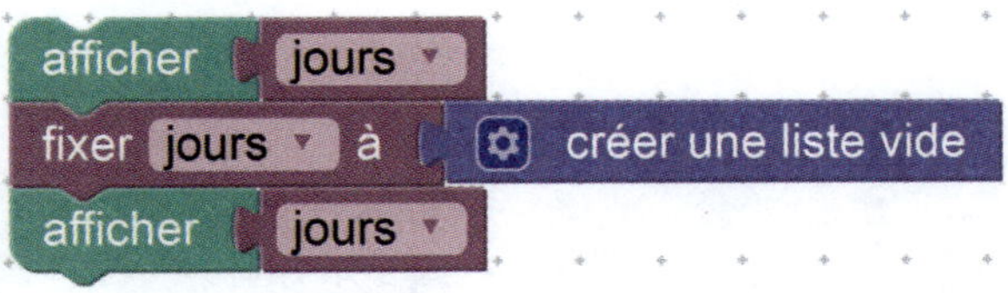

Nous avons déclaré une liste nommée **jours**, mais comme elle n'a pas encore été initialisée, la première instruction provoque l'affichage du message **undefined**. La deuxième ligne permet d'attribuer à la liste **jours** le statut de liste vide, si bien que la dernière ligne du programme n'affiche plus de message d'erreur (la boîte de dialogue n'affiche rien puisque la liste est vide).

Si après avoir déclaré votre liste, vous comptez l'initialiser tout de suite avec des valeurs, il n'est pas utile d'utiliser le bloc **créer une liste vide,** mais si le remplissage de la liste intervient plus tard dans le corps du programme, ce n'est pas une mauvaise idée d'indiquer en début de programme, dans la zone où on initialise en général les variables, que la variable qu'on va employer est une liste. En effet, quand on initialise les variables avec le bloc **fixer,** rien ne permet de distinguer les variables des listes, si ce n'est justement le bloc **créer une liste vide.**

REMPLISSAGE D'UNE LISTE AVEC DES VALEURS

Quand on a déclaré une variable, on peut facilement en faire une liste en employant le bloc **créer une liste avec.** Ce bloc, disponible dans la catégorie **Listes,** permet de saisir autant d'éléments qu'on le souhaite. Par défaut, le bloc comporte des emplacements pour trois éléments, mais en cliquant sur la roue crantée, vous pouvez rajouter des emplacements vides, en utilisant un mécanisme de glisser-déplacer que vous devez commencer à bien connaître.

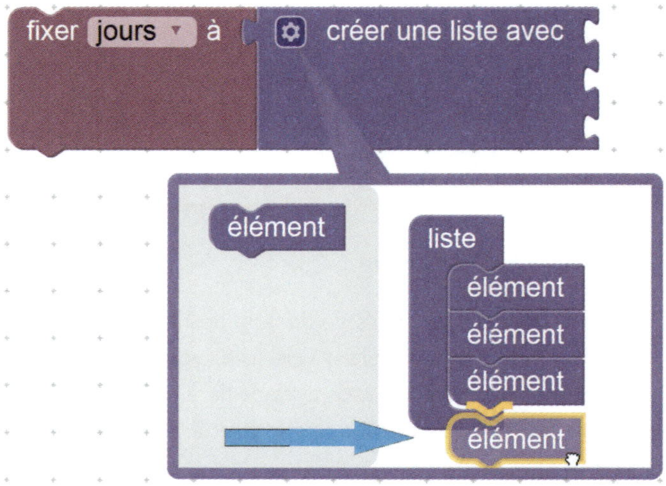

Une fois que l'on a déterminé le nombre d'éléments souhaités dans la liste, on peut procéder au remplissage de la liste en saisissant des valeurs textuelles ou numériques.

Dans cet exemple, nous avons créé une liste de 7 éléments qui contient la liste des jours de la semaine ; nous pouvons tout de suite apprécier la puissance des listes avec une simple commande d'affichage.

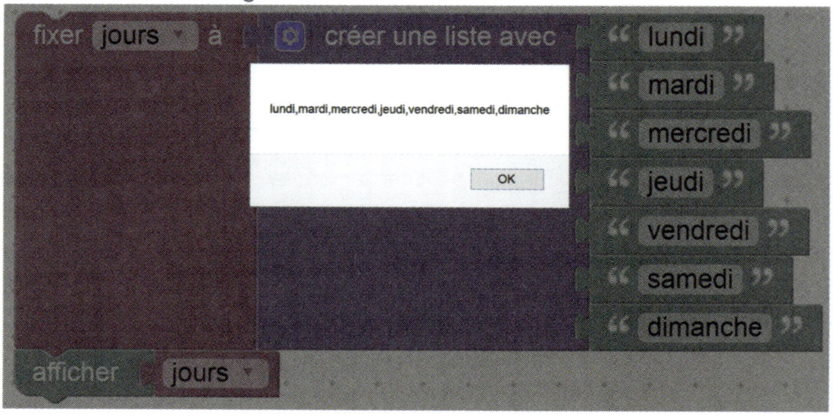

Par défaut, quand on demande l'affichage d'une liste, on obtient dans une boîte de dialogue la liste des éléments, classés selon leur ordre de saisie, et séparés par des virgules.

Il est également possible de saisir des valeurs numériques dans une liste.

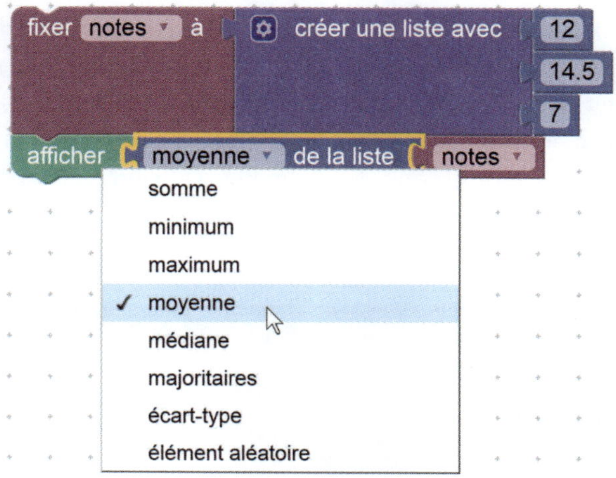

Cela permet d'appliquer facilement un traitement sur l'ensemble des valeurs de la liste (somme, moyenne, valeur maximale, valeur minimale, etc.).

Même si cela n'est guère courant car on utilise plutôt les listes pour rassembler des collections de données ayant le même type, on peut néanmoins ajouter des éléments qui n'ont pas de rapport les uns avec les autres.

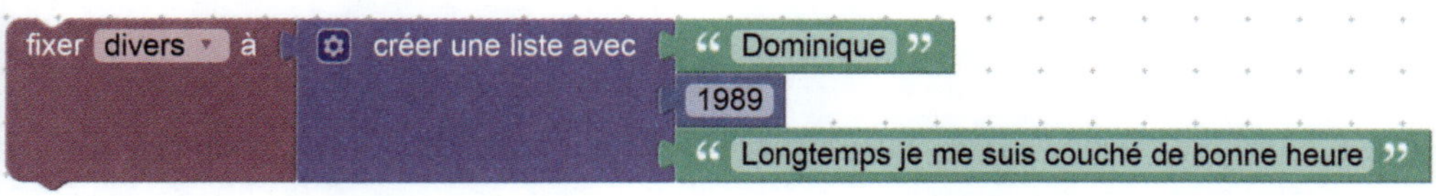

Il est également possible de créer une liste à partir d'une chaîne de caractères et nous exploiterons massivement cette possibilité dans des programmes plus sophistiqués à la fin de ce chapitre. Pour ce faire, on emploie le bloc **créer une liste depuis le texte avec séparateur.** Dans l'exemple suivant, on crée la liste **jours** avec le texte « lundi,mardi,mercredi,jeudi,vendredi,samedi,dimanche » et la virgule comme séparateur.

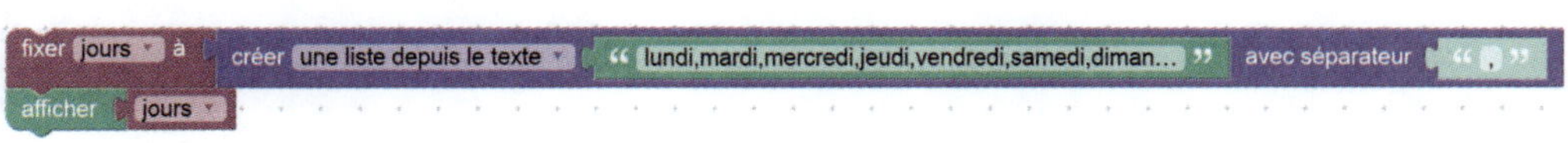

On aboutira donc à la création d'une liste de 7 éléments, chaque élément étant un des jours de la semaine. Outre le fait qu'il est plus pratique de créer des listes de cette manière-là plutôt qu'à l'aide du bloc **créer une liste avec,** cette méthode va nous permettre d'injecter sans effort de saisie de grandes quantités de données récupérées automatiquement et ainsi nous permettre de travailler avec des jeux de données conséquents.

ACCÈS AUX ÉLÉMENTS DES LISTES

Une fois que les listes sont remplies, on peut les exploiter et la première utilisation consiste à accéder à la valeur d'un ou des éléments de la liste. Comme nous l'avons dit, on accède aux éléments d'une liste par leur numéro, ce numéro étant en fait attribué automatiquement par Blockly en fonction de l'ordre de saisie de l'élément. Le premier élément d'une liste a donc pour numéro 1, le deuxième 2, et ainsi de suite. C'est le bloc **dans la liste obtenir #** qui permet d'atteindre un élément d'une liste spécifiée. Dans l'exemple suivant, on crée une liste de 7 éléments et on cherche à atteindre 4 éléments particuliers.

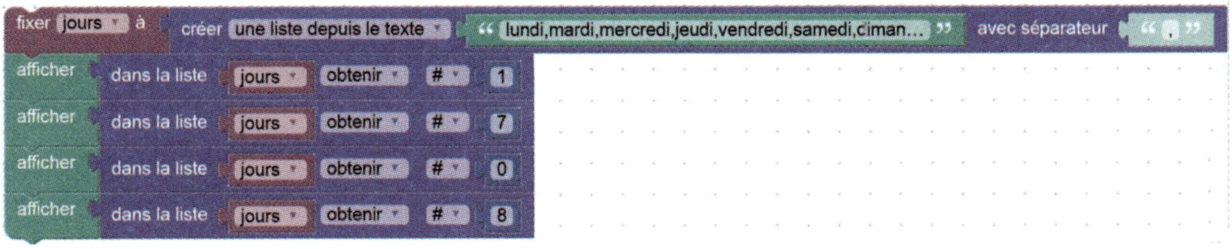

Sans surprise, la première instruction d'affichage donnera « lundi » car c'est le premier élément de la liste et la deuxième instruction d'affichage donnera « dimanche » car c'est le septième et dernier élément de la liste.

Les deux dernières instructions vont afficher le message d'erreur « undefined » car il n'existe pas d'élément numéroté 0, pas plus qu'il n'existe de huitième élément, dans la mesure où la liste n'en compte que 7.

Cette méthode d'accès aux éléments d'une liste peut paraître rudimentaire et peu pratique car elle oblige à connaître le numéro de l'élément pour y accéder, mais dans la pratique on utilisera surtout les listes en balayant automatiquement leur contenu à l'aide d'une boucle ou bien en recherchant un élément dans une liste, grâce à des blocs spécialisés.

Vous noterez cependant que le bloc **dans la liste obtenir #** comporte plusieurs options qui peuvent se révéler utiles dans des programmes.

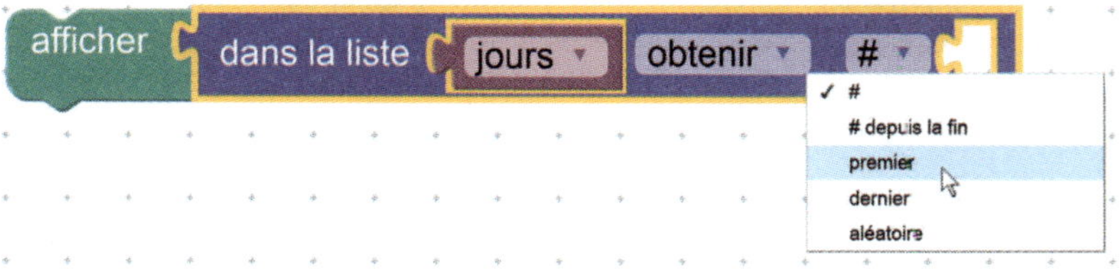

Si l'on souhaite parcourir tous les éléments d'une liste, il est facile d'utiliser une boucle pour ce faire. On utilisera le bloc **longueur de** qui fournit la longueur d'une liste, c'est-à-dire son nombre d'éléments. Le programme ci-dessous parcourt à l'aide d'une boucle une liste et il reproduit l'affichage des jours de la semaine sur une ligne avec la barre verticale comme séparateur, que nous avons déjà réalisé dans un programme précédent. Si vous comparez ces deux programmes, vous constaterez que l'utilisation d'une liste est beaucoup plus efficace que l'emploi de 7 variables.

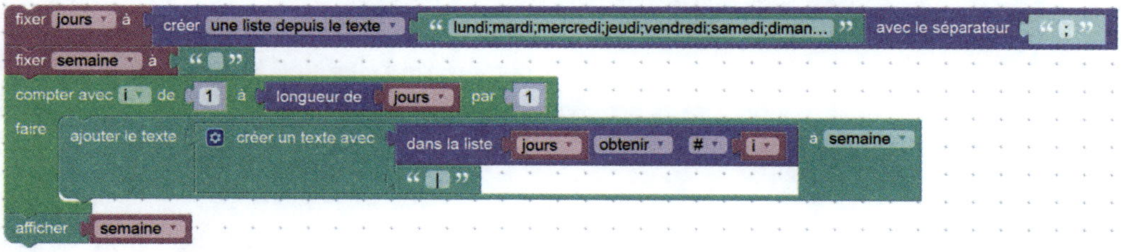

Avec la boucle **compter avec i de 1 à longueur de liste,** il est extrêmement simple de parcourir un à un chaque élément d'une liste, dans un sens ou dans l'autre. Nous utiliserons souvent cette structure de programme pour balayer le contenu d'une liste. Vous pouvez aussi noter que pour la création de la liste nous avons utilisé cette fois-ci le séparateur point-virgule.

Mais le plus intéressant, sans doute, consiste à utiliser des instructions pour rechercher dans une liste. Nous allons voir qu'avec Blockly on arrive à gérer de petites bases de données relativement simplement. Bien évidemment, il n'est pas question d'utiliser Blockly pour rivaliser avec Access ou Excel, mais vous constaterez que nous sommes néanmoins capables de rechercher très rapidement une information parmi une liste comptant plusieurs dizaines de milliers d'éléments.

RECHERCHE D'ÉLÉMENTS DANS UNE LISTE

Si vous ouvrez la catégorie **Listes,** vous constaterez la présence du bloc suivant :

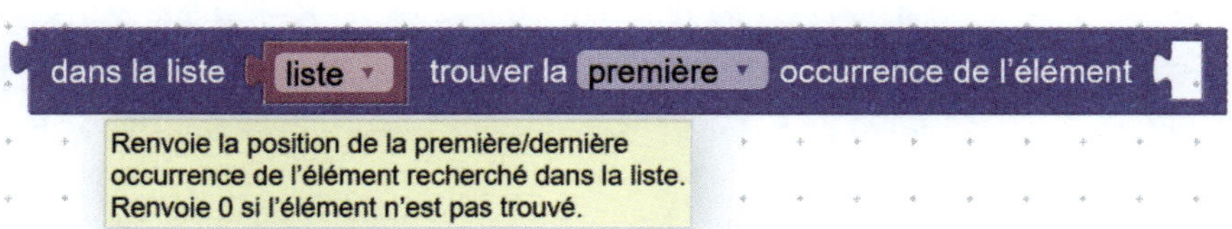

Nous avons reproduit l'info-bulle sur la copie d'écran car ce texte est censé vous rappeler celui du bloc **dans le texte trouver la première occurrence de la chaîne** qui est construit de la même manière. À présent, ce texte ne vous paraît plus énigmatique et vous comprenez que ce bloc va permettre de rechercher des éléments d'une liste et renvoyer le numéro (la position) de l'élément si la recherche est fructueuse et 0 dans le cas contraire. L'exemple suivant illustre le fonctionnement de ce bloc :

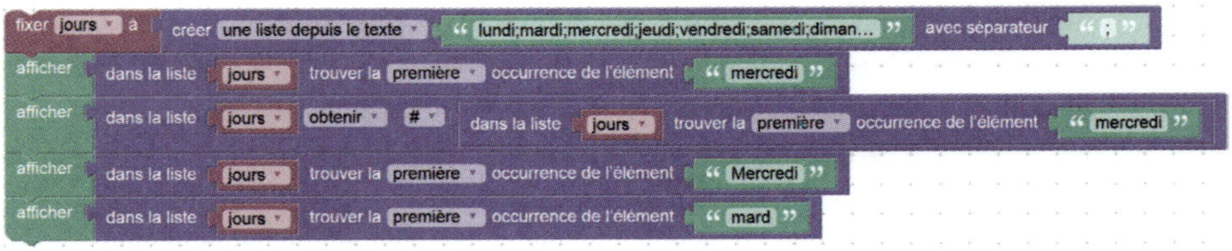

La première instruction **afficher** renvoie le numéro de l'élément de la liste contenant le terme recherché. C'est donc le chiffre 3 qui s'affiche, étant donné que « mercredi » figure bien dans la liste **jours** et qu'il s'agit du troisième élément de la liste.

Pour vérifier que la requête a bien fonctionné, on fait néanmoins afficher cet élément dans la troisième ligne du programme en combinant les blocs **dans la liste obtenir #** et **dans la liste trouver la première occurrence de l'élément.** En soi, cette commande n'a aucun intérêt, mais nous verrons dans un moment qu'en la détournant on peut réaliser des choses intéressantes.

La troisième instruction **afficher** renvoie le numéro de l'élément de la liste contenant le terme recherché, mais comme nous avons mis une majuscule à l'initiale du jour et que Blockly fait la différence entre les majuscules et les minuscules, le terme recherché n'est pas trouvé et c'est donc la valeur 0 qui est affichée.

La dernière instruction **afficher** recherche la chaîne « mard » dans les éléments et bien que « mard » soit compris dans la chaîne « mardi », la recherche est considérée comme infructueuse et la valeur 0 est renvoyée par l'instruction. Vous devez donc retenir de cet exemple que la recherche doit correspondre exactement à la valeur de l'élément dans la liste et qu'il faut en outre respecter la casse.

Comme c'était le cas avec l'instruction **dans le texte trouver la première occurrence de la chaîne,** le bloc **dans la liste trouver la première occurrence de l'élément** va nous permettre de tester la présence ou l'absence d'un élément dans une liste. Cela va considérablement faciliter l'écriture d'une solution résolvant de manière élégante un problème que nous avons rencontré la semaine précédente et qui a nécessité l'emploi d'opérateurs logiques imbriqués. Pour mémoire, nous souhaitions afficher la région d'origine d'un individu en fonction de son numéro INSEE. Comme cette information ne figure pas directement dans le numéro INSEE, où seul le département de naissance est indiqué, il faut donc prévoir des tests conditionnels pour afficher cette information. Nous nous contentons ici de traiter le cas de la région Bourgogne-Franche-Comté, qui compte 8 départements.

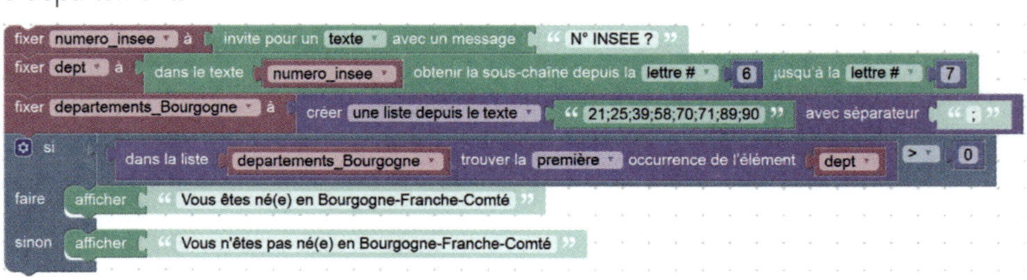

Au lieu d'enchaîner les tests conditionnels ou bien les opérateurs logiques **ou**, ce programme crée une liste des départements composant la région Bourgogne-Franche-Comté, et un test conditionnel couplé à une simple instruction de recherche d'occurrence permet de savoir si le département de naissance appartient bien à cette liste. Si vous prenez le temps de comparer les deux programmes, vous verrez que l'emploi de la liste simplifie grandement le programme.

Vous noterez enfin que comme c'est le cas avec la fonctionnalité de recherche dans un texte, on peut effectuer la recherche en partant de la fin de la liste en précisant **dernière occurrence** dans le sélecteur.

OPÉRATIONS COURANTES SUR LES LISTES

Une fois que vous avez saisi des éléments dans une liste, cette dernière n'est pas statique et on peut y ajouter des éléments, modifier des éléments, voire en supprimer.

AJOUT D'ÉLÉMENTS À UNE LISTE

L'ajout d'éléments à une liste est une opération importante qui peut se réaliser une fois que la liste a déjà été initialisée, ou bien juste après la déclaration de la liste, quand elle est vide. Le bloc **dans la liste insérer en** permet d'ajouter un élément dans une liste. Ne soyez pas étonné si vous ne trouvez pas ce bloc dans la catégorie **Listes.** En fait, il faut tout d'abord sélectionner le bloc **dans la liste fixer,** puis changer ce dernier en bloc **dans la liste insérer en n° comme** en cliquant sur le sélecteur **fixer.** Ce bloc comporte plusieurs options qui permettent d'indiquer l'emplacement où l'élément sera inséré.

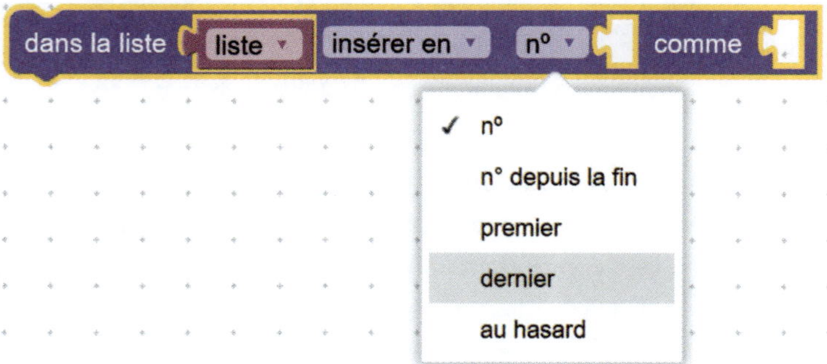

L'option par défaut oblige à spécifier le numéro de l'emplacement où l'on veut insérer le nouvel élément. Dans l'exemple suivant, on a spécifié l'emplacement numéro 2 et après l'exécution de la commande d'insertion, la liste est la suivante : un, quatre, deux, trois.

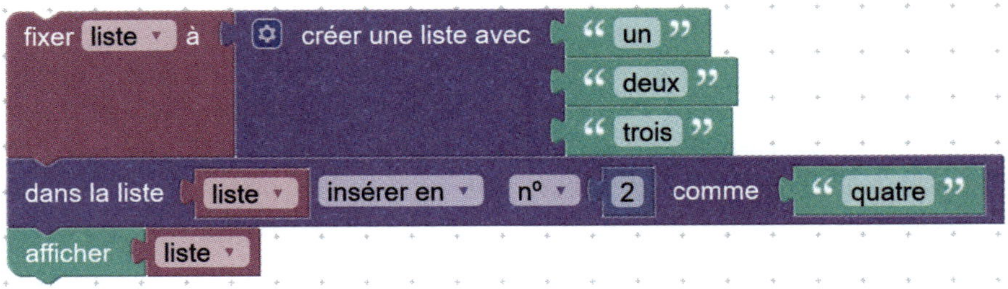

Si vous indiquez un numéro supérieur au nombre d'éléments dans la liste, l'élément se place à la fin de la liste, ce qui correspond à l'option **dernier.** Quand le numéro est négatif, l'insertion a lieu en partant de la fin de la liste. Quand on précise le numéro 0, le résultat a de quoi surprendre, mais ce zéro est en fait retranscrit en interne en une valeur -1. Cela signifie que l'on va insérer en comptant à partir de la fin de la liste et décaler d'un élément, l'élément inséré devenant donc l'avant-dernier élément de la liste.

Le tableau suivant reprend les données de l'exemple précédent et indique le contenu de la liste après l'insertion d'un élément, en fonction du numéro d'emplacement.

Numéro d'insertion	Contenu de la liste après l'insertion
-100	quatre, un, deux, trois
-2	quatre, un, deux, trois
-1	un, quatre, deux, trois
0	un, deux, quatre, trois
1	quatre, un, deux, trois
2	un, quatre, deux, trois
3	un, deux, quatre, trois
4	un, deux, trois, quatre
100	un, deux, trois, quatre

Le bloc **insérer** peut bien entendu être intégré au sein d'une boucle, ce qui permet de générer facilement des listes comportant de nombreux éléments. Dans l'exemple suivant, on génère une liste comportant un millier de nombres aléatoires, ce qui peut se révéler très pratique dans des programmes de jeu.

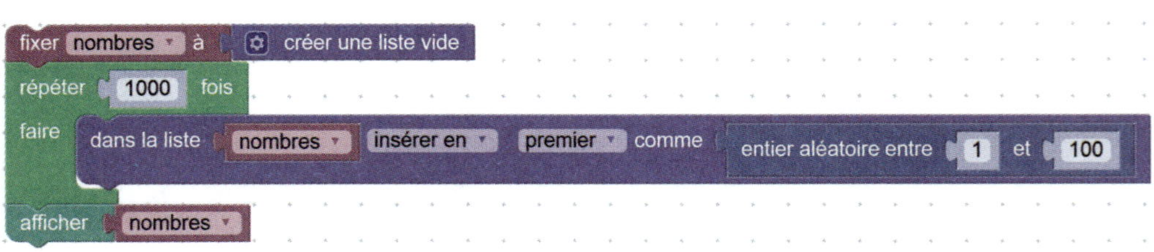

Si vous testez ce programme, ne soyez pas étonné que la boîte de dialogue n'affiche pas toutes les valeurs car c'est normal. On a choisi dans cet exemple d'insérer l'élément en premier car comme les nombres sont choisis aléatoirement l'ordre des éléments n'a aucune espèce d'importance. Ce ne sera pas toujours le cas et il faut donc faire attention à bien choisir l'option si les éléments que vous insérez doivent respecter un ordre. Dans l'exemple suivant, on crée une liste des mille premiers nombres (de 1 à 1000) et l'on souhaite que cette liste soit classée. Dans ce cas, il faut bien préciser l'option **insérer en dernier** si l'on veut respecter le classement croissant.

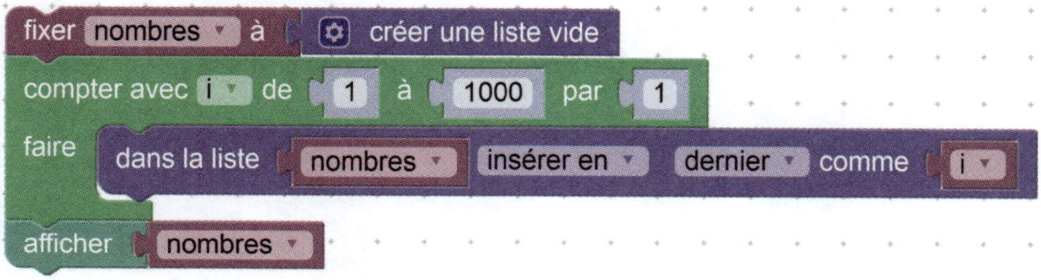

L'intégration d'une commande d'insertion dans une boucle sert souvent dans un programme à faire remplir la liste par l'utilisateur. On a ainsi une boucle de saisie où l'utilisateur, à chaque tour de boucle, insère un élément dans la liste. Dans l'exemple suivant, l'utilisateur doit saisir dix prénoms.

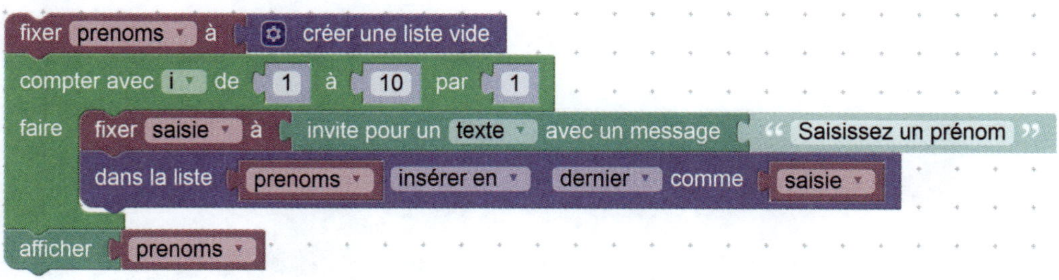

Si l'on ne connaît pas à l'avance le nombre d'éléments que l'utilisateur doit saisir, on peut créer une boucle infinie, en ayant bien soin de préciser une condition pour que l'utilisateur puisse sortir de la boucle. Dans l'exemple suivant, l'utilisateur saisit des prénoms et pour mettre fin à la saisie, il doit valider à blanc le champ de saisie, c'est-à-dire appuyer sur la touche **Entrée** en n'ayant rien saisi.

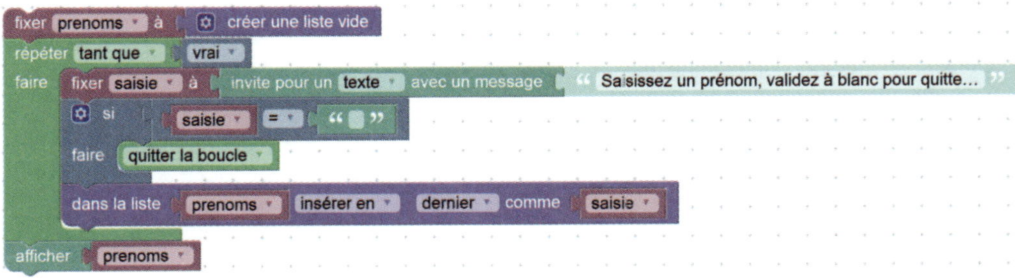

L'instruction **répéter tant que vrai** peut sembler étrange, mais cela représente la forme de boucle infinie la plus simple car la condition **vrai** est toujours vraie ! Pour s'assurer que l'on pourra bien sortir de la boucle, un test de la saisie permet de détecter que l'utilisateur a validé à blanc le champ de saisie. Faites cependant bien attention à ce que la chaîne qui permet la comparaison avec la saisie soit bien une chaîne vide et ne comporte pas un espace qui, comme vous le savez, ne se détecte pas à l'écran. Si vous avez saisi un espace, il faudra alors que l'utilisateur entre un espace pour sortir de la boucle.

MODIFICATION D'ÉLÉMENTS D'UNE LISTE

C'est le bloc **dans la liste fixer n° comme** qui permet de modifier un élément d'une liste. La syntaxe de l'instruction est relativement simple car il suffit de préciser le numéro de l'emplacement ainsi que sa nouvelle valeur. L'exemple suivant reprend le programme d'insertion d'un élément dans une liste, puis rétablit l'ordre des éléments en modifiant trois valeurs.

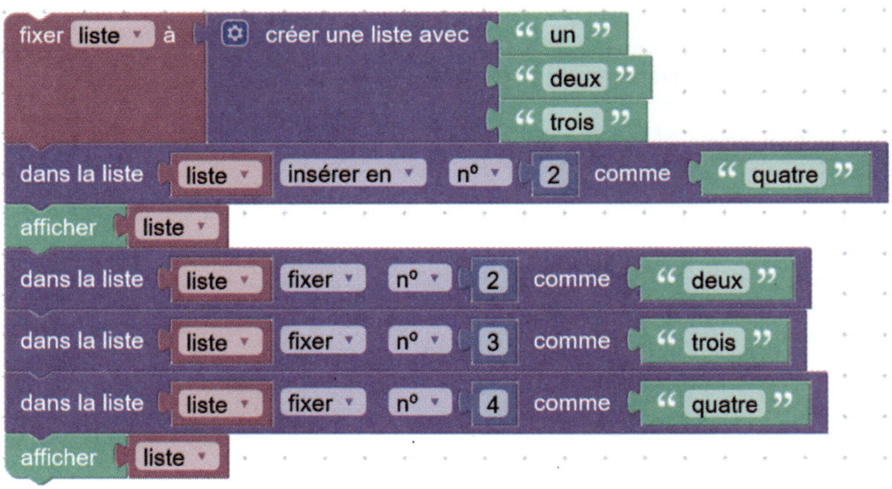

SUPPRESSION D'ÉLÉMENTS D'UNE LISTE

Dans Blockly, l'opération de suppression d'éléments d'une liste peut se dérouler de deux manières différentes : soit on supprime purement et simplement l'élément, soit on le supprime en récupérant sa valeur. Ces deux opérations ont chacune leur intérêt et on verra à la fin de ce chapitre comment exploiter cette différence dans un programme d'interrogation de base de données cinématographique.

C'est à partir du bloc **dans la liste obtenir n°** que l'on a accès aux options de suppression.

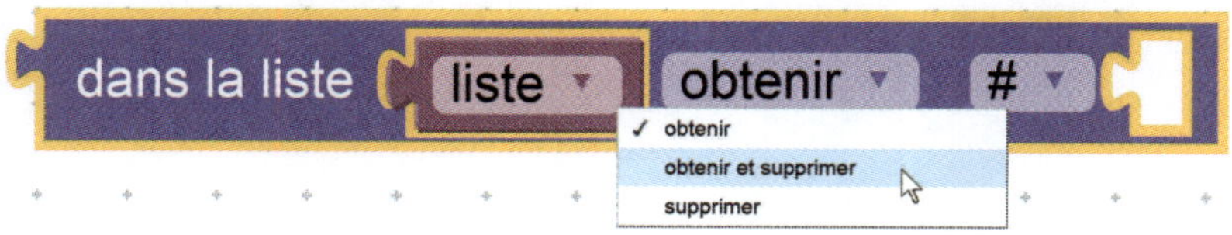

Pour supprimer un élément, il suffit de préciser son numéro. L'exemple suivant insère un élément dans une liste, puis le supprime.

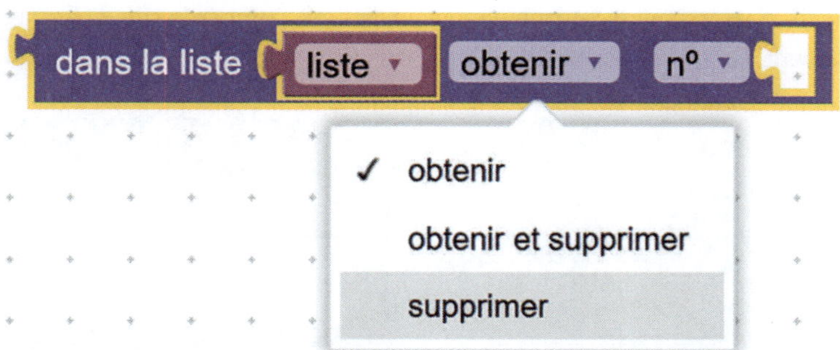

Pour renvoyer la valeur de l'élément que l'on veut supprimer, il faut utiliser le bloc **dans la liste obtenir et supprimer** dont la forme est différente du bloc **dans la liste supprimer** dans la mesure où il renvoie un résultat. Le programme suivant est identique au précédent, à l'exception du fait que l'on affiche la valeur de l'élément supprimé.

RENUMÉROTATION AUTOMATIQUE

Une fois un élément d'une liste supprimé, tous les autres éléments suivant celui-ci sont automatiquement renumérotés. Un élément #3, après suppression du #2, deviendra #2 à son tour.

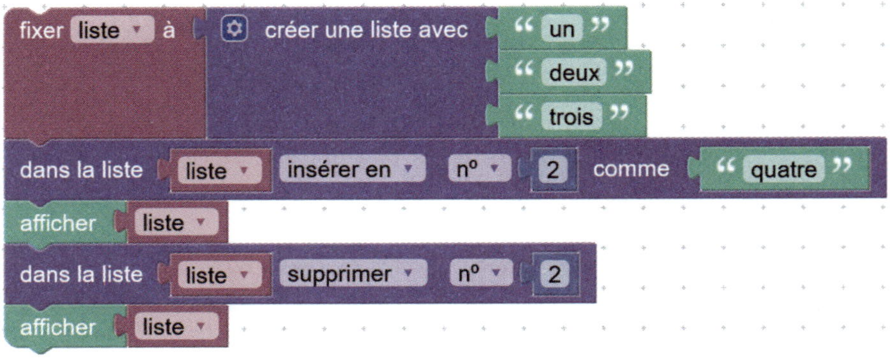

SAVOIR SI UNE LISTE EST VIDE

Il est parfois très utile dans un programme de savoir si une liste est vide afin de ne pas générer de message d'erreur. Nous avons déjà vu qu'il existe un bloc **longueur de** qui indique le nombre d'éléments de la liste si bien qu'une liste ayant une longueur de 0 sera considérée comme vide. Il existe aussi un bloc **est vide** qui renvoie qui renvoie *false* (faux) si la liste n'est pas vide et *true* (vrai) si la liste ne comporte pas d'élément. Le programme suivant illustre différentes manières de savoir si une liste est vide.

GÉRER DE GRANDES COLLECTIONS DE DONNÉES AVEC BLOCKLY

Vous en savez à présent assez sur les listes pour vous lancer dans des projets plus ambitieux. En effet, il est souvent frustrant, quand on débute l'apprentissage de la programmation, de constater que les exemples sur lesquels on travaille sont modestes. Il y a deux raisons à cela : au départ, il est difficile de concevoir des projets complexes car l'apprenti a déjà beaucoup de notions nouvelles à ingurgiter si bien que la lecture et l'analyse de programmes trop longs seraient indigestes ; enfin, par souci de concision et de clarté, on manipule des jeux d'essai extrêmement réduits et on utilise des exemples simplistes, ce qui représente pour nous un gage d'efficacité pédagogique. Or, sans vouloir être quantitatif, certains programmes commencent à être intéressants quand on manipule beaucoup d'informations, l'ordinateur prouvant mieux son efficacité et sa puissance quand il a à gérer de grandes quantités de données. En effet, pourquoi utiliser un ordinateur et s'ingénier à apprendre à programmer si le problème à régler est tellement simple que l'on peut le résoudre manuellement ? C'est bien en apportant la preuve que vous savez gérer avec votre ordinateur une question impossible à traiter manuellement que vous prendrez conscience que les efforts que vous avez consentis n'ont pas été vains.

On va donc dans le reste de cette semaine étudier deux exemples qui montrent que l'on peut traiter en Blockly des listes comportant de grandes quantités de données. Cela est d'autant plus méritoire que Blockly, à la différence d'autres langages de programmation, ne possède pas de mécanismes pour gérer des fichiers externes. Il est ainsi impossible dans Blockly de charger un fichier de données ni d'écrire dans un fichier les données que l'on a traitées. Nous verrons cependant comment contourner cette limitation.

ALLONS AU CINÉMA...

Notre premier exemple va illustrer l'utilisation d'une base de données cinématographique. Comme vous le savez sans doute, une base de données est une structure où les informations sont représentées sous la forme de tables, c'est-à-dire de tableaux formés de lignes et de colonnes. En ce sens, une liste dans Blockly représente une colonne d'une table d'une base de données et si l'on veut gérer une table comportant plusieurs colonnes, il suffit de créer autant de listes que de colonnes.

Notre base de données était à l'origine stockée dans le logiciel Access, qui est l'outil de gestion de base de données de la suite Microsoft Office, et nous l'avons transférée dans un classeur Excel dont un extrait est reproduit ci-dessous.

Notre base de données est modeste puisqu'elle ne comporte qu'une seule table et elle ne peut donc pas être qualifiée de relationnelle, ce qui est le cas quand la base de données regroupe plusieurs tables qui sont en relation les unes avec les autres, mais vous avez cependant ici un exemple que vous allez pouvoir dériver dans beaucoup d'autres domaines (gestion d'une bibliothèque, d'une ludothèque, d'une cave, etc.).

	A	B	C	D	E
1	**titre**	**réalisateur**	**genre**	**sortie**	**durée**
2	Starship Troopers	Paul Verhoeven	science-fiction	1997	130
3	L'ombre d'un doute	Alfred Hitchcock	policier	1942	103
4	Jamais plus jamais	Irvin Kershner	action	1983	128
5	Dune	David Lynch	science-fiction	1984	135
6	Being John Malkovich	Spike Jonze	science-fiction	199	112
7	Tanguy	Etienne Chatiliez	comédie	2001	108
8	Key Largo	John Huston	drame	1948	101
9	Le fugitif	Davis Andrew	action	1993	127
10	Titanic	James Cameron	drame	1997	194
11	Le mépris	Jean-Luc Godard	drame	1963	110
12	Everyone says I love you	Woody Allen	comédie	1997	100
13	Arlington road	Mark Pellongton	policier	1999	117

Notre tableau comporte cinq colonnes :

- titre : le nom du film
- réalisateur : le nom du ou des réalisateurs du film
- genre : le genre cinématographique
- sortie : l'année de sortie du film
- durée : la durée du film en minutes

Si vous avez suivi, cela signifie que nous allons devoir gérer cinq listes en parallèle. La première des tâches consiste à créer nos listes et à les remplir avec des données. Il est bien entendu totalement exclu de remplir ces données manuellement, mais nous savons que Blockly n'autorise pas le chargement d'un fichier externe. Pour autant, Blockly autorise la copie (par copier-coller) de données à l'intérieur d'un champ de saisie de l'interface utilisateur. C'est donc par cette méthode que nous allons remplir nos listes. Comme vous l'imaginez, ces données doivent respecter un format particulier et nous avons déjà vu qu'il fallait utiliser un séparateur (virgule, point-virgule ou tout autre caractère discriminant). Il nous faut donc commencer par transformer nos données pour qu'elles puissent être intégrées dans des listes de Blockly.

Pour ce faire, ouvrez le fichier Excel nommé **DVD.xlsx** et copiez les données de la colonne **titre** sans l'en-tête (c'est-à-dire le titre de la colonne qui est stocké dans la cellule A1). Collez ces données dans un document vide d'un éditeur de texte (nous utilisons pour notre part Notepad++ dont nous vous avons déjà parlé, mais vous pouvèz employer Visual Studio Code si vous travaillez avec un Mac).

Quand vous collez les données de la feuille de calcul dans l'éditeur, chaque film est inscrit sur une ligne différente et il y a donc autant de lignes dans le document qu'il y a de films.

```
Starship Troopers
L'ombre d'un doute
Jamais plus jamais
Dune
Being John Malkovich
Tanguy
Key Largo
Le fugitif
Titanic
Le mépris
Everyone says I love you
Arlington road
```

LOGICIELS LIBRES ET GRATUITS

Si vous n'avez pas la suite Microsoft Office qui comprend le tableur Excel, vous pouvez utiliser LibreOffice et son tableau Calc qui est un logiciel libre et gratuit que vous pouvez télécharger à : https://fr.libreoffice.org/download/

Comme le format accepté par Blockly est une liste d'éléments séparés par un caractère défini, il faut supprimer chaque retour à la ligne et le remplacer par un séparateur. Les bons éditeurs de programmes savent faire cela automatiquement et dans Notepad++ il faut utiliser la fonctionnalité de remplacement que l'on peut invoquer avec le raccourci **CTRL + H.** Dans la boîte de dialogue **Remplacer**, saisissez la chaîne **\r\n** (un slash inverse suivi d'un **r** minuscule suivi d'un slash inverse suivi d'un **n** minuscule) dans le champ **Recherche,** puis saisissez un point-virgule dans le champ **Remplacer par.** Cliquez sur le bouton **Remplacer tout** pour effectuer d'un seul coup tous les remplacements.

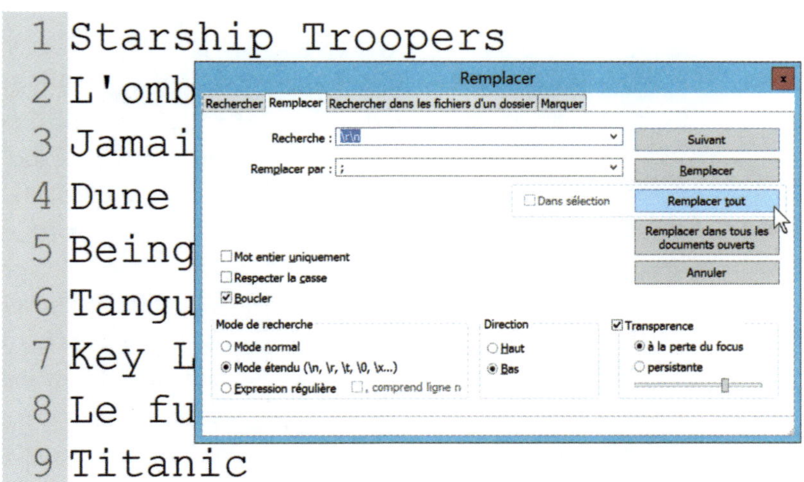

Si vous avez l'habitude d'utiliser le traitement de texte Microsoft Word, vous pouvez également faire les remplacements grâce à la commande suivante :

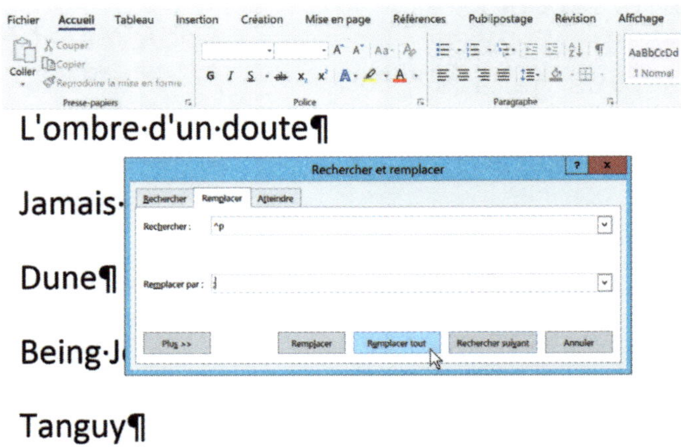

Nous avons choisi le caractère point-virgule comme séparateur car il est moins susceptible de se retrouver dans le titre d'un film qu'une virgule. Vous pouvez en fait choisir le séparateur que vous voulez pourvu qu'il ne rentre pas en conflit avec un caractère présent au sein des données que vous allez intégrer dans une liste. Le résultat de la conversion est illustré ci-dessous.

```
Starship Troopers;L'ombre d'un doute;Jamais plus jamais;Dune;
```

Vous ne devez avoir qu'une seule ligne dont les données sont séparées par un point-virgule.

Une fois que le document a le bon format, enregistrez-le en tant que fichier texte. Sélectionnez ensuite l'intégralité des données du document et copiez-les dans le champ adéquat du bloc **créer une liste depuis le texte.** Comme vous le constaterez dans le prochain exemple, il est possible de coller dans un champ une grande quantité de données.

MANIPULER LES DONNÉES

Nous vous recommandons d'apprendre à réaliser ces manipulations qui vous serviront pour d'autres projets dans ce livre, mais également, nous l'espérons pour vos projets personnels. Quoi qu'il en soit, les fichiers convertis sont présents dans les compléments électroniques de cet ouvrage.

N'oubliez pas de spécifier le séparateur point-virgule dans le dernier champ du bloc. En suivant les mêmes opérations de conversion, il faut créer les listes des quatre autres colonnes du tableau (réalisateur, genre, sortie et durée). Comme les listes sont des collections de données, on prendra soin de les déclarer en utilisant un pluriel, tout en évitant les minuscules accentuées car ce sont des noms de variables. Les noms des cinq listes sont donc : films, realisateurs, genres, sorties et durees. Une fois que l'on a généré les fichiers texte des cinq listes, on peut facilement écrire un programme qui va afficher les informations relatives à chaque film.

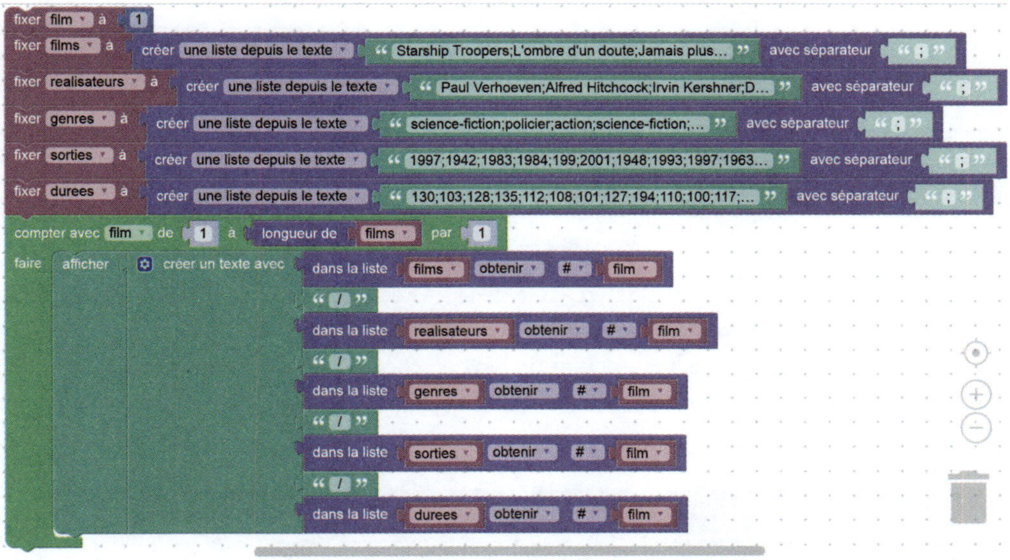

La variable **film** représente le numéro du film dans la liste des films et c'est cette variable que nous allons utiliser pour parcourir la liste à l'aide d'une boucle **compter avec.** À l'intérieur de la boucle, le programme se contente de récupérer le contenu de chaque liste et de former une description du film en séparant les informations par des slashs.

Voici un exemple de l'affichage de la description d'un film où l'on retrouve bien toutes les informations séparées par des slashs[1].

[1] Afin que l'exécution de ce programme ne soit pas trop longue, nous avons limité la liste des films à une trentaine.

DES LISTES DE TAILLE ÉGALE

Bien entendu, ce programme ne peut fonctionner que si vous avez parfaitement généré vos fichiers texte pour alimenter les listes et notamment s'ils ont rigoureusement le même nombre d'éléments. Ce programme aligne en effet les colonnes du tableau et s'il n'y a pas une synchronisation parfaite des lignes, les résultats seront parfois incorrects. Une bonne pratique consiste à vérifier la longueur de chaque liste pour s'assurer que toutes les listes ont bien le même nombre d'éléments.

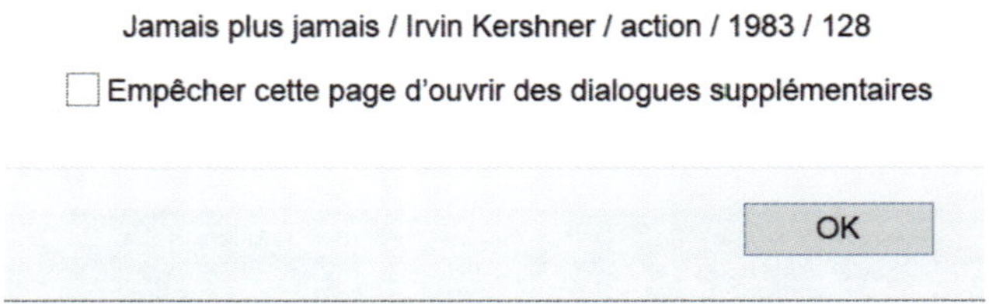

On voit donc dans cet exemple que l'on peut, avec un peu d'astuce, gérer des données de n'importe quel type qui sont au format tabulaire. Chaque fois que vous avez des données présentées dans un tableau, vous pouvez les convertir en listes et créant autant de listes qu'il y a de colonnes dans votre tableau.

Afficher le contenu d'un tableau grâce à des listes est déjà une belle réussite, mais nous souhaitons aller encore plus loin et pouvoir interroger notre base de données selon un critère. Nous souhaitons notamment pouvoir afficher la liste d'un genre particulier, ceci afin de restreindre le choix des films quand on souhaite regarder un DVD. Le programme suivant réalise cette tâche.

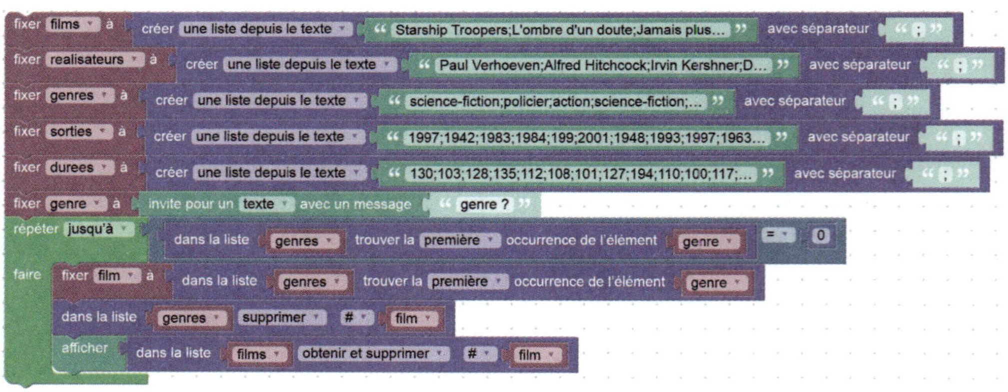

Comme vous l'imaginez, le code commence par créer les cinq listes grâce aux fichiers texte qui ont été générés avec un séparateur. Le programme pose ensuite une question à l'utilisateur en lui demandant le genre du film qu'il veut voir et récupère la réponse de l'utilisateur dans la variable **genre**. Ensuite, une boucle est chargée de parcourir les listes pour extraire les informations correspondant au critère de recherche. Il y a cependant une difficulté à gérer qui tient au fonctionnement de l'instruction de recherche dans une liste. Le bloc **dans la liste trouver la première occurrence** fonctionne très bien, mais comme son nom l'indique, il ne trouve que la première occurrence et il s'arrête. Cela signifie que si la liste contient une dizaine de films de genre policier, la recherche ne trouvera que le premier (ou le dernier si l'on utilise le bloc **dans la liste trouver la dernière occurrence**). En l'espèce la boucle ne sert à rien et il ne faut pas compter sur elle pour trouver toutes les occurrences de la chaîne recherchée. Dans ces conditions, une solution consiste à supprimer l'élément correspondant au critère de recherche une fois qu'on l'a trouvé si bien qu'au tour de boucle suivant, il ne sera plus trouvé et le programme pourra détecter l'occurrence suivante du genre recherché. Bien entendu, en supprimant un élément d'une liste, on crée une désynchronisation du nombre d'éléments avec les autres listes, si bien qu'il ne faut pas non plus oublier de supprimer l'élément correspondant dans les autres listes. Dans notre exemple, comme nous n'utilisons en fait que les listes **films** et **genres**, nous nous contentons de ne supprimer que les éléments dans ces listes, mais en toute bonne logique, il faudrait le faire également dans les autres listes, afin de respecter la synchronisation des différentes colonnes de données du tableau.

Vous noterez que dans ce programme on utilise le bloc **supprimer** pour la liste **genres** et le bloc **obtenir et supprimer** pour la liste **films** dans la mesure où l'on veut afficher le titre du film. Ce programme balaye donc une liste et affiche le nom des films correspondant au genre recherché. Sur ce même principe, vous pouvez concevoir d'autres programmes de recherche d'information dans des données organisées sous la forme d'un tableau, ce qui offre de nombreuses perspectives. La base de données de DVD que nous utilisons comme exemple ne comporte pas un nombre considérable de films, mais nous allons voir dans l'exemple suivant que les listes peuvent gérer sans problème des données beaucoup plus conséquentes puisque les listes que nous allons manipuler comportent près de 40 000 éléments.

MANIPULATION DE FICHIERS

Nous vous conseillons une nouvelle fois d'accomplir vous-même ces manipulations de remise en forme de fichiers afin d'être autonome pour vos projets personnels. Vous trouverez néanmoins les fichiers au bon format dans les compléments électroniques de ce livre.

DONNE-MOI TON NUMÉRO INSEE ET JE TE DIRAI OÙ TU ES NÉ

Nous avons déjà proposé plusieurs exemples qui se servaient du numéro INSEE pour extraire une information concernant le genre, le mois de naissance, l'année de naissance ou bien le département de naissance. Vous ne le savez peut-être pas, mais est également codée dans votre numéro la ville où vous êtes né. Le tableau suivant récapitule d'ailleurs toutes les informations qui sont codées dans les treize chiffres du numéro INSEE :

Position du caractère	Signification
1	Genre (1 pour les hommes, 2 pour les femmes)
2-3	Deux derniers chiffres de l'année de naissance
4-5	Numéro du mois de naissance
6-7	Numéro du département de naissance
8-9-10	Code de la commune de naissance
11-12-13	Numéro d'inscription sur le registre des naissances

Dans le chapitre précédent, nous avons appris, grâce aux tests conditionnels, à retranscrire sous une forme textuelle le mois de naissance à partir du numéro INSEE. Dans ces conditions, cela signifie que si l'on possède la liste des communes françaises, on peut indiquer en clair le nom de la ville de quelqu'un qui nous communiquerait son numéro INSEE. Bien entendu, cette liste doit être longue puisque l'on nous dit souvent qu'il y a 36 000 communes en France. Il est hors de question de saisir manuellement la liste de toutes les communes, mais si on la trouve sur Internet, on pourrait éventuellement l'intégrer dans une liste, comme nous l'avons fait pour notre base de données de DVD. Dans la mesure où il s'agit d'un numéro INSEE, le plus simple est d'aller voir sur le site Web de l'INSEE si l'on ne trouve pas ces informations.

À la page https://www.insee.fr/fr/information/2560452, vous avez la possibilité de télécharger le **Code officiel géographique** qui contient un ensemble de fichiers dont la liste des communes. Cela semble parfaitement correspondre à ce que nous souhaitons, mais il va falloir, comme dans l'exemple précédent, un petit travail de préparation.

Afin d'avoir des informations à jour, nous vous suggérons de télécharger la dernière version des fichiers (le millésime 2023, pour ce qui nous concerne). Pour ce faire, cliquez sur le lien Téléchargement des fichiers. Les fichiers sont disponibles dans deux formats : le format CSV et le format dBase. CSV, qui signifie *comma-separated values* (valeurs séparées par des virgules) est un format classique d'échanges de données qui est reconnu par la plupart des tableurs (notamment Excel et Calc). dBase a été une des premières bases de données sur micro-ordinateur au début des années 1980 et ce logiciel, malheureusement disparu, a eu tellement de succès que son format de fichier est resté un standard toujours en vigueur à ce jour. Comme dBase n'existe plus aujourd'hui, il faut utiliser un autre logiciel pour ouvrir le fichier et le plus simple est d'employer un tableur.

Cependant, le diable se nichant dans les détails, si vous employez Excel ou Calc pour charger directement le fichier CSV en question, vous aurez différents problèmes (transcodage des lettres accentuées et suppression des zéros en en-tête de certains champs) si bien que nous devons inclure une étape intermédiaire afin d'exploiter ces données.

Une fois le fichier au format CSV téléchargé, vous obtenez une archive au format ZIP que vous devez décompresser. Une fois l'archive décompressée, vous disposez d'une douzaine de fichiers CSV dont un seul nous intéresse : v_commune_2023.csv. Avant d'importer ce fichier dans Excel, vous devez le charger dans Notepad++ afin de régler le problème de transcodage des lettres accentuées, puis sélectionner l'ensemble des données (Ctrl + A) et les copier (Ctrl + C). Ouvrez ensuite Excel et collez ces données dans une feuille vide d'un classeur. Vous obtenez ainsi un fichier contenant 37 564 lignes (pour la version 2023 du fichier), la première ligne contenant les en-têtes des colonnes. L'import de ces données n'a pas permis pour l'instant d'identifier les colonnes et l'opération suivante va donc consister à séparer ces données en colonnes. Pour ce faire, sélectionnez la colonne A et choisissez la commande Convertir de l'onglet Données. Choisissez l'option Délimité et cliquez sur Suivant. Dans la liste Séparateurs, sélectionnez uniquement l'option Virgule et cliquez sur Suivant. Dans cette dernière étape, vous devez indiquer à Excel le format des données de chaque colonne. Cette étape est capitale, car c'est ici que vous allez pouvoir dire à Excel de ne pas abandonner les zéros en en-tête de certains champs. Vous devez donc ordonner à Excel de transformer chaque colonne en données au format Texte. Quand vous avez réalisé cette opération pour chaque colonne, cliquez sur le bouton Terminer.

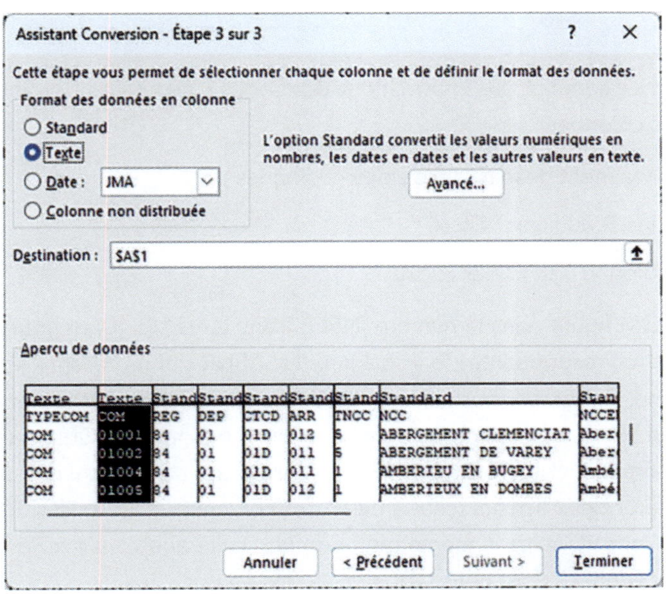

La feuille Excel se compose à présent d'un tableau de 12 colonnes (de A à L).

	A	B	C	D	E	F	G	H	I
1	TYPECOM	COM	REG	DEP	CTCD	ARR	TNCC	NCC	NCCENR
2	COM	01001	84	01	01D	012	5	ABERGEMENT CLEMENCIAT	Abergement-Clémenciat
3	COM	01002	84	01	01D	011	5	ABERGEMENT DE VAREY	Abergement-de-Varey
4	COM	01004	84	01	01D	011	1	AMBERIEU EN BUGEY	Ambérieu-en-Bugey
5	COM	01005	84	01	01D	012	1	AMBERIEUX EN DOMBES	Ambérieux-en-Dombes
6	COM	01006	84	01	01D	011	1	AMBLEON	Ambléon
7	COM	01007	84	01	01D	011	1	AMBRONAY	Ambronay
8	COM	01008	84	01	01D	011	1	AMBUTRIX	Ambutrix
9	COM	01009	84	01	01D	011	1	ANDERT ET CONDON	Andert-et-Condon
10	COM	01010	84	01	01D	011	1	ANGLEFORT	Anglefort
11	COM	01011	84	01	01D	014	1	APREMONT	Apremont
12	COM	01012	84	01	01D	011	1	ARANC	Aranc
13	COM	01013	84	01	01D	011	1	ARANDAS	Arandas
14	COM	01014	84	01	01D	014	1	ARBENT	Arbent
15	COM	01015	84	01	01D	011	1	ARBOYS EN BUGEY	Arboys en Bugey

La signification de chaque colonne est indiquée sur la page de téléchargement du fichier (ce que l'INSEE appelle le dessin du fichier).

– Dessin du fichier « Communes existantes » et liste des variables

Nom de la variable	Longueur de la variable	Désignation et modalités de la variable
TYPECOM	4	Type de commune
COM	5	Code commune
REG	2	Code région
DEP	3	Code département
CTCD	4	Code de la collectivité territoriale ayant les compétences départementales
ARR	4	Code arrondissement
TNCC	1	Type de nom en clair
NCC	200	Nom en clair (majuscules)
NCCENR	200	Nom en clair (typographie riche)
LIBELLE	200	Nom en clair (typographie riche) avec article
CAN	5	Code canton. Pour les communes « multi-cantonales », code décliné de 99 à 90 (pseudo-canton) ou de 89 à 80 (communes nouvelles)
COMPARENT	5	Code de la commune parente pour les arrondissements municipaux et les communes associées ou déléguées.

A priori, le fichier contient des informations dont nous n'avons pas besoin et il va falloir supprimer des colonnes.

Nous n'avons vraiment besoin que de deux colonnes :

- COM (colonne B du fichier Excel)
- NCCENR (colonne I du fichier Excel)

La colonne COM figure dans le numéro INSEE (caractères 6 à 10) et notre but est d'afficher la valeur correspondante de la colonne NCCENR qui représente le nom en clair de la commune. Pour créer nos listes, vous devez donc supprimer toutes les colonnes du fichier, sauf les deux colonnes que nous avons mentionnées. Quand vous avez terminé cette opération, nous vous conseillons d'enregistrer ce fichier. Il ne vous reste alors plus qu'à générer deux fichiers texte à partir des colonnes COM et NCCENR du fichier. Pour ce faire, vous utiliserez la même méthode que celle que vous avez employée dans l'exemple précédent et dont nous rappelons ici les étapes :

- sélection de la colonne
- copie de la colonne

- collage de la colonne dans un éditeur de texte
- remplacement des fins de ligne par un point-virgule
- sauvegarde du fichier obtenu

Pour finir, vous devez donc obtenir deux fichiers texte ayant le même nombre d'éléments séparés par des points-virgules. Comme pour l'exemple précédent, vous devez copier le contenu du fichier pour le coller dans le bloc **créer une liste depuis le texte**. Les manipulations pour obtenir ces informations sont certes un peu longues, et si vous n'avez pas le courage de les réaliser (ou n'avez pas de tableur), vous trouverez dans les compléments en ligne les deux fichiers en question prêts à l'emploi. Le programme qui va retranscrire en clair le nom de la commune est très simple et comporte très peu de lignes de code, comme vous pouvez le constater :

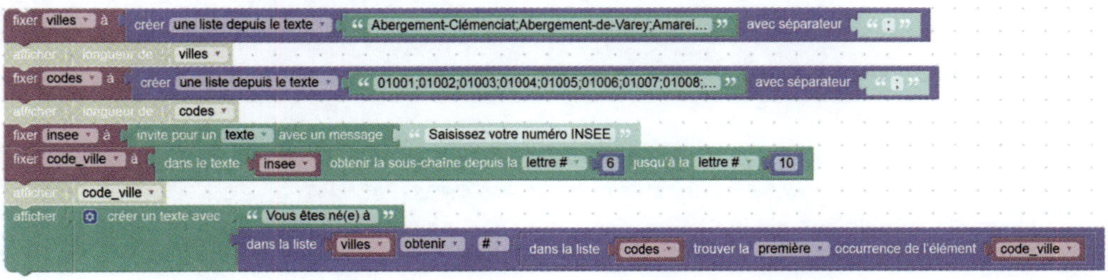

Comme il y a près de 38 000 éléments dans nos listes, nous faisons afficher, dans un premier temps, la longueur de chacune des listes après les avoir constituées. Quand nous avons l'assurance que les listes ont bien le même nombre d'éléments et qu'elles sont synchronisées, on peut désactiver les blocs de contrôle qui ne servent plus à rien (ils apparaissent donc ici en gris pâle dans la capture d'écran). La variable **insee** sert à saisir le numéro INSEE de l'utilisateur et la variable **code_ville** extrait de ce numéro les caractères du code de la ville. Pour afficher le nom en clair de la ville, on recherche la variable **code_ville** dans la liste **codes** et on obtient le numéro de l'élément correspondant. Comme les deux listes sont normalement synchronisées, il suffit de faire afficher l'élément correspondant dans la liste **villes**.

Pour bien comprendre la logique de ce programme, nous vous proposons une copie d'écran d'Excel qui illustre le processus de recherche. Imaginons que votre numéro INSEE soit 2821143172012 ; le code de la ville où vous êtes né est par conséquent 43172. Dans Excel, on recherche dans la colonne A (qui contient les codes des communes) le code 43172 et Excel se positionne sur la ligne 17 085. Il suffit ensuite de lire la valeur de la colonne B (qui contient le nom en clair des communes) de la ligne 17 085 pour récupérer le nom votre ville de naissance, à savoir Saint-Bonnet-le-Froid, dans notre exemple. C'est la même logique qui est mise en œuvre dans le programme Blockly.

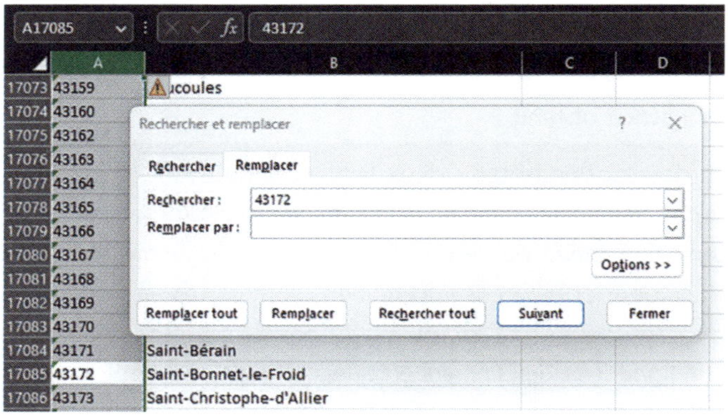

Si vous êtes né en France et que vous testez ce programme, vous devriez voir afficher votre commune de naissance. Bien que la recherche s'effectue dans une liste de presque 38 000 éléments, vous constaterez que la réponse est instantanée. Si vous deviez effectuer cette recherche dans une liste papier, cela vous prendrait un peu plus de temps, même si la liste est triée…

BASE DE DONNÉES DES CODES POSTAUX

Avec le mouvement Open Data (en bon français, les données ouvertes) qui consiste à mettre à la disposition de chacun des données publiques, on trouve désormais en ligne de nombreuses informations de qualité que vous pouvez exploiter avec Blockly, grâce à des listes. Dans cette section, nous allons vous montrer comment réaliser simplement un programme qui fournit le nom d'une commune quand on saisit son code postal. La base de données des codes postaux peut être téléchargée sur le site officiel du gouvernement consacré à l'Open Data et nous ne serions trop vous recommander de le parcourir afin de prendre connaissance des nombreuses informations qu'il contient. Notre base de données peut être téléchargée à :

https://www.data.gouv.fr/fr/datasets/base-officielle-des-codes-postaux/

Sur cette page Web figurent 6 fichiers et vous pouvez télécharger le fichier Export au format CSV. Vous obtiendrez ainsi un fichier nommé laposte_hexasmal.csv de près de 2 500 Ko. Le processus de traitement du fichier est identique à celui de l'INSEE, hormis le fait que le séparateur des données est ici un point-virgule. Comme pour l'exemple précédent, vous trouverez dans les compléments en ligne les fichiers déjà préparés, mais nous ne saurions trop vous encourager à faire vous-même ces manipulations. Vous trouverez ci-dessous un aperçu du fichier CSV une fois qu'il est a été converti dans Excel.

	A	B	C	D	E	F
1	code_commune_insee	nom_de_la_commune	code_postal	ligne_5	libelle_d_acheminement	coordonnees_gps
2	01014	ARBENT	01100		ARBENT	46.283607621,5.690755574
3	01036	VALROMEY SUR SERAN	01260	BELMONT LUTHEZIEU	VALROMEY SUR SERAN	45.918185011,5.656884824
4	01036	VALROMEY SUR SERAN	01260	FITIGNIEU	VALROMEY SUR SERAN	45.918185011,5.656884824
5	01036	VALROMEY SUR SERAN	01260	LOMPNIEU	VALROMEY SUR SERAN	45.918185011,5.656884824
6	01036	VALROMEY SUR SERAN	01260	LUTHEZIEU	VALROMEY SUR SERAN	45.918185011,5.656884824
7	01042	BEY	01290		BEY	46.219516565,4.846226251
8	01054	BOURG ST CHRISTOPHE	01800	MARFOZ	BOURG ST CHRISTOPHE	45.886247155,5.143599073

Comme vous pouvez le constater, ce fichier contient 6 colonnes, mais nous ne nous servirons que des colonnes B (nom de la commune) et C (code postal). Vous noterez néanmoins la présence de la colonne F (coordonnées GPS) que nous exploiterons dans le dernier chapitre de cet ouvrage. Le fichier compte 39 194 lignes, en incluant la ligne comportant le nom de la colonne.

Le programme Blockly illustré ci-dessous crée deux listes (codes et villes) et affiche la longueur de chacune des deux listes. Il est en effet important de s'assurer que chaque liste est d'égale longueur, car si ce n'est pas le cas, votre programme ne fonctionnera pas correctement. Quand vous vous êtes assuré que les deux listes ont le même nombre d'éléments, vous pouvez conserver ces blocs dans le programme, mais les désactiver (ils apparaissent alors en grisé, comme c'est le cas sur notre copie d'écran). Le programme demande ensuite à l'utilisateur de saisir un code postal, puis ce code est recherché dans la liste des codes postaux, le résultat de la recherche étant stocké dans la variable **position_dans_la_liste**. Comme dans l'exemple précédent, n'oubliez pas que cette instruction ne va fournir que le numéro de la ligne qui contient l'information recherchée, mais puisque les deux listes sont synchronisées (elles ont le même nombre d'éléments et les éléments sont dans le même ordre, c'est-à-dire que le premier élément de la liste des codes postaux correspond au premier élément de la liste des communes, etc.), on peut très facilement afficher le nom de la ville qui correspond au code postal saisi. La dernière instruction affiche donc une boîte de dialogue qui associe le code postal saisi et le nom en clair de la commune qui lui est associé.

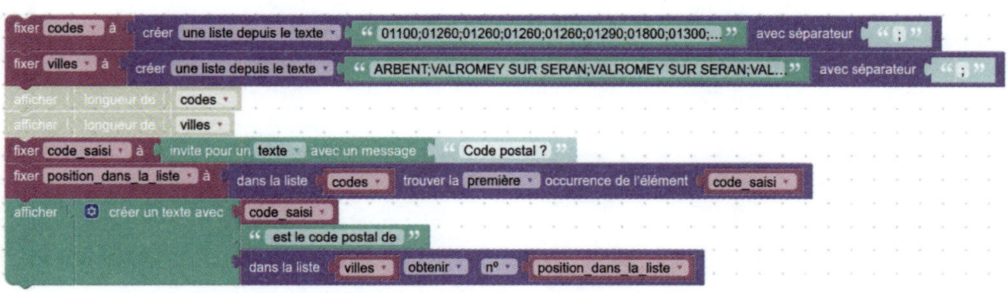

Si vous souhaitez effectuer une recherche à partir du nom d'une commune pour obtenir son code postal, il suffit d'inverser les noms des deux listes et de modifier quelques messages.

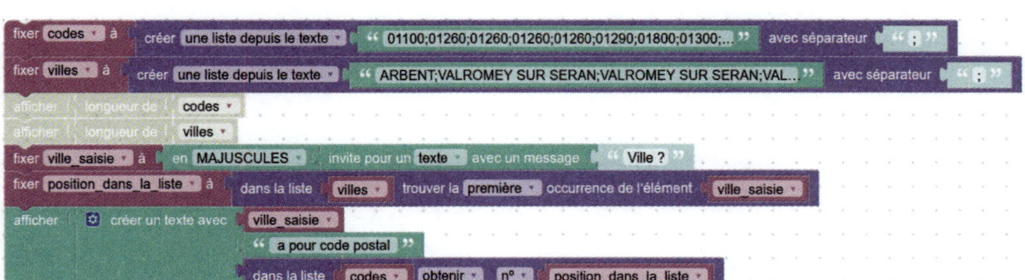

Si le programme de recherche d'une ville à partir de son code postal fonctionne bien, il peut cependant apparaître le problème suivant : quand on saisit certains codes postaux dont on connaît la ville à laquelle ils correspondent, on s'aperçoit parfois que le programme affiche une ville qui est différente de celle à laquelle on pensait. Il s'agit en général d'une ville qui est proche, car un même code postal peut correspondre à plusieurs communes. Par exemple, le code postal 71100 correspond aux cinq communes suivantes :

- LA CHARMEE
- LUX
- SEVREY
- CHALON SUR SAONE
- ST REMY

Or, quand vous saisissez le code postal 71100, seul le nom de la commune ST REMY apparaît. Il n'y a en fait rien d'anormal à ce que le programme ne renvoie que le nom d'une seule commune dans la mesure où on lui a spécifiquement demandé de trouver la première occurrence dans la liste, et non pas toutes les occurrences. Dans le fichier Excel, quand on effectue une recherche sur le code postal 71100, c'est bien la commune de ST REMY qui apparaît en premier et le programme exécute donc correctement les instructions que nous avons écrites. Si l'on modifie le code, on peut afficher la dernière occurrence et dans l'exemple du code 71100, c'est alors le nom de SEVREY qui est affiché. En revanche, il n'existe pas de commande pour afficher toutes les occurrences et il faut donc modifier le code du programme si l'on souhaite avoir toutes les communes correspondant à un même code postal.

La première solution consiste à employer une boucle qui va balayer, un à un, tous les éléments de la liste. Grâce à un test conditionnel, on peut demander si le code postal est égal à la valeur saisie par l'utilisateur. Si tel est le cas, on récupère la valeur de la ville correspondante et on stocke cette information dans une variable que l'on aura pris soin de déclarer et d'initialiser au préalable. On peut choisir une variable caractère, mais puisque l'on manipule une liste, il est tout aussi simple de stocker l'information dans une troisième liste (nous l'avons appelée **resultat**). Voici le code de ce programme qui récupère la totalité des villes ayant le même code postal.

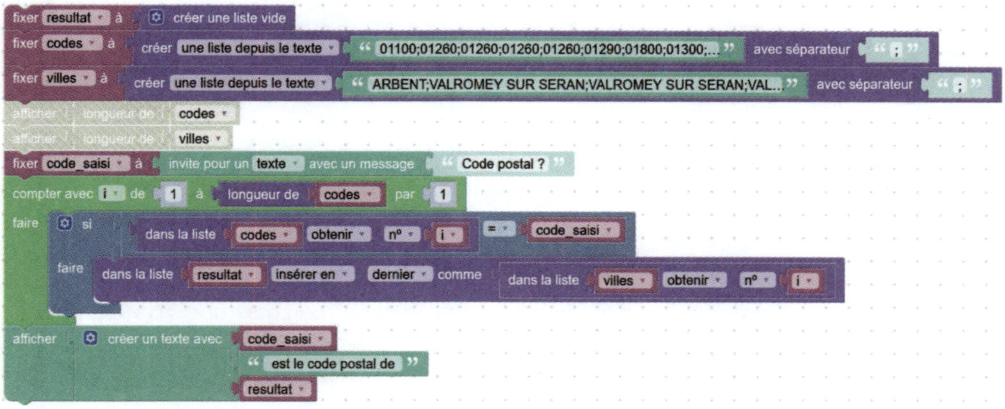

Vous noterez l'extrême rapidité de ce programme, qui parcourt une liste de près de 40 000 éléments en moins d'une seconde.

Il existe une deuxième solution qui emploie le bloc de recherche de la première occurrence dans une boucle **répéter jusqu'à**. Le principe est sans doute un peu plus complexe que la solution précédente, mais il est tout aussi efficace :

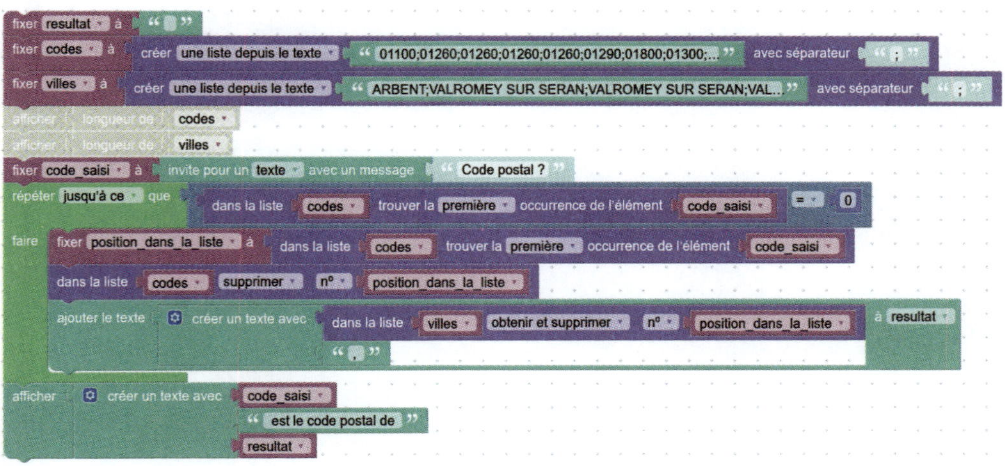

Quand on a trouvé une première occurrence, on note la valeur correspondante de la ville et on supprime l'élément trouvé dans la liste de manière à ne plus retomber dessus quand on fera l'interrogation suivante. Comme les listes sont synchronisées, il ne faut cependant pas oublier de supprimer également l'élément correspondant dans la liste des communes. Pour résumer, quand **code_saisi** est trouvé dans la liste codes, on récupère la ville et on supprime à la fois dans villes et dans codes l'élément qui a pour numéro **position_dans_la_liste**.

Quand il n'y a plus d'occurrences à trouver, le bloc **trouver la première occurrence** renvoie **0**, ce qui permet de sortir de la boucle **répéter jusqu'à**.

Vous noterez que dans cet exemple, nous n'avons pas employé de liste pour stocker les noms des villes, mais une variable caractère à laquelle on rajoute un séparateur (la chaîne virgule + espace) afin de présenter correctement la liste des villes correspondant à un même code postal.

Maintenant que vous maîtrisez l'usage des listes et que vous connaissez des sites proposant de nombreuses bases de données dans des domaines très différents, vous allez pouvoir envisager des projets intégrant la gestion de données qui ne se limitent pas à quelques dizaines d'éléments.

Vous noterez l'extrême rapidité de ce programme qui parcourt une liste de près de 40 000 éléments en moins d'une seconde.

POUR S'ENTRAÎNER

1/ Écrivez un programme qui permet, grâce à une boucle, de saisir les notes de dix élèves, et qui affiche à la fin de la saisie la moyenne des notes du groupe, la note la plus haute et la note la plus basse.

2/ En vous inspirant du programme qui, en fonction du numéro INSEE, permet de savoir si une personne est née en Bourgogne-Franche-Comté, écrivez un programme qui teste si une personne est née dans la région Rhône-Alpes-Auvergne.

3/ En vous inspirant du programme pour rechercher les films par genre, concevez un programme qui permet de lister tous les films d'un réalisateur.

4/ En récupérant la liste des départements sur le site Web de l'INSEE, écrivez un programme qui demande à un utilisateur de donner en clair le nom du département quand le programme indique son numéro. Le numéro devra être choisi aléatoirement par le programme et l'utilisateur pourra choisir le nombre de questions que le programme lui pose. Vous ferez attention à ce que l'utilisateur puisse saisir sa réponse sans tenir compte de la différence entre les majuscules et les minuscules. L'utilisateur n'aura droit qu'à trois tentatives pour trouver le nom du département.

5/ En prenant exemple sur les différents codes que nous avons déjà écrits, concevez un programme qui demande son numéro INSEE à un utilisateur et affiche une phrase indiquant son genre, son mois et son année de naissance, sa ville de naissance et son département. Par exemple, le programme devra afficher la phrase suivante : « vous êtes une femme née en juillet 1989 à Écully (Rhône) » si son numéro INSEE commence par 2890769081.

EN FONCTION DE

SEMAINE 7

Vous connaissez à présent les bases de la programmation et vous pouvez déjà écrire des programmes complexes. Nous souhaitons cependant compléter votre apprentissage en vous enseignant une technique de programmation qui va vous économiser du temps et rendre votre code plus modulaire, ce qui va par conséquent améliorer sa lisibilité. Cette pratique n'est pas obligatoire, mais l'emploi de fonctions dans les programmes facilite la vie du développeur en optimisant l'écriture de son code.

QUELLE EST LA LETTRE LA PLUS FRÉQUENTE EN FRANÇAIS ?

Vous êtes tranquillement en train de jouer aux cartes avec trois de vos amis et une discussion s'engage pour savoir quelle est la lettre la plus fréquente en français. Alice prétend qu'il s'agit de la lettre « e », Michèle penche pour le « a », Bertrand avoue sa préférence pour le « i » et personnellement vous êtes certain qu'il s'agit du « s ». Sachant que vous apprenez à programmer, vos amis vous encouragent à écrire un programme qui pourra compter le nombre d'occurrences de chacune de ces quatre lettres dans un texte de taille conséquente. Après avoir visité le site du Projet Gutenberg (https://www.gutenberg.org/) et celui de Gallica (https://gallica.bnf.fr) sur lesquels il est possible de récupérer le texte de très nombreux romans tombés dans le domaine public, votre choix se porte sur un extrait de *L'Éducation sentimentale* de Gustave Flaubert. Ce texte, qui comporte un peu plus de 180 000 caractères (espaces compris) va être injecté dans une variable et comme vous savez parcourir un texte caractère par caractère et comparer, à l'aide d'un test conditionnel, un caractère à un autre caractère, ce programme ne vous paraît pas très difficile à concevoir. Vous commencez par initialiser cinq variables, une qui contiendra le texte à analyser et quatre autres variables qui serviront à compter les occurrences, puis vous incorporez un test dans une boucle. Afin de tester votre programme, vous vous contentez dans un premier temps de compter le nombre de « a » grâce au programme suivant :

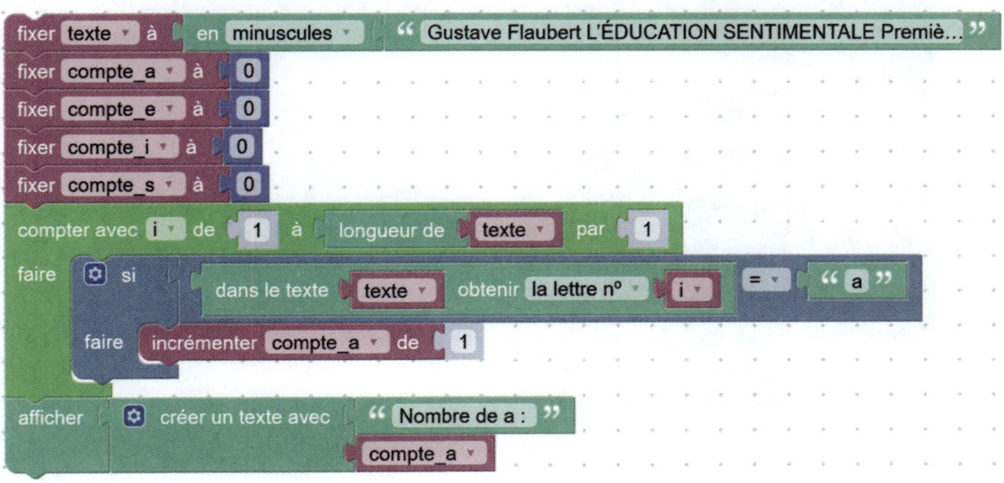

En un temps record, le programme s'exécute et affiche la présence de 12 423 « a » dans le texte. Fort de ce succès, vous complétez rapidement le programme en utilisant la fonctionnalité de duplication des blocs pour obtenir le résultat suivant :

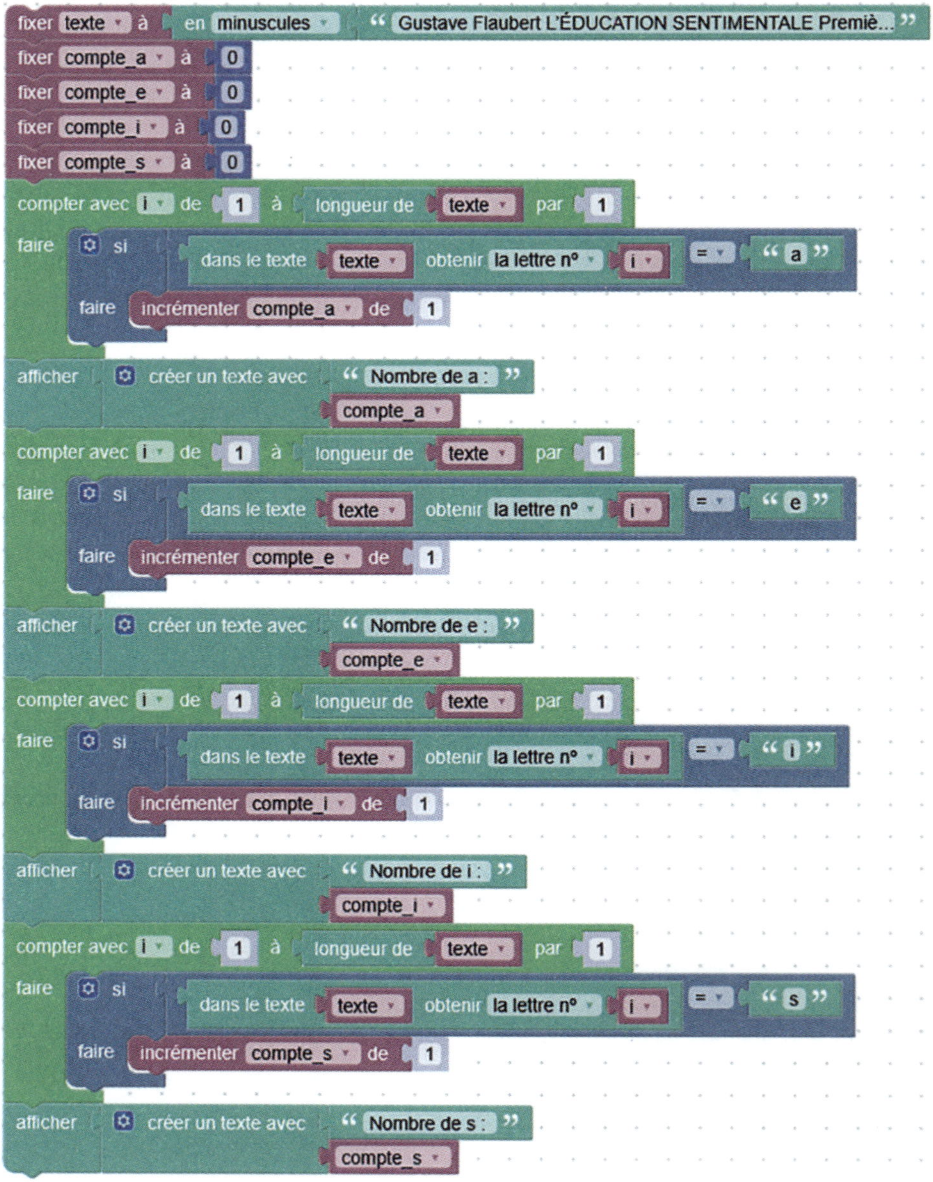

L'exécution de ce programme affiche les résultats suivants :

Nombre de a : 12423

Nombre de e : 20464

Nombre de i : 11209

Nombre de s : 11972

C'est bien la lettre « e » qui est la plus fréquente, en tous les cas sur cet échantillon de texte. En contemplant votre œuvre, vous vous posez cependant la question de savoir si vous ne pourriez pas optimiser votre programme, car même s'il fonctionne bien, vous trouvez que sa structure est très répétitive. Vous vous demandez même à quoi ressemblerait votre code si vous vouliez connaître la fréquence de chacune des 26 lettres de l'alphabet (et l'on ne parle même pas des lettres accentuées).

Encore une fois, ce programme remplit bien son rôle et affiche les résultats escomptés, mais il donne l'impression que l'on pourrait peut-être éviter toutes ces répétitions et rationnaliser le code. En effet, la seule chose qui change d'un programme de comptage à l'autre, c'est la lettre qui est comparée au caractère qui est lu séquentiellement dans le texte à analyser. À la limite, on aurait pu employer une deuxième boucle et une variable dans laquelle on aurait stocké les lettres à comparer, ce qui aurait évité ces répétitions, mais il existe une solution beaucoup plus élégante : l'emploi d'une fonction.

UNE FONCTION POUR OPTIMISER LE CODE

Avant d'analyser comment on écrit une fonction, commençons par voir la manière dont le programme précédent peut être codé de façon beaucoup plus concise :

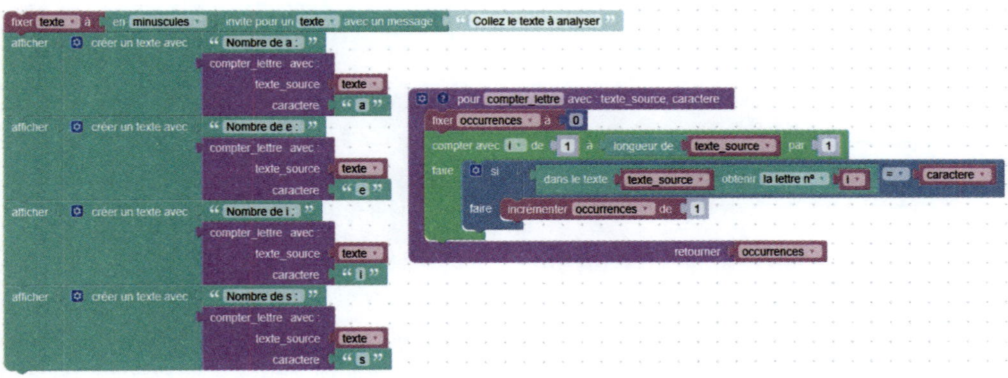

Ce programme est fonctionnellement équivalent au précédent et il affiche le nombre d'occurrences des lettres « a », « e », « i » et « s » dans un texte collé par l'utilisateur dans un champ de saisie. Avouez que ce code est plus court et surtout beaucoup plus lisible. Au lieu d'avoir quatre fois le même programme de comptage, on a quatre appels successifs à une fonction que nous avons nommée **compter_lettre** et dont la définition se trouve à droite du programme principal. Dans cette fonction, on retrouve les instructions de l'algorithme pour compter le nombre d'occurrences d'une lettre avec quelques détails supplémentaires : dans la définition de la fonction, il y a deux noms (**texte_source** et **caractere**) et il y a un bloc **retourner** qui termine la fonction.

On peut définir une **fonction** comme un programme qui traite des informations fournies par l'utilisateur. Quand le traitement des données est achevé, les informations transformées sont retournées à l'utilisateur et on dit alors que la fonction renvoie un **résultat**. Si vous avez l'habitude d'utiliser un tableur, vous employez sans doute des fonctions, et notamment la fonction SOMME(), qui renvoie la somme des cellules d'une plage. Le programme de la fonction a pour mission de faire la somme des valeurs contenues dans la plage de cellules et de renvoyer le résultat à l'utilisateur. Un **argument** est une donnée que l'utilisateur transmet à la fonction pour qu'elle puisse effectuer son traitement. Les termes **paramètre** et **argument** sont synonymes en informatique.

Il existe des fonctions sans argument (par exemple, la fonction PI() dans un tableur renvoie la valeur de pi), mais il y a aussi des fonctions qui n'ont qu'un seul argument, plusieurs arguments ou bien une liste variable d'arguments.

Pour nous résumer, une fonction est un programme auquel on fournit des données et qui renvoie une valeur à l'issue du traitement des données. Les valeurs que l'on fournit à la fonction se nomment paramètres ou arguments. Ainsi la fonction compter_lettre a deux paramètres : texte_source et lettre. Ces deux paramètres sont comme des variables et on dit que l'on passe des paramètres à la fonction. C'est le passage de paramètre à fonction qui permet d'optimiser le code car on a ainsi la possibilité de faire tous les calculs que l'on souhaite en n'employant qu'un seul et même programme. C'est en faisant varier les paramètres envoyés à la fonction que l'on peut obtenir des comptages différents (texte source différent et lettre à compter différente). En ce sens, les paramètres jouent le rôle d'une variable dans un programme en lui apportant de la flexibilité.

On définit les paramètres au moment où l'on déclare le nom de la fonction et on emploie les paramètres dans le corps de la fonction, comme s'il s'agissait de variables. La fonction compter_lettre définit deux paramètres, mais on peut n'en avoir qu'un, voire aucun, comme nous le verrons tout à l'heure, même si cela a moins d'intérêt.

La fonction possède un bloc **retourner** qui va permettre de renvoyer une valeur au programme qui a appelé la fonction et que nous appellerons programme principal. Le schéma est ainsi le suivant : un programme appelle une fonction avec des paramètres et récupère, quand la fonction est terminée, **une valeur de retour**. Par exemple, quand notre programme appelle la fonction compter_lettre avec un extrait de *L'Éducation sentimentale* (paramètre texte_source) et « e » (paramètre lettre), la valeur de retour de la fonction est 20464. La valeur de retour est par conséquent le résultat que renvoie (on dit aussi retourne) la fonction une fois qu'elle a réalisé son traitement des paramètres passés à la fonction.

Si vous aimez bricoler, vous pouvez vous représenter une fonction comme un tournevis porte-embout. Avec un tel outil, vous n'avez pas besoin d'une multitude de tournevis différents, mais il vous suffit d'avoir un seul tournevis équipé d'une collection d'embouts. Vous gagnez ainsi de la place dans votre caisse à outils et vous bénéficiez d'un outil polyvalent. Le tournevis porte-embout est la fonction et les différents embouts que vous pouvez fixer sur le tournevis sont les paramètres de la fonction.

ÉCRITURE D'UNE FONCTION

Voyons à présent comment rédiger une fonction. Comme vous l'imaginez, on utilise les blocs disponibles dans la catégorie Fonctions.

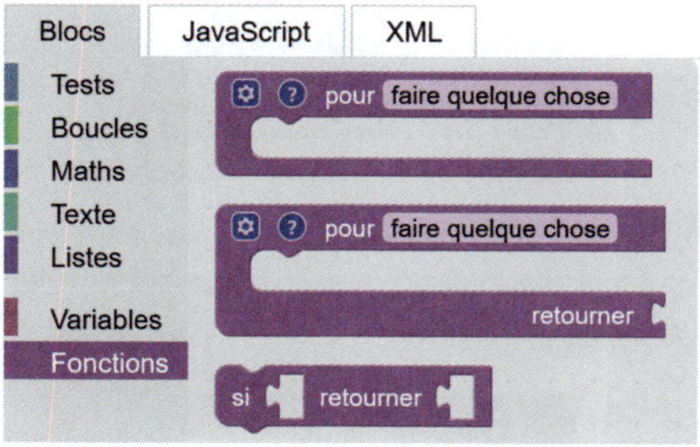

Pour écrire notre fonction, nous avons besoin d'un bloc **pour faire quelque chose retourner**. Une fois ce bloc déposé sur l'espace de travail, la première chose à faire consiste à nommer notre fonction car nous ne pouvons pas nous satisfaire du nom « faire quelque chose ». Comme pour les variables, le choix du nom d'une fonction est important et nous obéirons aux mêmes règles, notamment :

- nom significatif
- pas d'espace
- pas de minuscule accentuée

De plus, comme une fonction indique une action, on aura tendance à faire commencer le nom de la fonction par un verbe. Ainsi, dans notre exemple, comme la fonction réalise un comptage d'une lettre, nous avons choisi le nom **compter_lettre**, mais on aurait pu tout aussi bien choisir les noms compter_occurrences, ou encore compter_lettre_dans_texte. Une fois que l'on a choisi le nom de la fonction, il est possible d'ajouter une courte description à la fonction en cliquant sur l'icône représentant un point d'interrogation.

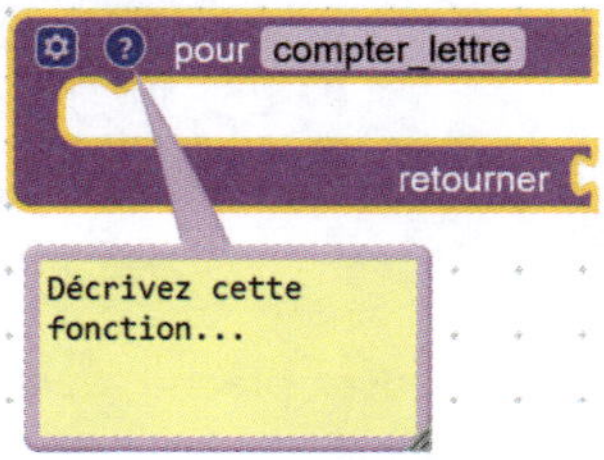

Cette pratique n'est pas obligatoire, mais elle est fortement recommandée, car elle permet d'expliquer le rôle de la fonction, même si son nom est censé être significatif. Pour décrire la fonction, il suffit de remplir la zone de commentaire puis de cliquer sur le point d'interrogation pour fermer la fenêtre de description. Il est inutile de faire de longs discours et il suffit d'expliquer de manière concise le rôle de la fonction.

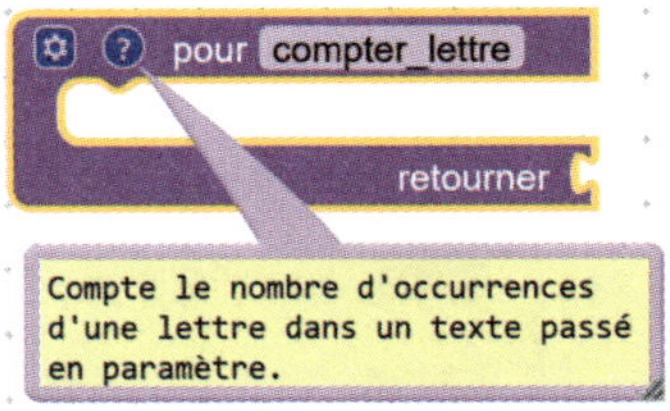

Quand vous avez terminé de rédiger la description, il est nécessaire de définir les paramètres de la fonction. Il faut d'abord indiquer leur nombre puis leur attribuer un nom. Pour ce faire, cliquez sur la roue crantée.

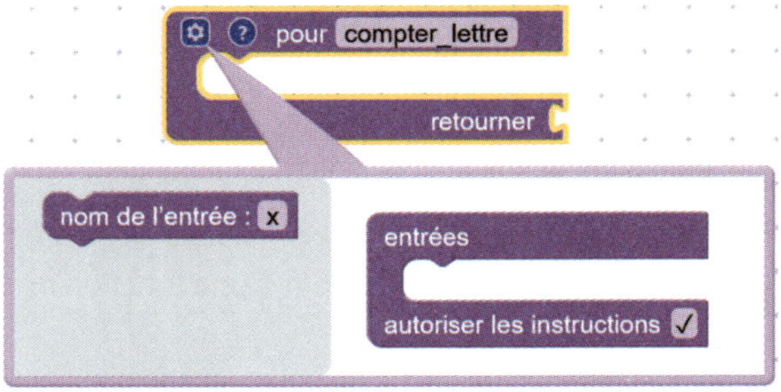

Dans Blockly, les paramètres sont désignés sous le terme « entrée ». Pour saisir des paramètres, il faut faire glisser le bloc **nom de l'entrée x** à droite entre les libellés **entrées** et **autoriser les instructions**. Nous reviendrons un peu plus tard sur l'option **autoriser les instructions**, mais dans le cas présent, vous devez laisser la case cochée.

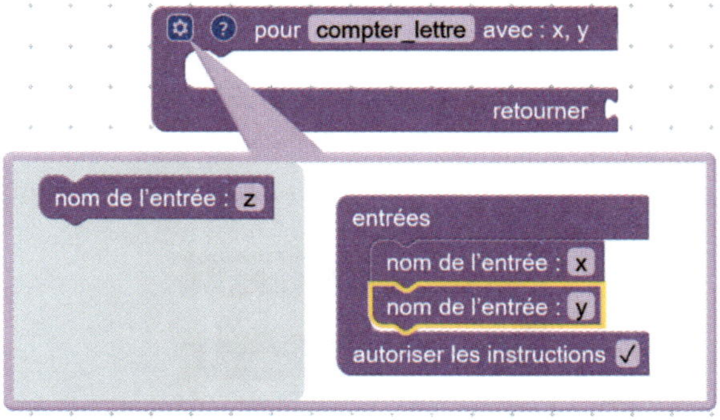

Comme nous l'avons déjà dit, vous pouvez préciser autant de paramètres que vous le souhaitez, mais dans la pratique, il est extrêmement rare de voir des fonctions ayant plus d'une dizaine de paramètres. Quand vous avez inséré le bon nombre de paramètres, il faut leur donner un nom. Les paramètres étant en fait des variables, les règles de nommage sont identiques.

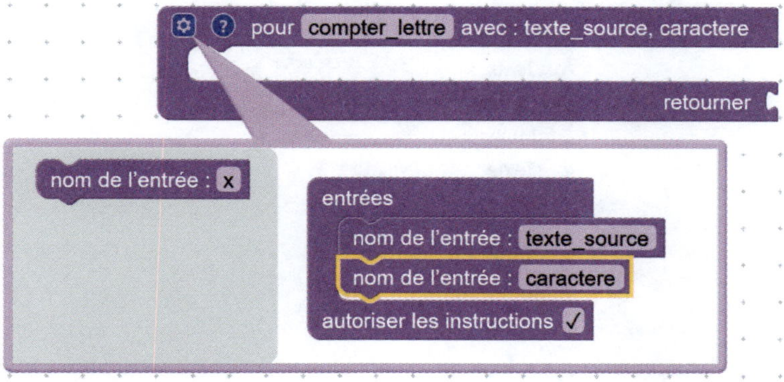

Pour modifier le nom d'un paramètre, il suffit de cliquer dans le champ où il y a un caractère « x » et de saisir le nouveau nom. Dans cet exemple, nous avons choisi les noms **texte_source** et **lettre**, pour représenter respectivement le texte dans lequel on effectue le comptage du nombre d'occurrences et la lettre que l'on veut compter. Toutes les autres suggestions sont valables, pourvu qu'elles soient significatives.

Quand les noms des paramètres sont définis, il ne reste plus qu'à écrire le code qui va réaliser la recherche des occurrences du deuxième paramètre de la fonction dans le texte indiqué par le premier paramètre. Vous pouvez reprendre quasiment à l'identique la première version du programme qui assurait le comptage des occurrences, mais il faut bien faire attention à utiliser les bons noms de variables.

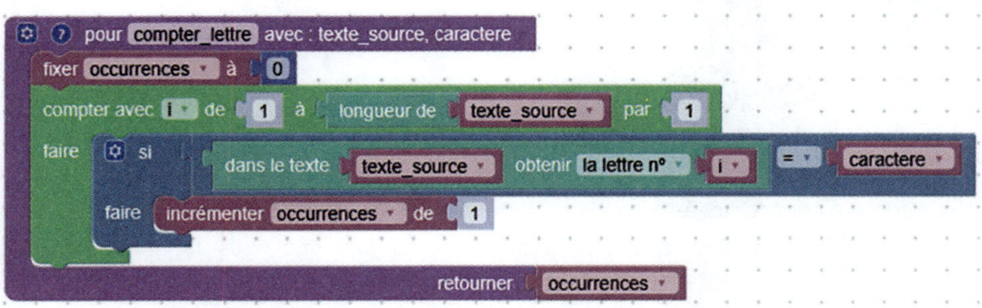

Dans cet exemple, le résultat du comptage du nombre d'occurrences est stocké dans une variable nommée **occurrences** et c'est bien entendu cette variable que nous désignerons dans le bloc **retourner** de la fonction. Quand la rédaction du code de la fonction est achevée, vous pouvez utiliser la fonction dans vos programmes et le nouveau bloc défini apparaît dans la catégorie Fonctions.

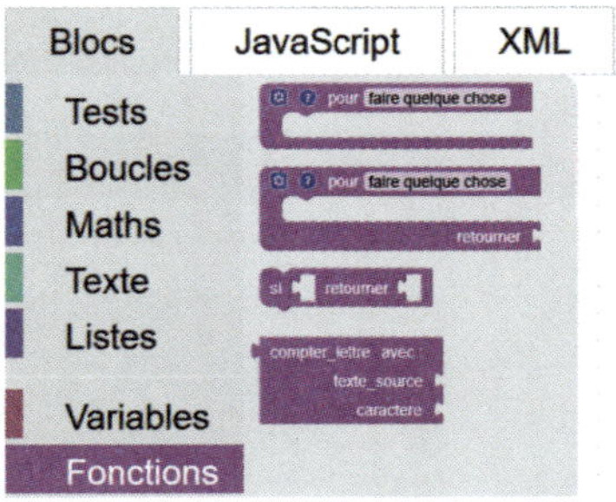

Le bloc **compter_lettre** a la couleur des blocs des fonctions et il contient deux emplacements pour saisir les valeurs des deux paramètres. Pour utiliser la fonction, il faut donc aller chercher le bloc dans la catégorie Fonctions, puis saisir les valeurs des deux paramètres en insérant pour le premier une variable (**texte**), pour le second une valeur littérale (« **a** »).

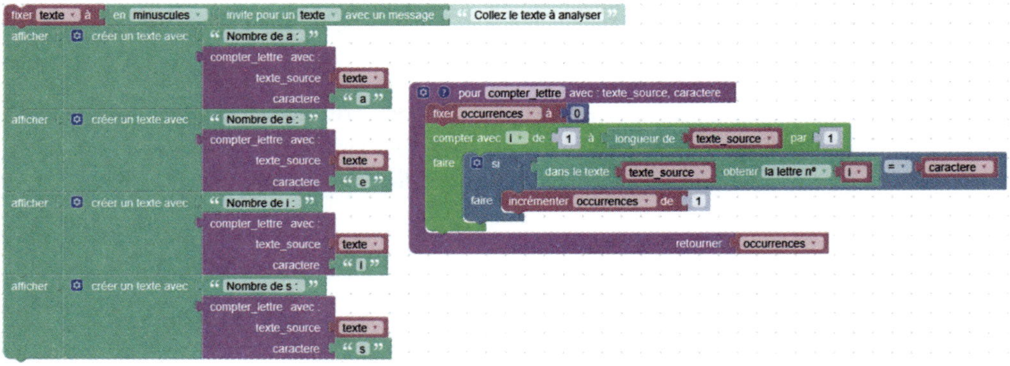

Les positions sur l'espace de travail du programme principal et du code de la fonction n'ont aucune importance et le code de la fonction peut être à gauche, à droite, en dessous ou au-dessus du programme principal. Avec les fonctions, vous gagnez sur tous les tableaux :

- vous évitez les répétitions inutiles
- votre programme est plus modulaire
- votre programme est plus lisible
- vous allez pouvoir réutiliser plus facilement votre code
- vous facilitez la maintenance de votre code
- vous programmez comme les professionnels
- vous facilitez la répartition de la programmation entre plusieurs développeurs

FONCTIONS SANS VALEUR DE RETOUR

Lorsque l'on ouvre la catégorie **Fonctions**, on constate qu'il y a deux blocs **pour faire quelque chose**, la seule différence étant l'absence de la mention **retourner** dans le premier bloc. Si vous lisez le texte des info-bulles de chaque bloc, vous verrez que le premier indique « Crée une fonction sans valeur de retour » alors que le second mentionne « Crée une fonction avec une valeur de retour ». En cela, la fonction obéit aux trois phrases de tout programme que nous avons énoncées au début de l'ouvrage : acquisition, traitement, restitution. Dans le cas d'une fonction, on pourrait écrire : passage des paramètres, traitement, restitution de la sortie (valeur de retour), ce qui se traduirait en anglais par *input, processing, output*. Mais à quoi peut bien servir une fonction sans valeur de retour ? Les cas où de telles fonctions sont utiles sont effectivement rares, mais ils existent quand même. Imaginons qu'à plusieurs endroits d'un programme, par exemple au début, au milieu et à la fin, vous souhaitiez afficher un message d'avertissement qui comporte plusieurs boîtes de dialogue successives. Si la succession de ces boîtes de dialogue s'affiche trois fois dans le programme, il est plus simple de créer une fonction et d'appeler trois fois la fonction au sein du programme principal. Vous noterez que dans de nombreux langages de programmation, on appelle procédure une fonction qui n'a pas de valeur de retour.

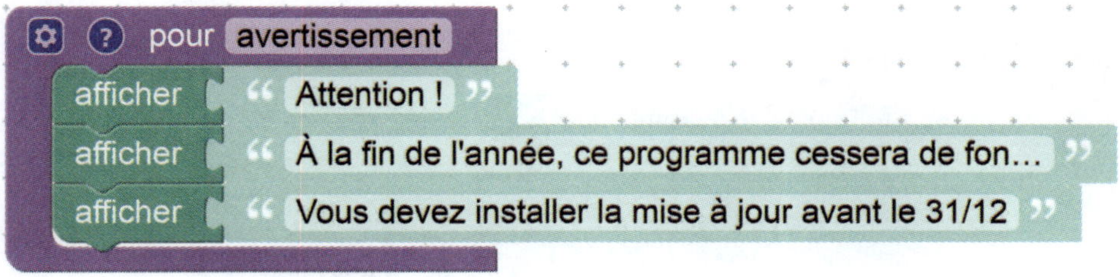

Cette fonction nommée **avertissement** se contente d'afficher trois boîtes de dialogue à la suite pour attirer l'attention de l'utilisateur sur le fait qu'il va falloir qu'il mette à jour la version actuelle de son programme, qui cessera de fonctionner à la fin de l'année. Si l'on souhaite afficher plusieurs fois cette mise en garde au sein d'un programme, il est alors plus sensé d'écrire une fonction et d'appeler cette fonction dans le programme chaque fois que l'on veut afficher l'avertissement. Comme pour les fonctions ayant une valeur de retour, la fonction est disponible dans la catégorie **Fonctions**, mais sa forme est légèrement différente puisqu'elle ne retourne aucune information (il n'y a pas la possibilité de raccrocher la fonction à un autre bloc).

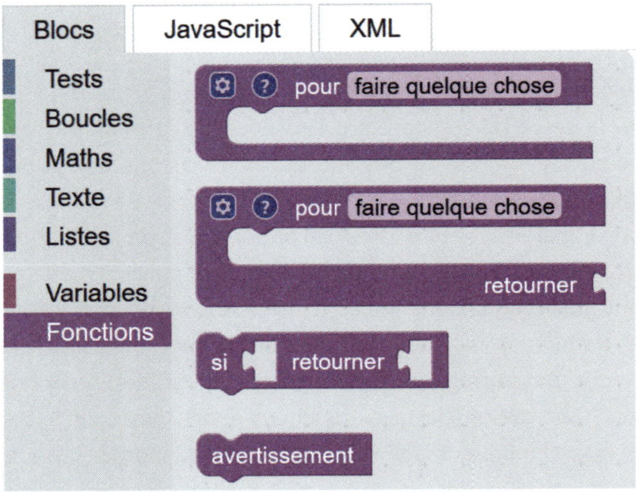

Cette fonction qui ne comporte pas de valeur de retour n'a pas non plus de paramètres, mais il est possible de concevoir des fonctions sans valeur de retour avec des paramètres. Le programme suivant reprend l'exemple de notre fonction d'avertissement, mais ajoute un paramètre **prenom** afin de personnaliser l'affichage dans la première boîte de dialogue.

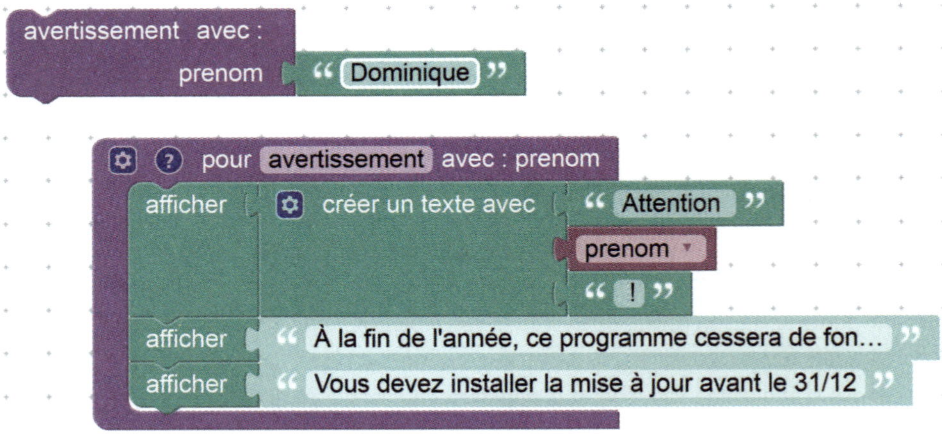

FONCTION SANS INSTRUCTION

Vous avez sans doute constaté que le bloc **pour faire quelque chose retourner** comporte une case à cocher **autoriser les instructions**, qui est cochée par défaut. Si l'on modifie cette option (accessible quand on clique sur la roue crantée), le bloc se rétrécit et ne laisse plus la possibilité d'insérer des instructions. La seule chose qu'il soit possible de faire, c'est d'accrocher un bloc à droite de la mention **retourner**.

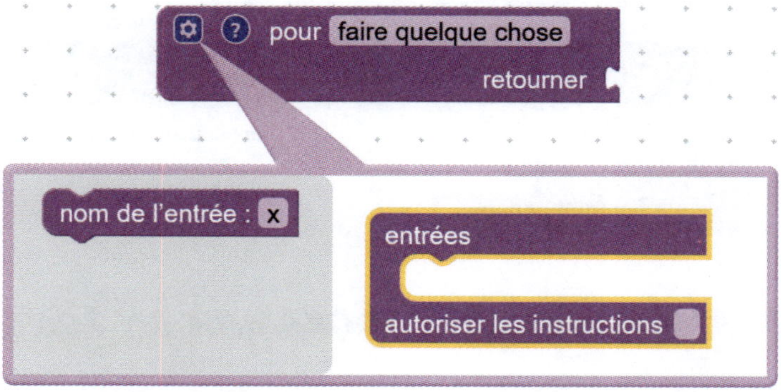

Vous vous posez sans doute la question de savoir à quoi cela sert d'écrire une fonction si l'on n'a pas le droit d'utiliser des instructions. En fait, il existe de nombreuses fonctions qui ne nécessitent aucune instruction car on se contente de renvoyer une formule de calcul. Les fonctions de conversion sont un exemple classique de ce genre de fonctions. Si vous voulez convertir des degrés Celsius en degrés Fahrenheit, il suffit d'appliquer une simple formule de calcul qui ne nécessite aucune instruction particulière. Une des formules de conversion est égale à : (température en Celsius × 1.8) + 32. Vous n'avez pas besoin d'instruction pour coder cette formule et vous pouvez décocher la case **autoriser les instructions** si vous voulez coder une telle fonction. L'exemple suivant crée une fonction **temperature_C_vers_F** qui convertit les degrés Celsius en degrés Fahrenheit.

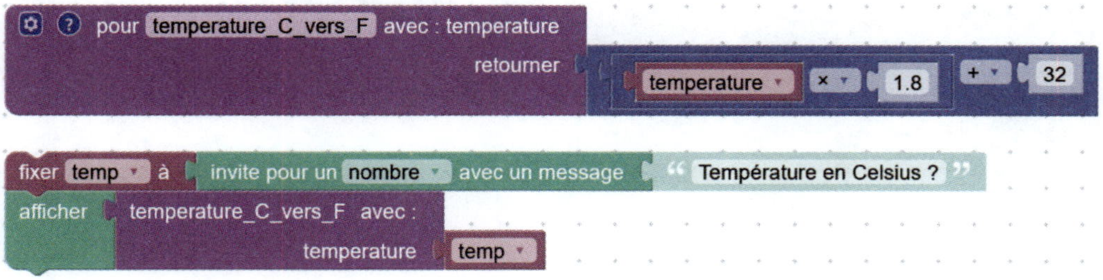

Vous noterez que le nom de la fonction est censé indiquer le sens de la conversion (de Celsius vers Fahrenheit), mais vous pouvez également écrire une description de la fonction si vous voulez être encore plus explicite. Si vous laissez cochée la case **autoriser les instructions** et n'inscrivez aucune instruction, votre programme fonctionnera de la même manière, ce qui signifie que cette option n'a pas grand intérêt…

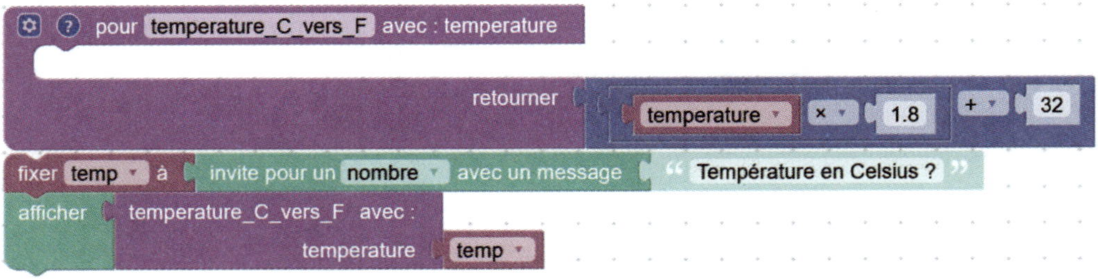

TRANSFORMATION D'UN PROGRAMME EN FONCTION

Tout programme peut être transformé en fonction et dès qu'une partie du code que vous écrivez est dupliquée, vous aurez intérêt à en faire une fonction. Bien entendu, ce principe a des limites et dans la pratique vous écrirez des fonctions pour traiter des problèmes récurrents, soit au sein d'un même programme, soit parce que ce problème revient souvent dans les programmes que vous écrivez. On ne vous en voudra donc pas si vous n'écrivez pas de fonction alors qu'une portion de code n'est dupliquée qu'une seule fois.

Nous allons prendre un cas concret de transformation d'un code que nous avons déjà écrit en une fonction. Vous vous souvenez sans doute du code que nous avons employé pour inverser les lettres d'une chaîne de caractères.

Si vous avez souvent à inverser le contenu d'une chaîne, il est donc profitable d'écrire une fonction pour réaliser cette tâche.

Pour créer une fonction, il faut déjà lui choisir un nom et nous proposons **inverser_chaine**. Il faut ensuite identifier le ou les paramètres. A priori, il n'y a qu'un seul paramètre à transmettre à la fonction qui est le contenu de la chaîne à inverser (variable **mot** dans le programme ci-dessus). Si vous avez du mal à identifier le paramètre de la fonction, il s'agit souvent de la variable qui est saisie par l'utilisateur à l'aide du bloc **invite pour un texte** ou **invite pour un nombre**. Quand le ou les paramètres sont identifiés, il faut leur attribuer un nom. Ensuite, on peut déplacer le code du programme dans la fonction et changer les noms des variables en les remplaçant par le nom des paramètres que l'on a définis.

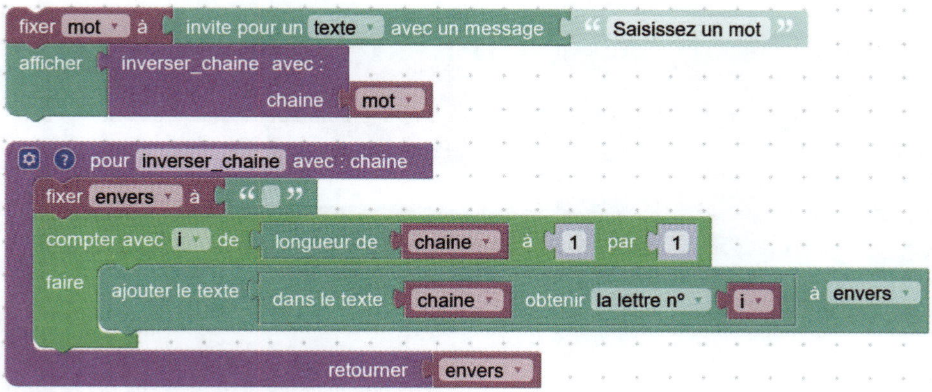

Dans cet exemple, on a identifié la variable **mot** comme étant le futur paramètre de la fonction. Dans la définition de la fonction, on a décidé de nommer ce paramètre **chaine**. On a ensuite collé dans la fonction les instructions du traitement de la chaîne de caractères (l'initialisation de la variable **envers** et la boucle d'inversion de la chaîne), puis on a remplacé toutes les occurrences de l'emploi de la variable **mot** par le paramètre **chaine**. Pour terminer la fonction, on a spécifié la valeur de retour qui est la variable **envers**.

Quand il y a de nombreux paramètres, la transformation d'un programme en une fonction peut se révéler plus complexe, mais le principe reste identique.

PROBLÈME DU NOM DES PARAMÈTRES DANS LES FONCTIONS

Les fonctions sont une technique extrêmement utile en programmation, mais nous souhaitons attirer votre attention sur un problème que l'on ne rencontre pas en général dans les autres langages, mais qui est bien présent en Blockly. Ce problème a trait au nom des paramètres dans les fonctions et au conflit qu'il peut y avoir avec les noms des variables dans le programme principal, c'est-à-dire le programme qui appelle les fonctions. Le programme suivant constitue un bon exemple de ce problème :

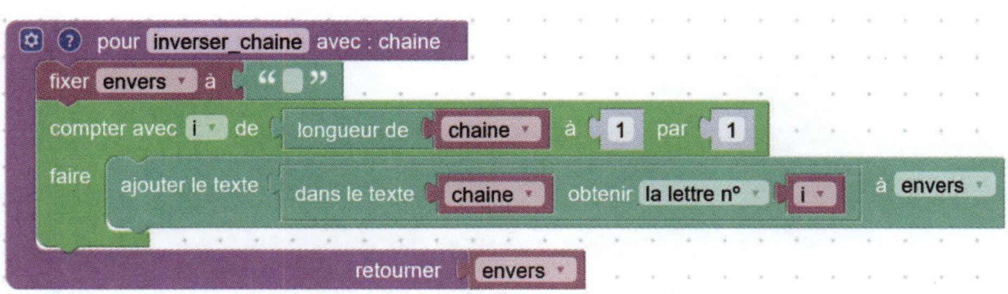

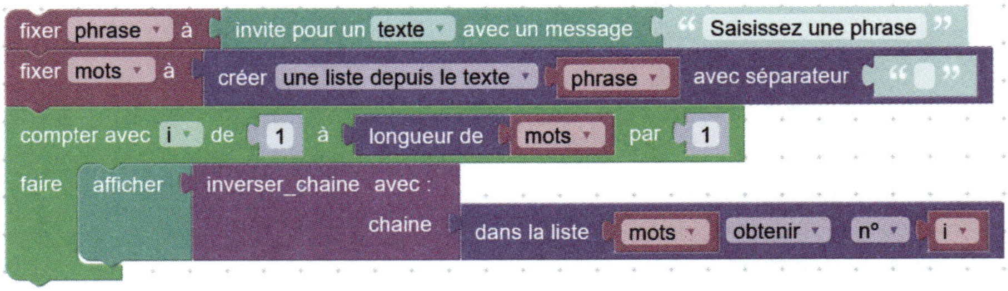

Dans ce programme, nous avons déclaré une fonction **inverser_chaine** et nous nous servons de cette fonction pour inverser tous les mots d'une liste. La liste de mots est créée à partir d'une phrase saisie par l'utilisateur et le bloc **créer une liste depuis le texte** extrait tous les mots de la phrase en utilisant comme séparateur l'espace. Ensuite, une boucle **compter avec i** permet de parcourir les éléments de la liste et d'inverser les caractères de chaque mot de la liste.

A priori, ce programme a l'air bien conçu, mais nous vous déconseillons cependant de l'exécuter car vous risquez de rentrer dans une boucle infinie… En effet, le problème vient du fait que le programme principal et la fonction utilisent tous les deux la variable **i** à l'intérieur de leur boucle respective, ce qui crée un conflit. Lorsque le programme principal rentre dans sa boucle, **i** vaut 1 car on traite le premier élément de la liste. Puis on invoque la fonction **inverser_chaine** qui elle-même utilise la variable **i** pour parcourir le mot à inverser. Si le premier élément de la liste **mots** a, par exemple, une longueur de 8 caractères, la variable **i** vaudra 9 à la sortie de la boucle de la fonction et retournera à la boucle du programme principal où la variable **i** va à nouveau être incrémentée. Ainsi, la variable **i** dans le programme principal passera de la valeur 1 à la valeur 10, au lieu d'avoir la valeur 2. Si la liste des mots de la phrase compte moins de 10 éléments, le programme sera perdu et vous risquez fort de devoir relancer votre navigateur…

Fort heureusement, la solution à ce problème est très simple : il suffit de s'assurer que les noms des variables et des paramètres sont tous différents entre le programme principal et la fonction. Ainsi le programme suivant règle le problème en utilisant une variable nommée **j** comme compteur de boucle dans la boucle de la fonction.

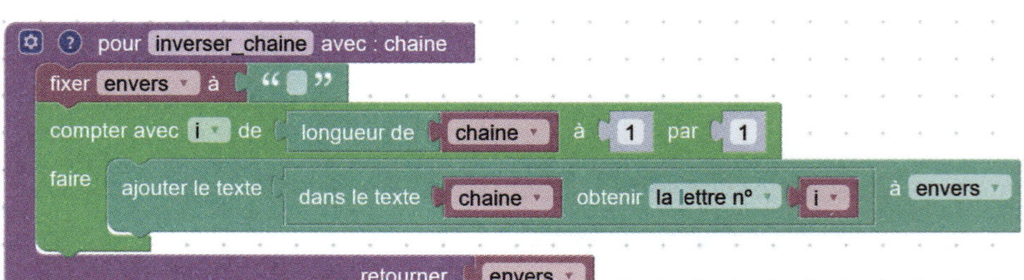

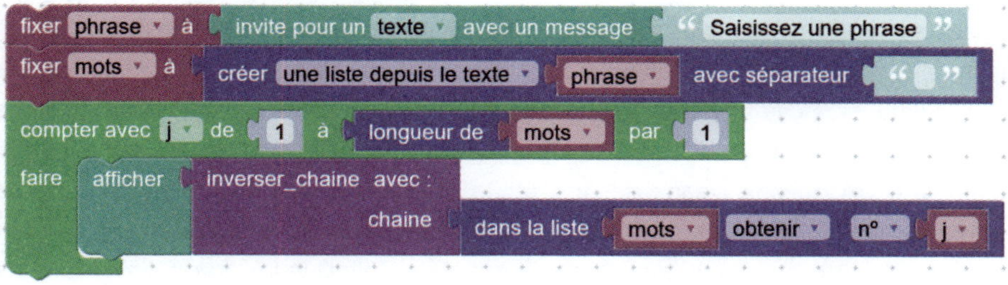

Afin d'éviter les conflits de noms, il est également préférable d'employer des noms de paramètres dans les fonctions qui soient différents des noms des variables utilisées pour appeler la fonction. Dans l'exemple suivant, nous appelons **mot** la variable qui est transmise en tant que paramètre à la fonction **inverser_chaine**, mais le paramètre dans la fonction se nomme **chaine**. Ces deux variables représentent bien la même information, mais en employant deux noms différents, nous évitons tout conflit qui, dans certains cas, peut poser des problèmes.

Il est donc extrêmement important de bien veiller au nom de tous les paramètres et de toutes les variables dans vos différents programmes, et cette précaution devient impérieuse si vous utilisez une bibliothèque de fonctions.

CRÉATION D'UNE BIBLIOTHÈQUE DE FONCTIONS

Dès qu'un programme atteint une taille importante, il est préférable de créer des fonctions ou des procédures pour le décomposer, car il est rare que des portions de code ne soient pas dupliquées. De plus, les programmeurs professionnels rencontrent souvent des problèmes de même nature et comme ils n'aiment pas réinventer la roue, ils écrivent des fonctions prêtes à l'emploi qu'ils réutilisent dans leurs programmes. Cela leur fait gagner beaucoup de temps et favorise la concision et la lisibilité de leurs programmes.

Il y a également une pratique courante en informatique qui consiste à publier un recueil de fonctions qui ont trait à un domaine particulier. Imaginons qu'un développeur ait souvent à écrire des programmes qui traitent des images. Ce programmeur, au fil de ses développements, va se forger sa propre boîte à outils qui sera constituée de fonctions pour traiter des images (agrandir une image, réduire une image, compresser une image, convertir une image en niveaux de gris, etc.). Comme il y a souvent un grand esprit de partage dans la communauté informatique, il n'est pas rare que le programmeur publie le code source de sa bibliothèque de fonctions afin que les autres développeurs puissent en profiter, et éventuellement l'améliorer. Il existe ainsi sur Internet des milliers de bibliothèques de fonctions qui couvrent différents domaines et différents langages de programmation.

C'est la raison pour laquelle, si vous vous mettez à utiliser intensivement Blockly, vous pouvez vous-même créer une bibliothèque de fonctions. Cela n'est pas compliqué et il suffit, chaque fois que vous écrivez du code dont vous avez le sentiment qu'il pourra être réutilisé, de l'intégrer dans votre bibliothèque de fonctions. Ainsi, quand vous écrirez un nouveau programme, vous chargerez votre bibliothèque de fonctions et vous développerez votre code à partir de cette bibliothèque. Voici un exemple (modeste) d'une bibliothèque de fonctions qui rassemble quelques fonctions.

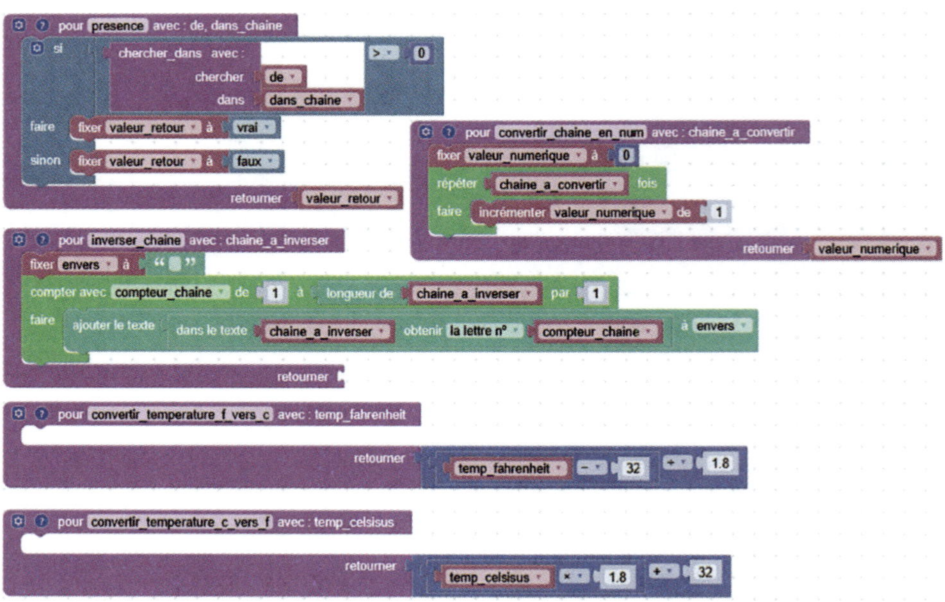

Outre la fonction **inverser_chaine** que nous avons déjà décrite, vous pouvez constater la présence dans cette bibliothèque de la fonction **convertir_chaine_en_num**. La 3e semaine, quand nous avons étudié les variables, nous avons attiré votre attention sur le problème des erreurs de type (dans la section « On n'additionne pas des choux avec des carottes ») où l'on mélange, par exemple, l'utilisation d'une variable de type numérique

OÙ FAUT-IL PLACER LES FONCTIONS DANS SON CODE ?

Dans de nombreux langages de programmation, les bibliothèques de fonctions sont des fichiers à part qui contiennent le code des fonctions ; le programmeur qui les utilise se contente de faire une référence, en général au début du code, au nom du fichier de la bibliothèque afin de pouvoir employer ces fonctions dans son programme. En Blockly, cette pratique n'est malheureusement pas possible et vous devez intégrer le code des fonctions que vous utilisez sur l'espace de travail de Blockly, raison pour laquelle il faut construire son programme à partir de la bibliothèque de fonctions puisque l'on ne peut pas copier et coller du code entre deux programmes Blockly ouverts dans des fenêtres de navigateur différentes. Il faut cependant noter que vous pouvez placer n'importe où sur l'espace de travail le code des fonctions que vous employez dans votre programme : en haut, en bas, à gauche ou à droite, voire au milieu. Certains programmeurs préfèrent les disposer à droite alors que d'autres les relèguent tout en bas du code, et vous pouvez donc faire selon votre goût.

avec une variable caractère. On rencontre cette difficulté dans Blockly car il manque notamment une fonction de conversion de type caractère en type numérique. Prenons un exemple pour illustrer cette difficulté : nous avons plusieurs fois travaillé avec le numéro INSEE, qui représente une donnée de type caractère puisque l'on ne réalise pas de calcul avec les chiffres qui composent le numéro. Quand on extrait une donnée du numéro INSEE, qu'il s'agisse du genre, du mois de naissance, de l'année de naissance ou bien du département de naissance, cette donnée est composée de chiffres, mais elle est considérée par Blockly comme des caractères et il est par conséquent impossible de la convertir en un nombre pour l'intégrer dans un calcul. Illustrons ce problème par un autre exemple : imaginons que l'on souhaite faire le produit (la multiplication) des chiffres qui composent un nombre. Dans le cas où l'utilisateur saisit le nombre 456, on souhaite effectuer l'opération suivante : 4 × 5 × 6 (ce qui produit 120 comme résultat). Pour traiter ce problème, le plus simple est de demander à l'utilisateur de saisir un texte et de balayer la chaîne caractère par caractère, comme nous savons le faire. Le problème est que lorsque l'on souhaite multiplier un caractère par un autre caractère, même si ce caractère représente un chiffre, cela est impossible. Le programme ci-dessous illustre cette impossibilité : on ne peut pas multiplier un nombre par un caractère, quand bien même ce serait un chiffre. Blockly refuse en effet d'insérer le bloc **dans le texte nombre saisi obtenir la lettre # i** dans le bloc **produit_chiffres ×**.

TOUJOURS PENSER À CRÉER DES VARIABLES AYANT DES NOMS DIFFÉRENTS

Comme nous l'avons déjà dit, il est capital que toutes les fonctions de votre bibliothèque emploient des noms de variables différents. Il faudra de plus éviter qu'il y ait un conflit de noms entre les variables de votre bibliothèque de fonctions et le programme principal qui utilisera la bibliothèque.

Pour régler ce problème, la solution consiste à créer une fonction qui convertisse en numérique un caractère représentant un chiffre ou un nombre. C'est le rôle de la fonction **convertir_chaine_en_num** que nous avons développée et que l'on peut utiliser dans cette nouvelle version du programme :

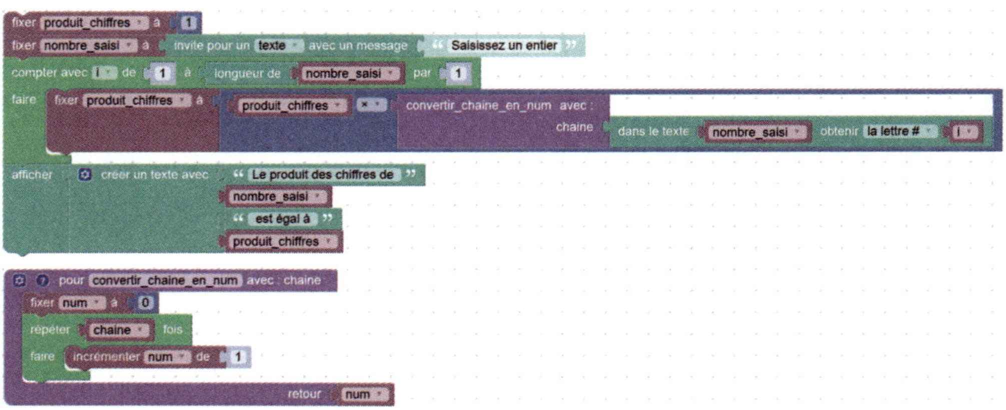

Ce type de fonction a bien sûr vocation à figurer dans votre bibliothèque de fonctions qui va vous permettre de coder plus efficacement, comme un professionnel. Dans les compléments électroniques de ce livre, vous trouverez une bibliothèque de fonctions que nous vous encourageons à faire fructifier au fil de vos développements. Chaque fois que vous avez codé une fonction que vous jugez intéressante, intégrez-la dans votre bibliothèque de fonctions.

POUR S'ENTRAÎNER

1/ Écrivez une fonction qui renvoie le double de la valeur numérique passée en paramètre. Écrivez ensuite un programme qui emploie cette fonction (typiquement on demande à l'utilisateur de saisir un nombre et le programme affiche le double du nombre saisi).

2/ En cherchant sur Internet l'algorithme de conversion, écrivez une fonction qui convertisse en degrés Celsius une température exprimée en degrés Fahrenheit. Écrivez ensuite un programme qui emploie cette fonction.

3/ Écrivez une fonction qui permet de savoir si une année est bissextile.

4/ En utilisant la fonction **convertir_chaine_en_num** que nous avons développée, écrivez un programme qui réalise la somme des chiffres composant un nombre saisi par l'utilisateur. Par exemple, si l'utilisateur saisit le nombre 12345, le programme doit afficher la valeur 15 (1 + 2 + 3 + 4 + 5).

5/ En cherchant sur Internet, regardez à quoi ressemble une table ASCII. Écrivez ensuite une fonction qui renvoie le code ASCII d'un caractère alphabétique (de « a » à « z » et de « A » à « Z ») passé en paramètre. Écrivez ensuite un programme qui emploie cette fonction. Par exemple, si l'utilisateur saisit un « A », la fonction doit renvoyer la valeur 65.

BIEN PROGRAMMER

SEMAINE 8

Nous ne pensons pas, comme Pierre Lévy a pu l'écrire[1], que la programmation ait des vertus artistiques, mais il est indéniable que l'écriture d'un programme peut révéler le style de son auteur. Comme nous l'avons déjà dit, il est rare qu'il n'y ait qu'un seul moyen pour résoudre un problème informatique et quand on examine plusieurs programmes résolvant la même question, on est obligé de constater que certaines solutions sont plus élégantes que d'autres, plus intelligentes, ou plus efficaces. Sans parler d'esthétisme, il y a effectivement des différences entre des programmes ayant les mêmes fonctionnalités et un codeur peut donc plus ou moins bien programmer.

Dans ce chapitre, nous allons essentiellement prodiguer des conseils pour tenter de vous inculquer quelques règles de base du bien programmer, tout en sachant pertinemment que les donneurs de leçons n'ont pas bonne presse et que les bons conseils sont rarement suivis… En effet, il est assez rare que les conseils de prudence que l'on prodigue aux débutants en informatique soient appliqués. Ainsi, les exhortations à faire des sauvegardes régulières de ses données ne produisent en général leur effet que lorsque l'utilisateur a subi un sinistre et qu'il s'aperçoit, bien malgré lui, qu'un disque dur est somme toute un dispositif mécanique assez fragile… Cette manière d'apprendre par l'erreur n'est pas mauvaise en soi, mais ses conséquences peuvent être cependant dramatiques quand on a perdu des données numériques irremplaçables.

Malgré tout ce que nous venons de dire, nous allons quand même persister dans notre volonté de vous inculquer quelques règles en usage chez les informaticiens. Vous vous demandez sans doute pourquoi vous devriez adopter des réflexes professionnels alors que vous apprenez à programmer pour votre culture ou tout simplement pour vous divertir. La raison est assez simple : programmer n'est pas si compliqué que cela, mais la recherche des erreurs dans votre code peut devenir un vrai cauchemar si vous n'avez pas suivi certaines règles. Si vous passez plus de temps à traquer vos erreurs qu'à programmer, vous allez vite trouver cela frustrant et vous allez vous dégoûter. Alors tant qu'à faire des efforts d'apprentissage, allez jusqu'au bout et adoptez de bonnes habitudes, sinon vous risquez de vous décourager. En ce sens, la programmation est assez binaire : soit vous faites l'effort de bien programmer, soit il vaut mieux renoncer à cette activité. Encore une fois, nous avons bien conscience, dans le cadre de cet ouvrage, que nous ne nous adressons pas à des codeurs professionnels si bien que notre niveau d'exigence sera bien inférieur. Vous n'allez pas commercialiser les programmes que vous allez écrire et vos utilisateurs éventuels ne pourront pas exiger de vous un support technique de qualité professionnelle. Cela étant, si vous voulez programmer, il est quand même souhaitable que vos programmes fonctionnent et, dans ces conditions, il va donc falloir vous plier à certaines règles.

[1] *De la programmation considérée comme un des beaux-arts*, La Découverte, 1992

RÉFLÉCHIR AVANT DE CODER

On dit souvent qu'il vaut mieux réfléchir avant d'agir et ce conseil vaut aussi pour la programmation, car le principal reproche que l'on peut faire aux débutants est qu'ils ont une fâcheuse tendance à se jeter sur leur clavier dès qu'on leur soumet un problème informatique. Ils pensent sans doute qu'ils vont ainsi gagner du temps, mais c'est un leurre et tout le temps qui n'aura pas été investi dans la phase préparatoire à la programmation sera perdu (et parfois dans des proportions que vous n'imaginez même pas) quand il faudra chercher les erreurs du programme ou bien recommencer à zéro si l'on s'est engagé sur une mauvaise voie. Commencer à programmer sans avoir réfléchi au préalable s'apparente à construire une maison sans en avoir fait les plans. Cette attitude parfaitement déraisonnable est pourtant largement majoritaire chez les apprentis programmeurs…

QUESTIONNEMENT PRÉALABLE

Quand on vous soumet un problème informatique ou quand vous-même vous avez l'idée d'un programme, votre premier réflexe devrait être d'éteindre votre ordinateur et de vous munir d'une feuille de papier et d'un stylo pour répondre aux questions suivantes :

- **Ce programme est-il réalisable ?**

Cette question est difficile pour un débutant, mais après avoir lu les deux tiers de cet ouvrage, vous avez quand même une idée de ce qu'il est possible de faire ou de ne pas faire avec Blockly. Par exemple, vous savez qu'il est impossible de lire ou d'écrire dans un fichier avec Blockly, ce qui peut limiter considérablement les fonctionnalités de votre programme. De la même manière, il n'y a aucune instruction en Blockly pour traiter les dates et il paraît donc difficile de vouloir écrire un programme de gestion de planning où l'on manipule des dates. Même s'il est en théorie possible d'écrire une bibliothèque de fonctions permettant de gérer des données de type date, cela n'est pas à la portée du premier venu et il faut donc prendre cette limite en compte.

Il y a donc très clairement des programmes qui sont trop ambitieux pour être écrits en Blockly et si vous souhaitez, par exemple, créer un programme de traduction automatique ou bien un programme de reconnaissance optique de caractères, il faudra vous tourner vers un autre langage de programmation.

- **Suis-je capable de réaliser ce programme ?**

Cette question n'est pas évidente non plus car il faut trouver un juste milieu entre l'excès d'optimisme et la sous-estimation de ses capacités. Si vous avez saisi tous les exemples de code de cet ouvrage pour les tester, puis les modifier, vous avez déjà acquis une certaine expérience de la programmation et vous pouvez envisager des programmes de difficulté moyenne. Si en outre vous avez réalisé la totalité des exercices pratiques et trouvé les solutions aux problèmes qui sont posés, vous pouvez avoir confiance en vous et concevoir un projet relativement ambitieux.

Quoi qu'il en soit, il est toujours plus prudent de commencer par un projet de taille réduite plutôt que par un projet pharaonique. En effet, dans le premier cas, vous risquez d'être surpris par la facilité avec laquelle vous avez réalisé la tâche, ce qui vous donnera confiance pour la suite. Dans le deuxième cas, vous risquez de ne pas arriver au bout et la frustration risque de vous dégoûter à tout jamais de la programmation.

Il est souvent plus simple de procéder par étapes. Prenons l'exemple du développement d'un jeu : vous pouvez dans un premier temps écrire une ébauche qui permet de jouer à une version minimaliste du jeu. Quand cette version fonctionne, vous pouvez envisager d'inclure quelques options dans le jeu (nombre de joueurs programmable, difficulté du jeu programmable, etc.). Quand la version améliorée fonctionne, vous pouvez renforcer la sécurité du programme en contrôlant notamment la saisie des utilisateurs.

Quand on programme, on est rarement tout seul et il n'est pas anormal de solliciter ses amis, ses collègues ou bien les communautés de développeurs en ligne, mais il est quand même préférable pour sa satisfaction personnelle de réaliser la majeure partie du programme tout seul. En effet, si vous avez eu l'idée d'un programme, mais que vous l'avez fait écrire par quelqu'un d'autre, vos compétences en programmation n'auront pas beaucoup progressé.

- **En combien de temps suis-je capable de réaliser ce programme ?**

Il s'agit encore d'une question difficile à laquelle vous n'allez sans doute pas pouvoir répondre de manière très précise. Il faut néanmoins que vous estimiez au démarrage de votre projet le temps que vous comptez mettre pour écrire le programme que vous souhaitez réaliser. Il faudra ensuite confronter votre estimation à la réalité du temps que vous avez mis pour coder votre programme. Pour ce faire, il faudra bien entendu que vous comptabilisiez le temps passé à votre projet. Vous ne serez pas obligé de faire cette comptabilité pour chaque projet, mais cela vous permettra de vous rendre compte que l'on met toujours plus de temps que ce qui était prévu à écrire un programme...

Bien entendu, comme le développement d'applications n'est pas pour vous une activité professionnelle, vous ne comptez pas vos heures, mais il est toujours intéressant, quand on se lance dans un projet, d'avoir une estimation du temps que l'on va mettre pour le mener à bien. Au fur et à mesure que votre expérience en programmation augmentera, vos estimations deviendront de plus en plus précises.

Vous noterez enfin que comme vous n'êtes pas censé être un développeur professionnel, vous n'avez pas à vous poser de questions relatives notamment à la rentabilité de votre projet, ou bien encore à l'existence d'un programme ayant les mêmes fonctionnalités que celui que vous voulez écrire. Il est en effet parfaitement normal, quand on apprend à programmer, de vouloir commencer par reproduire des programmes qui existent déjà. L'objectif est alors essentiellement pédagogique et on a en plus la satisfaction d'avoir écrit soi-même quelque chose, motivation qui est extrêmement importante quand on débute la programmation.

ANALYSE D'UN PROBLÈME INFORMATIQUE

Quand on a répondu aux questions énoncées plus haut, on peut commencer à réfléchir à la manière dont on va résoudre le problème posé, mais encore une fois, cette phase, que l'on appelle analyse, doit se dérouler sans l'usage d'un ordinateur. Cette défiance vis-à-vis des machines peut sembler étonnante quand il s'agit de programmation, mais nous pouvons vous assurer que c'est assis devant une feuille de papier que l'on pense le mieux les problèmes informatiques.

Il existe de nombreuses méthodes professionnelles[2] pour analyser et concevoir un logiciel, mais notre but n'est pas ici de faire une synthèse de ces différentes méthodes, dont certaines sont d'ailleurs très

[2] fr.wikipedia.org/wiki/Cat%C3%A9gorie:M%C3%A9thode_d%27analyse_et_de_conception

complexes. Nous nous contenterons de donner quelques grandes directives afin de faciliter la conception de vos programmes.

Avant de détailler les différentes étapes de conception d'un programme, nous souhaitons vous faire prendre conscience que la démarche intellectuelle pour trouver la solution d'un problème informatique a beaucoup de similitudes avec certains problèmes de la vie quotidienne. Nous allons prendre un exemple très simple qui vous rappellera peut-être les problèmes que vous aviez à résoudre à l'école primaire :

> ***Madame Martin veut refaire la décoration de son salon et changer sa tapisserie. Sachant que son salon qui est rectangulaire mesure 6 mètres de large pour 8 mètres de long et que la hauteur sous plafond est de 2,50 mètres, combien doit-elle acheter de rouleaux de tapisserie de 10 mètres de long et de 60 centimètres de large ?***

Face à un problème, il est rare qu'il n'y ait qu'une solution unique et la question posée ne fait pas exception à la règle. Nous allons donc lister différentes solutions pour résoudre le problème de Madame Martin :

- Acheter 50 rouleaux, garder le ticket de caisse et se faire rembourser les rouleaux inutilisés.
- Acheter un rouleau, le poser et retourner au magasin en acheter un autre s'il manque de la tapisserie, et ainsi de suite.
- Réfléchir et faire des calculs.

La troisième option a l'avantage de minimiser le nombre de visites au magasin de bricolage, mais les deux premières solutions sont néanmoins valides et permettent de réaliser l'objectif attendu. Vous noterez également qu'il y a plusieurs méthodes pour calculer le nombre de rouleaux nécessaires au rafraîchissement du salon. Première méthode : un rouleau faisant 10 mètres de long, comme la pièce a une hauteur de 2,50 mètres, un rouleau permet de faire 4 (10/2,5) lés (bandes de papier peint pour couvrir la hauteur du mur). Un rouleau faisant 60 centimètres de large, il permet de couvrir 2,40 mètres (4 lés × 0,6 mètre) de pan de mur. Il faut donc 3 rouleaux pour couvrir une largeur de la pièce (6 / 2,4) et 4 rouleaux pour couvrir une longueur (8 / 2,4), soit 14 rouleaux au total (3 + 3 + 4 + 4).

Deuxième méthode : la surface des murs à recouvrir est égale à 2 × (6 + 8) × 2,5 = 70 mètres carrés. Un rouleau a une surface de 10 × 0,6 = 6 mètres carrés. Le nombre de rouleaux est égal à : 70 / 6 = 11,6, que l'on arrondit à 12. On constate qu'il y a une différence entre le résultat des deux méthodes car la première méthode calcule le nombre de rouleaux mur par mur, alors que la deuxième méthode considère la surface des murs globalement.

On peut imaginer une troisième méthode de calcul plus graphique où l'on fait un schéma du mur en dessinant le nombre de lés nécessaires.

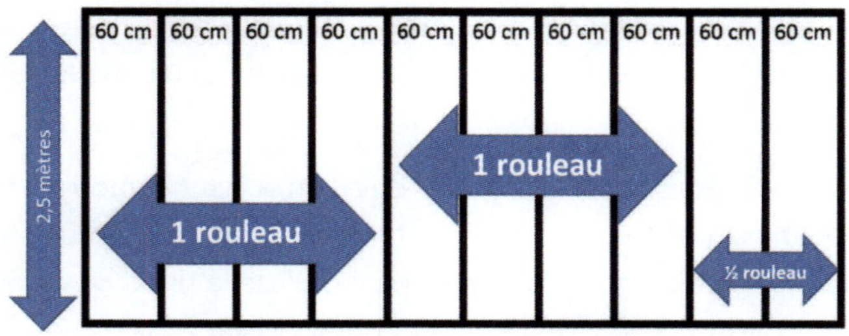

NOMBRE DE LÉS POUR COUVRIR UN MUR DE 6 MÈTRES DE LARGE AYANT UNE HAUTEUR DE 2.5 MÈTRES

Nous venons de voir qu'il existe au moins cinq solutions pour résoudre un problème et il en ira souvent de même des problèmes informatiques. En effet, il est assez rare qu'il n'y ait qu'une seule méthode pour arriver à obtenir un résultat. Dans la mesure où vous débutez en programmation, votre objectif principal est d'arriver à trouver une solution qui fonctionne et si votre méthode n'est pas la plus efficace, pas la plus rapide ni la plus élégante, cela n'est pas bien grave, l'essentiel étant que vous compreniez bien la solution que vous mettez en œuvre. Il sera toujours temps, quand vous aurez acquis de l'expérience en tant que programmeur, de comparer les mérites des différentes solutions possibles pour résoudre un problème.

Si nous avons pris un exemple tiré de la vie quotidienne, c'est aussi pour vous montrer que les mécanismes intellectuels que vous employez pour trouver une solution à un problème ne nécessitent pas forcément l'usage d'un ordinateur. En fait, même quand vous avez un problème à résoudre à l'aide d'une machine, il peut être extrêmement formateur de penser à la manière dont on peut traiter le problème manuellement. Dans ces conditions, il ne faut surtout pas hésiter à recourir à l'usage de papier et de crayons afin de faire des croquis. Quand la solution marche sur le papier, il sera toujours plus facile de traduire la démarche envisagée en un algorithme fonctionnant sur un ordinateur. Si l'on reprend l'exemple du programme effectuant un comptage des voyelles d'une phrase (semaine 5), on s'aperçoit que le fait de formaliser au préalable une méthode manuelle aidera considérablement à la résolution du problème. Voici, par exemple, une méthode manuelle qui permet de compter les voyelles d'une phrase :

- Écrire la liste des voyelles
- Lire la phrase caractère par caractère
- Si un caractère figure dans la liste des voyelles, on le souligne (on peut aussi bien l'encadrer, le surligner, le barrer, etc.)
- Quand on a fini de lire la phrase, on compte les caractères soulignés

COMPRENDRE LE PROBLÈME POSÉ

Tout programme est censé répondre à un problème, la nature de ce problème étant bien entendu différente d'un programme à l'autre. Certains problèmes peuvent être très simples (on souhaite convertir en pouces une longueur exprimée en centimètres) et d'autres plus complexes (on veut calculer la distance entre deux points dont on connaît les coordonnées GPS).

La première des exigences est de s'assurer que l'on a bien compris les données du problème, ce qui n'est pas forcément évident, même si l'on a soi-même choisi le problème à résoudre. Pour reprendre l'exemple du calcul de la distance entre deux points à partir de leurs coordonnées GPS, il est fort probable que vous deviez faire quelques recherches sur le système GPS si vous voulez réaliser un tel programme. Il faut aussi se méfier des évidences et l'apparente facilité de l'énoncé d'un problème peut cacher des pièges ou bien impliquer certaines sophistications dont vous ne vous êtes pas forcément rendu compte au premier abord. Si vous souhaitez, par exemple, calculer le nombre de jours qu'il y a entre deux dates éloignées, l'énoncé de ce problème paraît simple, mais il implique notamment de prendre en compte les années bissextiles.

Afin de vous assurer que vous avez bien compris tous les aspects d'un problème, il peut s'avérer utile de formaliser par écrit, et de manière aussi précise que possible, l'objectif du programme que vous envisagez de développer. À ce stade, il n'est pas inutile de faire lire votre description par d'autres personnes qui, par leurs interrogations, pourront vous montrer que vous n'avez pas été assez précis ou bien que vous avez oublié de traiter certains aspects du problème.

ÉTABLIR LE DICTIONNAIRE DE DONNÉES

Quand vous êtes à peu près certain d'avoir bien formalisé les objectifs de votre programme, vous devez établir le dictionnaire de données de votre application. Cela consiste tout simplement à lister toutes les informations qui seront traitées dans votre code. Comme la plupart des ces informations seront transformées en variables, vous pouvez concevoir un tableau sur deux colonnes où vous inscrirez dans la première colonne le nom de la variable et dans la deuxième colonne une description du contenu de la donnée. Voici un exemple d'un tel tableau :

Variable	Description
saisie_age	Donnée numérique saisie par l'utilisateur et représentant son âge
signes_ponctuation	Chaîne de caractères listant tous les signes de ponctuation qui va permettre de repérer les mots dans une phrase, les caractères de ponctuation jouant le rôle de séparateur de mots
numero_ISBN_13	Chaîne de caractères composée de 13 chiffres représentant un numéro d'identification unique d'un livre

Vous pouvez regrouper ces données par type de données (numérique ou caractère) ou bien selon les parties du programme dans lesquelles elles jouent un rôle. Quand il y a beaucoup de données, certains programmeurs choisissent d'utiliser un classement alphabétique sur le nom de la variable.

Maintenez ce dictionnaire à jour car il peut évoluer au gré des modifications de votre programme ou tout simplement parce que vous aurez oublié d'y intégrer certaines données au moment de l'analyse.

EXPLIQUER CLAIREMENT ET SIMPLEMENT

Une bonne astuce consiste aussi à imaginer que l'on doit expliquer la méthode employée à un enfant ; on se forcera ainsi à être le plus clair possible, à utiliser des mots simples et à aller à l'essentiel (n'oubliez pas qu'en matière d'apprentissage, le talent du pédagogue doit être inversement proportionnel à l'âge de l'élève...).

DIVISER POUR MIEUX RÉGNER

À moins que votre programme ne soit excessivement simple, il est préférable de le découper fonctionnellement en plusieurs parties. Ce principe cartésien[3] permet de décomposer les problèmes complexes afin de les simplifier. Au minimum, vous décomposerez votre programme en trois parties : acquisition des données, traitement des données, restitution des données. Si le traitement des données s'avère compliqué, il faudra bien entendu lui-même le diviser en plusieurs parties.

Cette méthode assez facile à mettre en œuvre est souvent très efficace car les problèmes à régler sont plus simples et ils s'apparentent la plupart du temps à des problèmes que vous avez déjà traités et que vous savez résoudre ou à des questions qui sont similaires à des programmes dont vous avez déjà l'expérience. Ce point-là est extrêmement important et lorsque vous avez un problème informatique à étudier, vous devez systématiquement vous demander si vous n'avez pas déjà rencontré cette question dans un programme que vous avez déjà conçu ou étudié. S'il ne s'agit pas exactement de la même question formulée dans les mêmes termes, cela peut être un problème légèrement différent, exprimé sous une autre forme. Par exemple, si vous savez parcourir une chaîne de caractères de gauche à droite, vous saurez facilement effectuer la même opération en sens inverse. De la même manière, si vous avez déjà mis en œuvre une technique pour fournir en clair le nom du département de naissance à partir d'un numéro INSEE, vous n'aurez pas de grandes difficultés à afficher le nom du pays d'une personne à partir de son numéro de téléphone au format international. Il peut malheureusement arriver que la forme du problème soit très différente de la question que vous savez résoudre et que vous ne puissiez pas détecter l'analogie, même s'il s'agit fondamentalement du même problème. Ce n'est qu'avec l'expérience que vous parviendrez à tisser des connexions entre des problèmes et à reconnaître les grandes classes de problèmes.

Pour nous résumer, essayez de décomposer tous les traitements d'un programme en opérations élémentaires que vous savez faire ou qui sont à votre portée.

[3] Dans le *Discours de la méthode*, Descartes énonce quatre préceptes dont le second consiste à « diviser chacune des difficultés que j'examinerais, en autant de parcelles qu'il se pourrait, et qu'il serait requis pour les mieux résoudre »

DÉCRIRE LES ALGORITHMES

Si vous avez bien suivi nos conseils, vous vous retrouvez donc avec une série de traitements élémentaires qui peuvent être plus ou moins simples, en fonction du degré de décomposition que vous avez choisi. Vous devez alors décrire en langage naturel chaque traitement, puis transcrire cette description en pseudo-code en employant les noms des variables que vous avez listées dans votre dictionnaire de données.

Voici un exemple de ce que cela peut donner pour un traitement qui s'assure que l'utilisateur qui a fourni son numéro INSEE est bien une femme majeure dont l'âge est inférieur à 60 ans.

Langage naturel

Extraire le premier caractère du numéro INSEE pour connaître le genre de la personne. Si ce caractère est égal à 2, il s'agit d'une femme.

Extraire les deuxième et troisième caractères du numéro INSEE pour connaître l'année de naissance de la personne. Soustraire l'année en cours à l'année de naissance de la personne (on rajoute 19 devant les 2 chiffres). Vérifier si l'âge est supérieur ou égal à 18 et inférieur à 60.

Pseudo-code

```
genre = extraire caractère 1 numero_INSEE
si genre = « 2 » alors OK, sinon message d'erreur
annee_naissance = extraire caractères 2 et 3 numero_INSEE
si annee_en_cours - conversion_car_vers_num (« 19 » + annee_naissance)
     ≥ 18 et <60 alors OK, sinon message d'erreur
```

> **ORDRE DES INSTRUCTIONS**
>
> Dans la description de vos algorithmes, il est bien entendu capital de préciser l'ordre des traitements et leur enchaînement.

Quand vous en aurez pris l'habitude et si le traitement est très simple, vous pouvez écrire directement en pseudo-code et vous dispenser de la phase de rédaction en langage naturel, mais ce n'est pas forcément une bonne idée car vous risquez d'oublier certains éléments. D'autre part, la rédaction en langage naturel permet à toute personne n'ayant pas forcément des connaissances en informatique d'expertiser votre travail d'analyse et ainsi de détecter éventuellement des erreurs.

CODER PROPREMENT

Quand toutes les étapes précédentes ont été franchies, vous avez le droit d'allumer votre ordinateur et vous pouvez enfin commencer à coder. Beaucoup de lecteurs trouveront que toutes ces opérations préalables retardent trop l'échéance du codage, mais sauf si votre programme est simplissime et qu'il comporte moins d'une dizaine de lignes d'instructions, nous vous prions de croire que vous avez fait un bon investissement en suivant nos conseils.

DU PSEUDO-CODE AU CODE

Comme vous l'imaginez, vous devez partir de votre pseudo-code pour coder votre programme et plus votre pseudo-code sera précis, plus cette opération sera rapide. La principale difficulté à ce stade est de rassembler en un seul morceau les différentes parties du programme que vous avez décomposé dans la phase d'analyse.

Bien entendu, vous devez dans cette étape appliquer tous les conseils que nous avons prodigués tout au long de cet ouvrage et que nous rappelons ici brièvement :

- employer des noms de variables significatifs
- écrire des fonctions afin de rendre son code modulaire
- documenter son code en décrivant le rôle de chaque fonction
- décomposer les expressions et formules complexes à l'aide de variables intermédiaires
- préférer les algorithmes simples, même s'ils sont plus longs à coder
- privilégier la clarté et la lisibilité à la compacité du code

PROGRAMMATION PAR RAFFINEMENTS SUCCESSIFS

Quand un programme est très long, on peut souhaiter le coder en plusieurs fois. On peut ainsi commencer à programmer la saisie, puis tester cette partie. Une fois que l'on s'est assuré que la saisie des informations marche correctement, on peut passer à la partie qui assure le traitement des informations, etc. En procédant par raffinements successifs, on assemble ainsi la totalité de son programme en accumulant des briques, comme dans un jeu de construction. Ce mode de création est très utile quand on démarre l'apprentissage de la programmation car il est rassurant. On gère les sous-problèmes un à un et l'assemblage du programme se fait petit à petit. Si l'on y réfléchit bien, on adopte souvent cette méthode en cuisine qui, comme nous l'avons vu, constitue une excellente analogie avec la programmation : on commence par apprendre à faire une pâte à choux, puis on s'attaque à une recette de pommes dauphines ou de gougères...

COMMENTER SON CODE

Nous avons vu dans le chapitre précédent qu'il était possible d'ajouter une description à une fonction dans la zone de commentaire prévue à cet effet. Vous pouvez en fait généraliser cette pratique à n'importe quel bloc d'instruction en faisant un clic droit sur le bloc et en choisissant l'option **Ajouter un commentaire**. Ceci a pour effet de faire apparaître un point d'interrogation bleu au début du bloc ; si vous cliquez sur ce point d'interrogation, une fenêtre apparaît et vous pouvez alors saisir un commentaire. Vous noterez que le coin inférieur droit de la zone de commentaire peut être déplacé afin de redimensionner la zone de texte. Vous pouvez également déplacer la zone de commentaire en déplaçant la bordure de la fenêtre. Une fois le commentaire saisi, vous pouvez cliquer sur le point d'interrogation pour afficher ou faire disparaître la zone de commentaire, ce qui permet de faire réapparaître le code, dans le cas où ce dernier serait masqué par le commentaire.

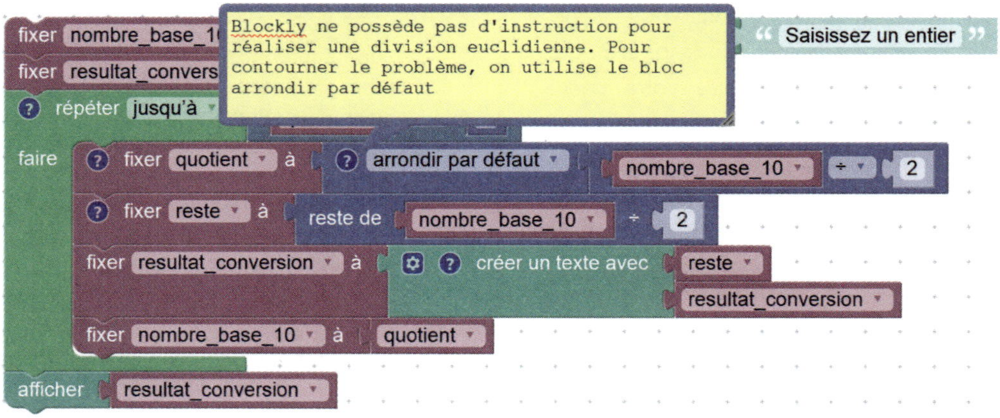

Vous devez commenter abondamment votre code pour deux raisons principales : si vous modifiez un programme que vous avez écrit il y a un an, vous constaterez que vos commentaires sont une aide précieuse pour vous replonger dans la logique de conception de votre code. Deuxièmement, si vous communiquez votre programme à quelqu'un pour qu'il le consulte, l'exécute ou le modifie, le travail de cette personne sera grandement facilité si des commentaires pertinents explicitent votre code.

Un bon commentaire doit être placé au bon endroit et ne pas être trop verbeux. Il ne faut pas tomber dans l'excès inverse qui consiste à commenter chaque ligne et à écrire un roman en guise de commentaire. Un commentaire doit expliquer ce qui doit l'être et il est donc inutile de clarifier ce qui est évident. Par exemple, il ne sert à rien de décrire le rôle d'une variable si vous avez employé un nom très significatif, le nom de variable **compteur_voyelles** étant à l'évidence suffisamment explicite pour faire l'économie d'un commentaire. En revanche, commentez les expressions complexes, les structures de contrôle imbriquées et les appels des fonctions que vous avez écrites. Dans la mesure où un commentaire doit être bref, vous ne devez pas hésiter à écrire en style télégraphique.

Certains codeurs ont l'habitude de commencer leurs programmes par un commentaire qui indique leur nom, leur adresse électronique, la date de création du programme, les dates éventuelles de modification du code, et un texte qui explique dans les grandes lignes l'objet et le fonctionnement du programme. Avec Blockly, comme on ne peut pas séparer le code des commentaires, le plus simple est d'utiliser n'importe quel bloc au départ du programme (par exemple, un bloc **afficher « infos »**), de désactiver ce bloc et d'y ajouter un commentaire introductif au programme.

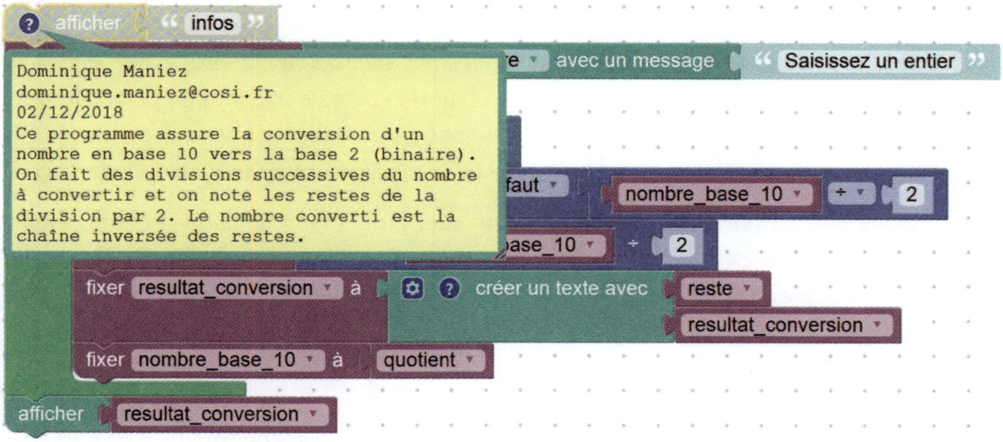

Si un commentaire devient inutile, vous pouvez le supprimer en faisant un clic droit sur le bloc et en choisissant l'option **Supprimer un commentaire**.

TESTER SON CODE

Même si cela est une évidence, il faut tester votre programme pour s'assurer qu'il ne comporte pas d'erreur, que l'on appelle *bug* en informatique. La procédure de test doit être rigoureuse et dans les grandes entreprises informatiques, c'est d'ailleurs une activité à temps plein pour certains employés. Si vous voulez tester efficacement votre programme, vous pouvez suivre ces conseils :

- testez votre programme plusieurs fois et ne vous contentez pas d'un seul essai
- commencez par tester votre programme avec des valeurs « normales » et attendues
- saisissez ensuite des valeurs aberrantes (nombres à la place de caractères, caractères à la place de nombres, valeurs en dehors des limites autorisées) et voyez comment votre programme réagit
- validez à blanc la saisie pour voir ce qui se passe
- si le programme comporte de nombreux tests conditionnels, assurez-vous de vérifier toutes les conditions

Si vous en avez le courage, vous pouvez écrire une fonction qui va tester votre programme avec un jeu d'essai aléatoire. Cette fonction aura pour but de générer une liste de données aléatoires qui seront ensuite soumises aux traitements de votre programme. La fonction affichera pour finir le résultat des traitements et vous pourrez ainsi valider ou non votre programme. L'écriture de cette fonction de test risque de vous prendre un peu de temps, mais vos tests seront plus poussés et vous n'aurez pas à subir le côté fastidieux de devoir tester un programme en l'exécutant de nombreuses fois et en saisissant à chaque fois des valeurs différentes.

BLINDER SON CODE

Chacun sait qu'il vaut mieux prévenir que guérir et, en programmation, cela revient à tenter de se prémunir contre les erreurs prévisibles de l'utilisateur. Sans être paranoïaque, il faut bien reconnaître que l'utilisateur ne suit pas toujours les recommandations qu'on lui fait et qu'il a parfois un comportement qui ne fait pas preuve d'une grande rationalité…

C'est la raison pour laquelle, une fois que votre programme fonctionne correctement, vous devez le blinder, c'est-à-dire faire en sorte qu'il ne tolère aucune erreur de la part de l'utilisateur. Bien évidemment, cela va vous prendre du temps et augmenter la taille du code, mais votre tranquillité est à ce prix. Imaginons un cas très simple où vous demandez à l'utilisateur de saisir un nombre : comment va réagir votre programme si l'utilisateur saisit ce nombre en toutes lettres et écrit, par exemple, « onze » à la place de 11 ? Dans la plupart des cas, vous aurez un message laconique « NaN » (signifiant qu'il ne s'agit pas d'un nombre) et votre programme s'arrêtera de fonctionner. Pourtant, vous aurez bien précisé dans le message d'invite à l'utilisateur qu'il doit saisir un nombre et vous aurez bien pris la précaution d'employer un bloc **invite pour un nombre avec un message**, mais si l'utilisateur a envie de saisir un nombre en toutes lettres, rien ne peut l'empêcher de le faire. Cette situation est fâcheuse et vous devez à tout prix empêcher les erreurs de saisie afin que votre programme puisse fonctionner normalement.

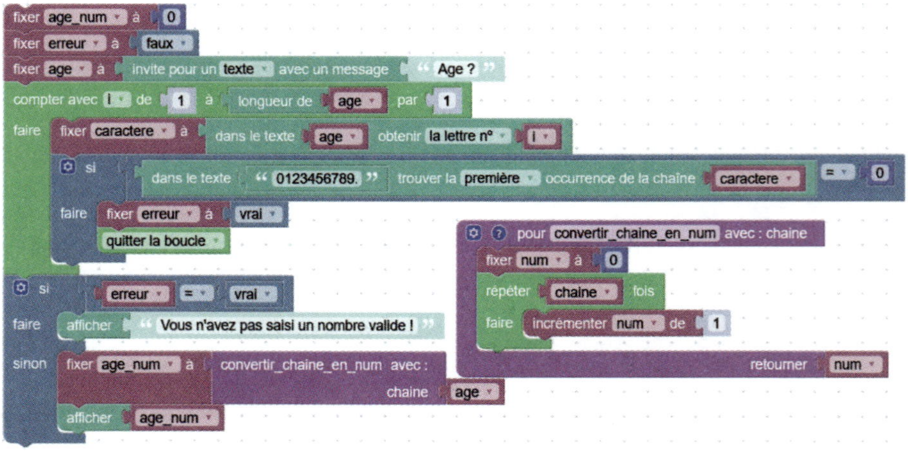

Nous allons vous présenter une méthode pour gérer ce problème. Blockly étant un langage d'initiation à la programmation, la gestion des erreurs n'a pas vraiment été prise en compte et il va donc falloir faire preuve d'un peu d'imagination. Il n'est pas possible d'intercepter le message d'erreur « NaN » une fois que la saisie a été effectuée et il faut donc gérer le problème en amont. Comme il est complexe, voire impossible, d'analyser une donnée numérique pour y rechercher des caractères alphabétiques, nous allons en fait réaliser l'inverse et demander à l'utilisateur de saisir une chaîne de caractères et vérifier que cette chaîne ne comporte que des caractères autorisés, c'est-à-dire des chiffres ou un point (pour les nombres décimaux, la virgule est remplacée par un point lors de la saisie dans Blockly). Bien entendu, si la saisie est valide, il faudra convertir la chaîne de caractères en une véritable donnée numérique, mais cela tombe bien car nous avons écrit une fonction pour cela la semaine précédente. Le programme suivant illustre cette technique de contrôle de saisie.

Dans ce programme, on demande à l'utilisateur de saisir son âge et on veut s'assurer qu'il saisit bien un nombre valide. Face à un message d'invite aussi peu précis, on peut s'attendre à ce qu'un utilisateur saisisse des valeurs comme « 21 ans » ou « trente ans » qui sont bien évidemment des valeurs qui ne fourniront pas une donnée numérique et qui généreront des erreurs. Outre la variable **age** qui va recevoir la saisie, on initialise deux autres variables : **age_num** qui sera la réponse de l'utilisateur convertie en une donnée numérique si la saisie est valide, et **erreur** qui est une variable logique permettant d'indiquer si la saisie comporte une erreur.

Afin de faciliter le traitement de la saisie de l'utilisateur, on utilise donc un bloc **invite pour un texte** car cela permet d'analyser la chaîne saisie caractère par caractère. On utilise une variable intermédiaire **caractere** pour simplifier la lecture du test conditionnel où l'on vérifie que chaque caractère saisi est bien un chiffre ou un point. Si l'on avait été rigoureux, on aurait dû vérifier qu'un seul point est saisi dans la chaîne car en l'état actuel du test, l'utilisateur peut saisir plusieurs points. Dès qu'un caractère autre qu'un chiffre ou un point est détecté, la variable **erreur** passe à **vrai** et on quitte la boucle d'analyse de la chaîne. À la fin de la boucle, on teste la valeur de la variable **erreur** et si elle a la valeur **vrai**, alors un message d'erreur est affiché, sinon la saisie est considérée comme valide. Dans ce dernier cas, on convertit la chaîne en une donnée numérique en employant la fonction que nous avons décrite la semaine dernière. Vous aurez peut-être noté que cette fonction pose un problème si on lui transmet une chaîne représentant un nombre décimal. Pour être parfaitement valide, cette fonction devrait traiter le cas où on lui passe en paramètre un nombre décimal. Le traitement n'est pas beaucoup plus complexe et il faut isoler la partie numérique à gauche du point et celle à droite du point pour traiter en deux temps les opérations de conversion et ajouter la valeur décimale divisée par cent au nombre entier. Voici un bel exercice pratique en perspective !

À l'aide de ce court exemple, vous aurez compris que le blindage de votre code peut s'avérer chronophage et complexe si bien que c'est à vous de voir si le jeu en vaut la chandelle. En général, votre décision dépend du public auquel s'adresse votre programme. Si vous êtes le seul à

DE L'ORIGINE DES BUGS

On trouve sur Internet de nombreuses sources qui attribuent l'étymologie de l'emploi du mot bug (qui signifie insecte en anglais) pour désigner une erreur de programmation en raison du fait qu'un papillon aurait fait planter un des premiers ordinateurs fonctionnant avec des lampes. Si belle soit cette histoire, il n'est pas vraiment certain qu'elle soit juste… Vous noterez enfin que les commissions officielles de terminologie ont cherché à imposer en français l'équivalence bogue, mais son usage n'a pas eu beaucoup de succès.

https://fr.wiktionary.org/wiki/bug

utiliser votre code, cela n'est pas très grave si votre programme se plante. Si votre logiciel est destiné à un large public qui n'est pas très féru d'informatique, vous avez sans doute intérêt à assurer le contrôle de la saisie car cela vous évitera des plaintes de la part de vos utilisateurs.

CHERCHEZ L'ERREUR !

Mieux on programme, moins il y a aura d'erreurs, mais même si vous avez suivi scrupuleusement tous les conseils prodigués dans cet ouvrage, l'expérience prouve que le risque que votre programme comporte des erreurs est loin d'être nul. Même si votre programme comporte une dizaine de lignes d'instruction, il est probable qu'il comporte au moins une erreur pour la bonne est simple raison que vous êtes un humain. Et en tant qu'êtres humains nous passons notre temps à nous tromper et il faut accepter cet état de fait qui semble faire partie de la nature humaine. Certains prétendent même, et nous pensons qu'ils n'ont pas tort, que l'on apprend beaucoup de ses erreurs, l'essentiel étant de ne pas persévérer dans l'erreur. Bref, les erreurs font partie de la vie du programmeur et les utilisateurs de l'informatique ont tous appris très vite la signification du terme anglais *bug*. La traque des erreurs dans un programme est donc une activité parfaitement banale qui fait partie du cycle de vie de tout logiciel. Il existe des techniques et des outils spécialisés pour ce faire ainsi qu'une terminologie particulière. Le mot *bug* a ainsi donné lieu à toute une série de dérivés, notamment déboguer qui est l'activité consistant à chercher les erreurs dans un programme. Ceux qui déboguent (on emploie aussi le verbe débugger qui est calqué sur l'anglais) pratiquent donc le débogage et utilisent parfois un débogueur, qui est un programme spécialisé dans la traque des erreurs.

Les erreurs sont donc très banales dans un programme et il faut accepter d'en commettre si l'on veut s'initier à la programmation. Nous allons cependant voir qu'il existe plusieurs types d'erreurs.

TYPOLOGIE DES ERREURS

Traditionnellement, on classe les erreurs de programmation en trois catégories :

- les erreurs de syntaxe
- les erreurs d'exécution
- les erreurs de conception

Comme leur nom l'indique, les erreurs de syntaxe se produisent quand vous n'avez pas bien appliqué les règles de grammaire du langage de programmation, mais nous passerons très vite sur ce type d'erreur car elles sont inexistantes en Blockly. Comme nous l'avons expliqué à la 2e semaine, Blockly, en tant que langage de programmation visuel, empêche toute erreur de syntaxe et vous ne mesurez pas toute la peine que ce choix pédagogique vous a économisée… Nous rappellerons simplement que dans les langages de programmation traditionnels, le simple fait d'écrire une virgule à la place d'un point-virgule provoque une erreur. En programmant avec Blockly, vous vous épargnez ainsi une source très fréquente d'erreurs et de frustration chez les débutants.

LES ERREURS D'EXÉCUTION

Les erreurs d'exécution, que l'on appelle aussi parfois erreurs runtime (*runtime* signifie exécution en anglais), se produisent, comme leur nom le suggère, pendant l'exécution d'un programme. Les causes de ces erreurs peuvent être très nombreuses, mais le message qui s'affiche donne en général des renseignements sur la cause de l'erreur. Ainsi, la boîte de dialogue du programme suivant indique un problème d'erreur de type.

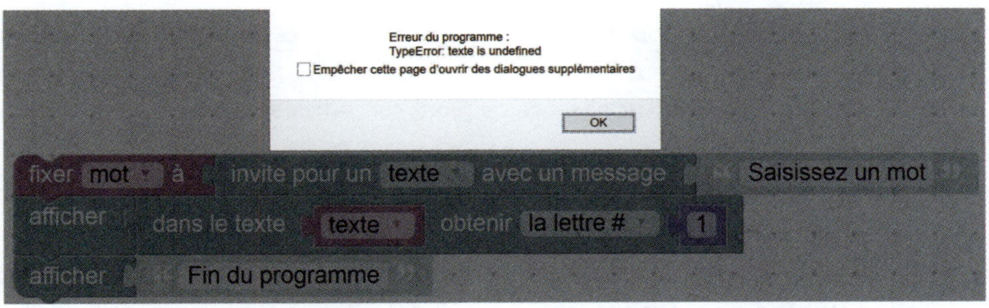

Ce qu'il faut bien comprendre dans une erreur d'exécution, c'est que le programme s'arrête immédiatement après l'exécution de la ligne comportant l'erreur. Dans notre exemple, l'erreur se produit dans la deuxième ligne si bien que la troisième et dernière ligne du programme n'est jamais exécutée. Dans ce programme, le codeur a oublié de choisir la variable **mot** à la place de la variable **texte** qui est sélectionnée par défaut quand on dépose un bloc **dans le texte** sur l'espace de travail.

Si le message d'erreur est relativement explicite dans cet exemple, ce n'est pas toujours le cas et vous noterez également que Blockly n'indique pas du tout la ligne où se situe l'erreur.

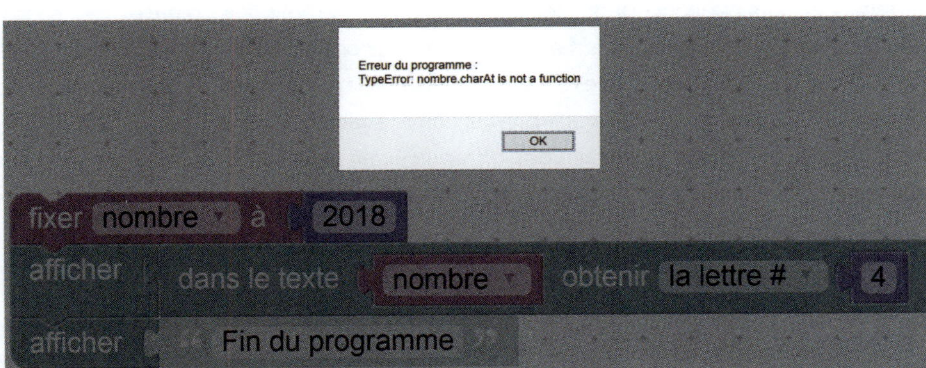

Dans cet exemple que nous avons déjà employé, on a également une erreur de type car le bloc **dans le texte obtenir la lettre #** s'attend à traiter des caractères alors que la variable **nombre** est numérique. Encore une fois, le programme bloque sur la deuxième ligne et il s'arrête, la troisième instruction n'étant jamais exécutée.

Ces deux erreurs de type auraient pu être détectées au moment de l'écriture du code grâce à une vérification minutieuse, mais certaines erreurs d'exécution ne peuvent se repérer que lors de l'exécution du programme. Cela peut être notamment le cas quand des ressources externes au programme sont défaillantes. On peut par exemple imaginer, même si cela est rare, qu'il n'y ait plus assez de mémoire pour effectuer certains traitements de données nécessitant une grande quantité de RAM. Même si cela n'est pas possible en Blockly, il arrive parfois que certains programmes écrits dans d'autres langages se plantent parce qu'ils ne peuvent pas à avoir accès à un fichier, les causes de cette inaccessibilité pouvant elles-mêmes être très nombreuses : fichier effacé, fichier verrouillé par un autre utilisateur, absence de droits sur ce fichier, fichier corrompu, etc.

Cela renforce l'idée qu'il est absolument nécessaire de tester son programme une fois qu'il est terminé, car ce n'est qu'en situation réelle que l'on peut vraiment se rendre compte des problèmes éventuels.

LES ERREURS DE CONCEPTION

Les erreurs de conception sont les plus difficiles à détecter, car aucune boîte de dialogue ni aucun message d'erreur ne viennent les signaler. En effet, il s'agit d'erreurs qui ne font pas planter l'ordinateur, mais qui font que le programme ne fonctionne pas comme on le souhaiterait. Parmi les exemples typiques d'erreurs de conception, on peut citer les boucles infinies ou bien les boucles dans lesquelles le programme ne rentre même pas parce que la condition d'entrée n'est jamais vraie. Il arrive que l'on trouve dans certains programmes du code totalement inutile qui ne sert strictement à rien, parce que les lignes de code en question ne sont jamais exécutées.

Certaines erreurs de conception peuvent être particulièrement insidieuses car le programme semble fonctionner normalement, mais il produit des résultats erronés qui ne sont pas faciles à détecter. Par exemple, si vous écrivez une fonction de conversion de pouces en centimètres et que vous prenez comme facteur de conversion 2,50 au lieu de 2,54, vous risquez de ne pas vous en apercevoir tout de suite si vous manipulez des valeurs en pouces qui sont de taille réduite. En revanche, le jour où vous aurez à traiter une valeur élevée, l'erreur sera bien entendu proportionnellement la même, mais elle pourra avoir une valeur absolue importante, ce qui pourra avoir des conséquences fâcheuses pour la précision des calculs.

On se rend en général compte qu'il y a une erreur de conception parce que le programme ne fonctionne pas comme on s'y attend. Dans ces cas-là, on commence en général à relire son code et il arrive parfois que l'on détecte l'erreur. Il y a malheureusement des cas où l'on a beau écarquiller les yeux, et où l'on ne voit strictement rien. Il faut alors passer à la vitesse supérieure et déboguer le programme.

DÉBOGAGE

Le débogage consiste à partir à la recherche des erreurs de programmation avec un outil spécialisé que l'on appelle débogueur. En général, on utilise un débogueur uniquement pour traquer les erreurs de conception, car la cause des erreurs d'exécution est en général assez facilement identifiable. Un débogueur agit de deux manières sur votre programme : premièrement, il en contrôle l'exécution et deuxièmement il permet de voir ce qui se passe à l'intérieur, notamment en autorisant la visualisation de la valeur des variables à un moment donné. Cette fonctionnalité est très intéressante et elle permet souvent de comprendre pourquoi le programme ne fonctionne pas.

Par exemple, quand on se trouve dans la situation où le programme ne rentre pas dans une boucle ou bien n'arrive pas à en sortir, le débogueur va permettre de visualiser la valeur de la condition d'entrée ou de sortie de la boucle.

Le débogueur est par conséquent un outil très précieux, mais malheureusement Blockly n'en est pas doté. Nous ferons une rapide présentation la semaine prochaine d'un débogueur JavaScript, mais pour le moment, il va falloir apprendre à vous en passer dans Blockly. Cela étant, si vous avez bien retenu les deux fonctionnalités principales d'un débogueur (exécution du code pas à pas et inspection des variables), vous vous rendez sans doute compte qu'il n'est pas très compliqué de reproduire la même fonctionnalité avec Blockly. En effet, vous pouvez parfaitement obtenir des informations sur votre programme en vous servant uniquement du bloc **afficher** qui peut donc faire office d'outil rudimentaire de débogage.

Par exemple, quand vous êtes en train d'écrire un programme dont vous n'avez pas parfaitement déterminé l'algorithme (ce n'est pas bien, mais cela arrive...), il peut être très intéressant de truffer le code Blockly de blocs **afficher** qui renseignent sur l'état d'une variable ou d'une expression. Rien d'ailleurs ne vous empêche de laisser ces lignes de code dans votre programme une fois qu'il est terminé et de vous contenter de les désactiver, ce qui vous fera gagner du temps si vous devez à nouveau déboguer cette partie du code. En cas de problème dans votre programme, il suffit d'activer à nouveau les blocs désactivés pour remettre en route votre système personnel de débogage.

La fonction précédente, qui a pour but de compter le nombre de voyelles d'une chaîne passée en paramètre, est en cours de débogage et à chaque tour de boucle, la fonction affiche deux boîtes de dialogue, l'une avant le test conditionnel, l'autre après le test conditionnel.

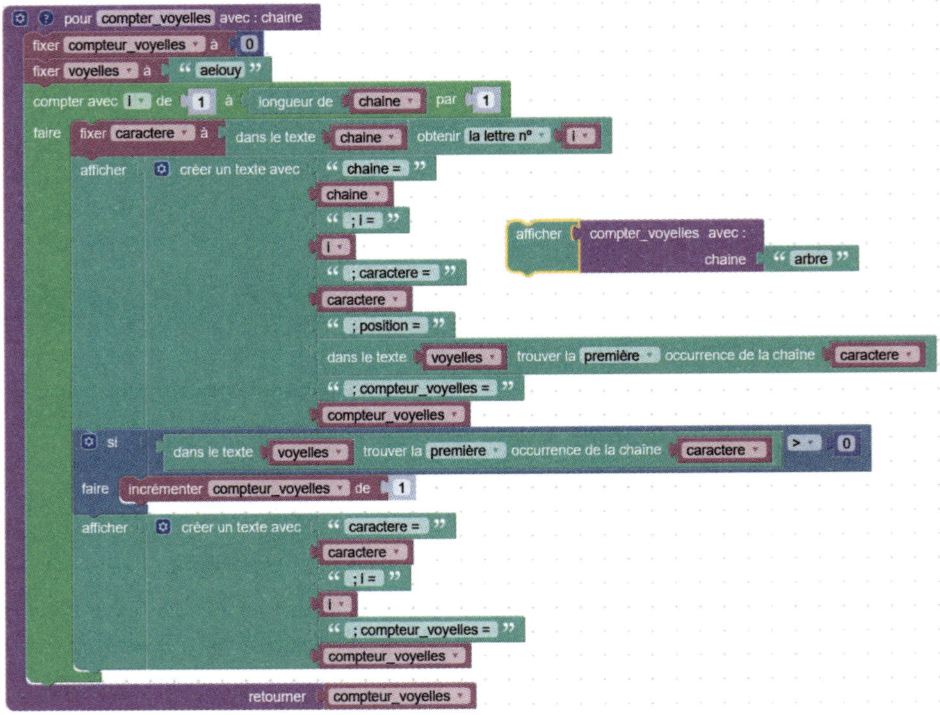

La première boîte de dialogue affiche dans l'ordre les cinq informations suivantes :

- le contenu de la variable chaine (paramètre passé à la fonction)
- le contenu de la variable i (compteur de la boucle)
- le contenu de la variable caractere (caractère extrait de la chaîne passée en paramètre à la fonction)
- la valeur de l'expression **dans le texte voyelles trouver la première occurrence de la chaîne caractere** (renvoie 0 si le caractère n'est pas une voyelle, sinon sa position dans la variable voyelles)
- le contenu de la variable compteur_voyelles (comptabilise le nombre de voyelles dans le paramètre passé à la fonction)

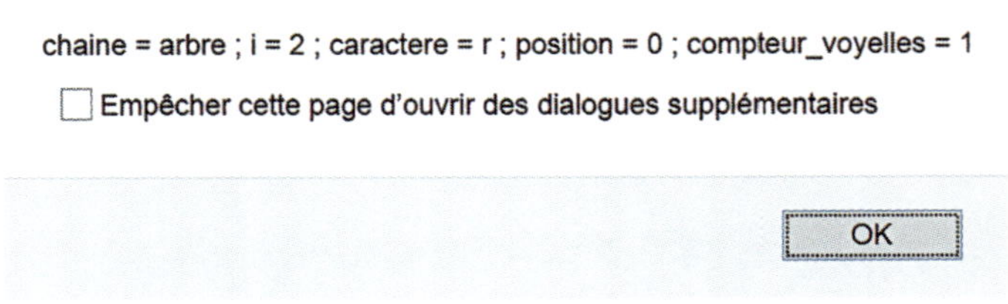

Par exemple, si vous n'arrivez pas bien à comprendre le fonctionnement du bloc **dans le texte trouver la première occurrence**, ce dispositif va vous permettre d'identifier clairement le rôle de l'information renvoyée par ce bloc. Bien entendu, il faut appuyer deux fois sur la touche **Entrée** à chaque tour de boucle et si vous testez la fonction avec un mot très long, vous allez peut-être trouver le temps long, mais cette méthode est infaillible pour trouver les erreurs ou bien pour vous représenter la manière dont la valeur des variables évolue au fil des instructions.

Même si votre programme ne comporte pas d'erreurs, vous pouvez utiliser ce système rudimentaire de débogage pour bien appréhender le fonctionnement d'un bloc particulier ou l'enchaînement des instructions au sein d'une boucle ou d'un test conditionnel. N'oubliez pas que vous pouvez aussi bien afficher le contenu d'une variable que la valeur d'une expression (dans notre exemple, il s'agit de la position du caractère dans la chaîne des voyelles, ce qui permet de déterminer l'absence ou la présence d'une voyelle dans la chaîne ; si position > 0, alors il s'agit d'une voyelle). Vous noterez que dans notre programme nous n'avons pas pris en compte les voyelles accentuées dans la définition des voyelles. Pour régler ce problème, il suffit de rajouter les voyelles accentuées dans la variable **voyelles**, l'ordre des voyelles n'ayant aucune importance. Nous ne gérons pas non plus la casse des voyelles, ce qui a pour conséquence que seules les voyelles en minuscules sont prises en compte dans notre fonction. Si vous avez été attentif en semaine 3, vous savez normalement comment résoudre ce problème.

Un programme bien conçu selon les règles que nous avons exposées dans ce chapitre ne devrait pas avoir besoin d'être débogué, mais il faut se rendre à l'évidence : nous ne suivons pas toujours les bons conseils que l'on nous donne et il est difficile, surtout lorsque l'on débute, de tout prévoir. Vous devez cependant garder à l'esprit que plus la conception d'un logiciel est soignée, moins les erreurs seront nombreuses. En clair, le temps que vous n'investissez pas lors de la conception d'un programme sera dépensé lors de la phase de mise au point et de débogage. La conclusion est que l'écriture d'un logiciel prend du temps et que c'est à vous de décider si vous préférez corriger les erreurs que vous avez générées à cause d'une conception bâclée.

POUR S'ENTRAÎNER

1/ Chargez dans Blockly le fichier TP8_01.xml et cherchez à comprendre pourquoi ce programme ne fonctionne pas, puis corrigez l'erreur.

2/ Chargez dans Blockly le fichier TP8_02.xml et cherchez à comprendre pourquoi ce programme ne fonctionne pas, puis corrigez l'erreur.

3/ Chargez dans Blockly le fichier TP8_03.xml et cherchez à comprendre pourquoi ce programme ne fonctionne pas, puis corrigez l'erreur.

4/ Chargez dans Blockly le fichier TP8_04.xml et cherchez à comprendre pourquoi ce programme ne fonctionne pas, puis corrigez l'erreur.

5/ Chargez dans Blockly le fichier TP8_05.xml et cherchez à comprendre pourquoi ce programme ne fonctionne pas, puis corrigez l'erreur.

DE L'IMAGE AUX MOTS

SEMAINE 9

Jusqu'à présent vous avez programmé en employant un langage visuel où l'on manipule des blocs et nous nous sommes longuement expliqué sur le choix de cet outil qui favorise grandement l'apprentissage chez les débutants. Si intéressant que soit Blockly, il comporte cependant quelques limites que n'ont pas la plupart des langages de programmation textuels. C'est la raison pour laquelle il faut bien envisager, au bout d'un certain temps, de passer à un autre langage où l'on saisit du code en tapant sur un clavier et non plus en déplaçant des blocs à la souris. Blockly va néanmoins nous faciliter la tâche car il est capable de traduire son code dans d'autres langages de programmation...

COURS FACULTATIF

Le passage à un langage de programmation classique textuel peut perturber certaines personnes qui ont démarré leur apprentissage du codage informatique avec un outil visuel. Si tel est votre cas ou si vous pensez que l'effort intellectuel que vous avez fourni est déjà suffisant, vous n'êtes pas obligé de lire le chapitre de cette semaine ou de saisir les exemples de codes qui sont proposés. Cela n'a pas d'importance car la semaine prochaine, quand nous allons aborder le développement d'applications mobiles, nous utiliserons à nouveau des blocs.

GÉNÉRER DU CODE JAVASCRIPT AVEC BLOCKLY

Comme nous l'avons déjà écrit, JavaScript est un langage puissant qui permet de programmer des pages Web et c'est d'ailleurs le langage qui a été employé pour développer Blockly. Blockly n'est en fait qu'une bibliothèque de fonctions JavaScript qui donne la possibilité d'écrire une application Web capable d'intégrer un éditeur de code. Dans cet éditeur de code, on programme visuellement, mais le code construit avec des blocs peut être traduit dans d'autres langages, notamment JavaScript. En conclusion, on a donc un programme JavaScript qui permet d'écrire du code visuel qui pourra lui-même être traduit en un programme JavaScript.

Cette possibilité de traduire le code Blockly en JavaScript (ainsi que dans d'autres langages) est très intéressante car cela offre de nouvelles perspectives :

- vous allez pouvoir intégrer facilement vos programmes Blockly sur une page Web et par conséquent les mettre en ligne sur votre site perso
- vous allez pouvoir améliorer l'interface de vos programmes Blockly, notamment les boîtes de dialogue
- vous allez pouvoir vous initier en douceur au langage JavaScript
- vous allez pouvoir utiliser le débogueur de JavaScript pour déboguer votre code Blockly

Nous allons d'abord étudier la manière de transformer un programme Blockly en JavaScript (que nous abrégerons souvent sous la forme JS) et vous serez sans doute surpris de la facilité avec laquelle on réalise cette opération.

Nous allons repartir d'un programme que nous avons écrit en semaine 4 et qui permet de faire réviser ses tables de multiplication. Si vous l'avez enregistré, vous n'avez qu'à charger dans Blockly le fichier XML correspondant à la sauvegarde, sinon il faudra ressaisir le programme suivant :

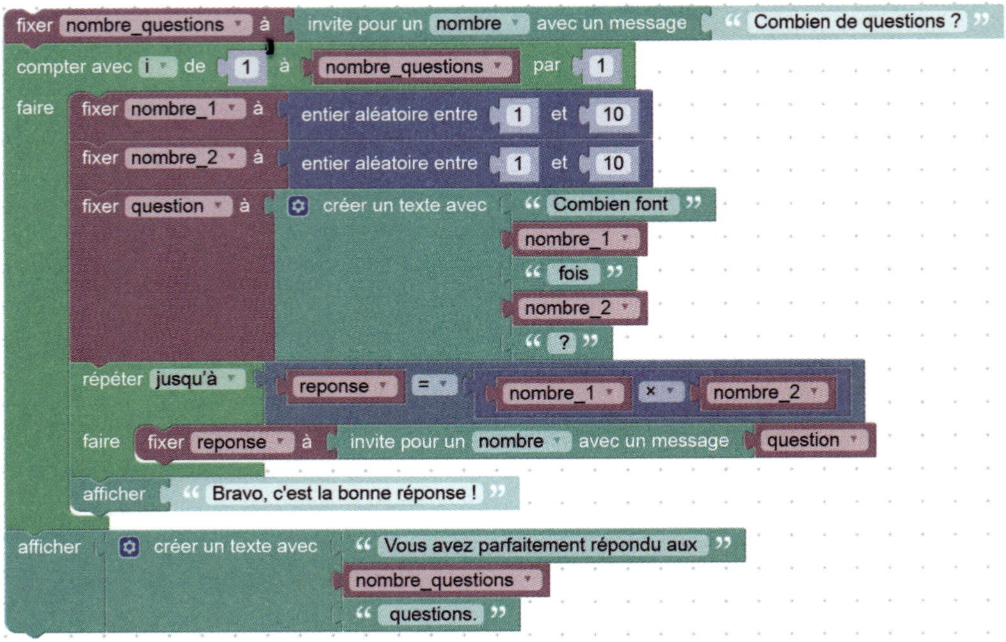

Pour générer le programme équivalent en JavaScript, il n'y a rien de plus simple car il suffit de cliquer sur le bouton **JavaScript** (à droite du bouton **Blocs**) pour voir apparaître le code JS :

Blocs | JavaScript | XML

```
var nombre_questions, i, nombre_1, nombre_2, question, reponse;

function mathRandomInt(a, b) {
  if (a > b) {
    // Swap a and b to ensure a is smaller.
    var c = a;
    a = b;
    b = c;
  }
  return Math.floor(Math.random() * (b - a + 1) + a);
}


nombre_questions = Number(window.prompt('Combien de questions ?'));
var i_inc = 1;
if (1 > nombre_questions) {
  i_inc = -i_inc;
}
for (i = 1; i_inc >= 0 ? i <= nombre_questions : i >= nombre_questions; i += i_inc) {
  nombre_1 = mathRandomInt(1, 10);
  nombre_2 = mathRandomInt(1, 10);
  question = ['Combien font ',nombre_1,' fois ',nombre_2,' ?'].join('');
  while (!(reponse == nombre_1 * nombre_2)) {
    reponse = Number(window.prompt(question));
```

Même si vous ne connaissez rien de JavaScript, vous reconnaissez sans doute certaines choses et vous imaginez que la première ligne de code sert à déclarer les variables qui sont utilisées dans le programme. Et dans l'éventualité où vous ne comprendriez strictement rien à ce programme, ça n'a aucune importance (pour le moment) car cela ne va pas vous empêcher d'en profiter au sein d'une page Web.

> **MISE EN GARDE IMPORTANTE**
>
> Quand vous voulez copier le code JavaScript généré par Blockly, le raccourci CTRL + A ne fonctionne pas pour sélectionner l'intégralité du code source car cela sélectionne l'intégralité du texte de la page Web si bien qu'il y a des caractères parasites en plus du code JS. Il faut donc sélectionner rien que le code source sans oublier un seul caractère (il est très facile d'oublier de sélectionner une accolade qui termine un programme...), puis le copier.

Pour intégrer ce code JS dans une page Web, il faut le coller dans une page HTML et rajouter quelques lignes de code très simples, mais avant de voir cela, il faut peut-être rappeler ce qu'est une page HTML.

> Si vous n'avez jamais eu la curiosité de regarder le code d'une page Web, allez sur n'importe quel site et demandez à votre navigateur d'afficher le code source de la page Web. Pour ce faire, faites un clic droit sur la page et choisissez dans le menu contextuel la commande pour afficher le code HTML (par exemple, dans Firefox, il faut choisir **Code source de la page**, ou dans Edge, **Afficher la source**).

LANGAGE HTML

Le langage HTML n'est pas à proprement parler un langage de programmation car il n'intègre ni variable, ni boucle, ni test conditionnel. Il s'agit d'un langage de description de page, HTML étant le sigle de Hypertext Markup Language, que l'on peut traduire par langage de balisage hypertextuel. Le langage HTML qui sert à écrire les pages Web a été inventé en 1989 par Tim Berners-Lee alors qu'il était ingénieur au CERN à Genève[1].

Une page HTML est un fichier texte qui contient des commandes de mise en forme des éléments de la page Web. Ces commandes s'appellent des balises et le nom de chaque balise est encadré par les signes **<** et **>**. Si vous voulez écrire une page Web, il faut un éditeur de texte et écrire quelques commandes simples. Par exemple, le fichier suivant affiche une phrase à l'écran :

```
<HTML>
Blockly est extra pour apprendre la programmation.
</HTML>
```

[1] https://home.cern/fr/science/computing/birth-web

Pour que ce fichier devienne une page Web, il suffit de l'enregistrer en tant que fichier texte et de lui attribuer l'extension **.htm** ou **.html**. Puisque vous avez sans doute pris l'habitude d'utiliser Notepad++ (ou Visual Code si vous travaillez avec un Mac), vous pouvez parfaitement employer cet excellent éditeur de code pour écrire vos pages Web. Dans

Notepad++, il faut choisir le type **Hypertext Markup Language file** pour enregistrer le fichier au format HTML.

Dans notre exemple minimaliste, nous avons employé les balises <HTML> et </HTML> qui sont deux balises figurant dans toute page Web, un fichier HTML devant commencer par la balise <HTML> et se terminer par la balise </HTML>. En HTML, la plupart des balises fonctionnent par paires et le slash de la balise </HTML> indique que l'on ferme la balise. Si vous oubliez de fermer une balise qui fonctionne par paire, vous risquez d'avoir des problèmes d'affichage dans votre page.

Si vous voulez enrichir typographiquement l'affichage de votre page Web, vous pouvez utiliser des balises et l'exemple suivant met en gras (<B>) et en italique (<I>) les mots qui sont encadrés par les balises :

```
<HTML>

<B>Blockly</B> est extra pour apprendre la <I>programmation</I>.

</HTML>
```

Il ne faut surtout pas oublier d'utiliser les balises de fermeture </B> et </I> qui indiquent au code qu'il faut arrêter l'enrichissement typographique ; dans notre exemple, seul le mot « Blockly » sera mis en gras et seul le mot « programmation » sera mis en italique.

En saisissant votre code dans Notepad++ et en l'enregistrant au format HTML, vous bénéficiez d'une aide précieuse car l'éditeur, sachant que vous codez en HTML, reconnaît les balises HTML et les colorie en bleu. D'autre part, quand vous cliquez sur une balise qui fonctionne par paire, Notepad++ colorie en violet les deux balises qui vont ensemble. Ainsi, quand vous cliquez sur une balise fonctionnant par paire et que l'autre balise ne s'affiche pas en violet, c'est que vous avez mal équilibré vos balises et qu'il faut donc chercher où l'erreur se situe.

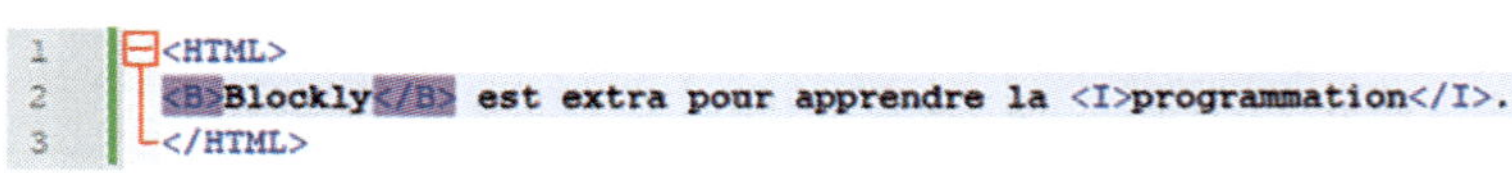

CONTRÔLE DE LA SYNTAXE DU LANGAGE AVEC NOTEPAD++

Les fonctions de coloration syntaxique de Notepad++ sont très intéressantes, mais elles ne marchent que lorsque vous avez enregistré le fichier de code source dans le bon format correspondant au langage que vous utilisez. C'est en effet le type de format représenté par l'extension du fichier (.html, .htm, .js, .xml, etc.) qui va déterminer le langage, et par conséquent sa syntaxe et son vocabulaire. Dans ces conditions, quand on utilise Nodepad++ pour programmer et que l'on veut bénéficier des aides spécifiques au langage employé, il faut enregistrer son fichier dès le démarrage, quand le document est encore vide.

Voici le résultat de l'affichage de ce code HTML dans un navigateur.

Blockly est extra pour apprendre la *programmation*.

Notre but n'étant pas ici de vous apprendre toutes les balises du langage HTML, nous allons nous limiter au strict minimum pour intégrer le code JavaScript dans une page Web.

INTÉGRATION DU CODE JAVASCRIPT DANS UNE PAGE HTML

Comme vous l'avez bien compris maintenant, HTML ne sait qu'afficher des éléments et il ne permet pas de programmer. Si l'on veut qu'une page Web devienne intelligente et interactive, il faut donc employer un langage de programmation. JavaScript permet d'interagir avec une page Web, mais pour que le code JS puisse être intégré dans une page Web, il faut saisir quelques balises supplémentaires. Voici la procédure à suivre pour créer une page Web intégrant le code JS de notre programme de révision des tables de multiplication :

SIMPLIFICATION

HTML accepte plusieurs langages de script et la balise <script> permet donc de préciser le type de langage employé. JavaScript étant le langage de script le plus utilisé, vous n'êtes pas obligé de préciser son type dans la balise si bien que <script> est équivalent à <script type="text/javascript">

1. Lancez Notepad++ (ou n'importe quel éditeur de code). Ouvrez un document vide et saisissez les lignes de code suivantes :

```
<html>
<meta charset="UTF-8">
<script type="text/javascript">

</script>
</html>
```

2. Collez entre les balises **<SCRIPT>** et **</SCRIPT>** le code JavaScript généré par Blockly que vous aurez copié au préalable.
3. Enregistrez le fichier en tant que fichier HTML (dans Notepad++, il faut choisit le type **Hypertext Markup Language file**) et exécutez ce fichier dans un navigateur (si vous utilisez Nodepad++, vous pouvez lancer directement votre code à partir de l'éditeur avec la commande **Exécution → Launch in** suivi du nom de votre navigateur, par exemple **Launch in Firefox**).

La balise **<meta charset="UTF-8">** permet à votre navigateur de prendre en compte l'affichage des caractères accentués. Si vous omettez cette balise, vous aurez des problèmes d'affichage chaque fois que vous afficherez une chaîne de caractères qui comporte des lettres accentuées.

Comme vous l'imaginez, les balises <SCRIPT> et </SCRIPT> indiquent au fichier HTML qu'il y a du code JS entre ces deux balises et que ce code ne doit pas être interprété comme du langage HTML.

Si vous avez bien suivi les étapes de la procédure, vous devez obtenir dans votre éditeur le code suivant :

```
<html>
<meta charset="UTF-8">
<script type="text/javascript">
var nombre_questions, i, nombre_1, nombre_2, question, reponse;
function mathRandomInt(a, b) {
  if (a > b) {
    // Swap a and b to ensure a is smaller.
    var c = a;
    a = b;
    b = c;
  }
  return Math.floor(Math.random() * (b - a + 1) + a);
}
nombre_questions = parseFloat(window.prompt('Combien de questions ?'));
var i_inc = 1;
if (1 > nombre_questions) {
  i_inc = -i_inc;
}
for (i = 1; i_inc >= 0 ? i <= nombre_questions : i >= nombre_questions; i += i_inc) {
  nombre_1 = mathRandomInt(1, 10);
  nombre_2 = mathRandomInt(1, 10);
  question = ['Combien font ',nombre_1,' fois ',nombre_2,' ?'].join('');
  while (!(reponse == nombre_1 * nombre_2)) {
    reponse = parseFloat(window.prompt(question));
  }
  window.alert('Bravo, c\'est la bonne réponse !');
}
window.alert(['Vous avez parfaitement répondu aux ',nombre_questions,' questions.'].join(''));
</script>
</html>
```

Si vous exécutez cette page Web dans un navigateur, vous obtiendrez un résultat équivalent à celui-ci :

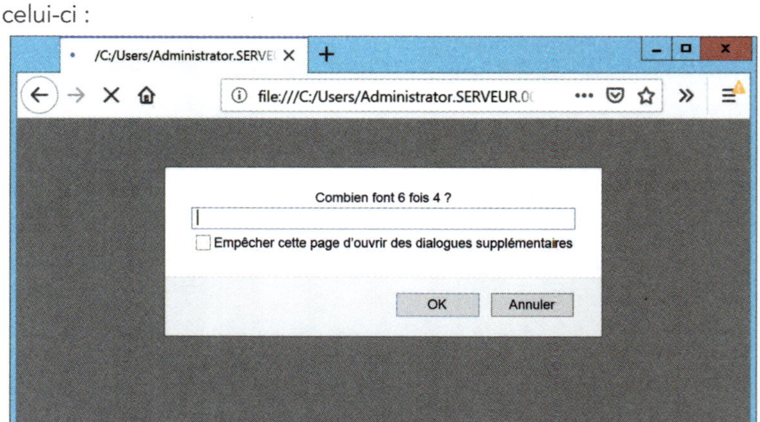

Vous ne vous en rendez peut-être pas compte, mais la possibilité de transformer très facilement votre code Blockly en une page Web est vraiment une fonctionnalité extraordinaire. Le résultat de cette page Web est bien entendu identique au programme s'exécutant dans l'environnement de Blockly puisqu'il s'agit du même code, mais les conditions d'utilisation sont fort différentes. En effet, si vous voulez transmettre votre programme Blockly à une personne pour qu'elle révise ses tables de multiplication, il faudra que cette personne ait installé l'environnement de Blockly (téléchargement, décompression des fichiers et installation dans un dossier) et qu'elle apprenne à intégrer un fichier XML dans Blockly puis à exécuter le code. Ce n'est pas si compliqué que cela puisque vous y arrivez parfaitement, mais cela demande un certain investissement en temps. En revanche, dans le cas d'un code JavaScript intégré à une page Web, vous pouvez vous contenter d'envoyer le fichier HTML en tant que pièce jointe dans un courriel et le destinataire n'aura plus qu'à cliquer sur le fichier pour qu'il s'ouvre dans un navigateur et s'exécute automatiquement. De plus, si vous avez un site Web perso, il suffit d'intégrer la page Web à votre site pour que les internautes du monde entier aient accès à votre programme.

COMMENTAIRE BLOCKLY

La phrase en vert est un commentaire qui a été généré automatiquement par Blockly et qui n'a pas été traduit. Ce commentaire indique que l'on permute les variables a et b pour s'assurer que a est plus petit.

Vous vous rendez donc bien compte qu'en ayant la possibilité de traduire tous vos programmes Blockly en pages Web intégrant du code JavaScript, il devient à présent extrêmement simple de les diffuser.

Nous allons maintenant voir comment modifier facilement le code JS généré par Blockly pour améliorer l'interface de vos programmes. En effet, une des limitations de Blockly est que l'on ne peut pas insérer de sauts de ligne dans une boîte de dialogue, ce qui nuit parfois à la lisibilité des informations présentées à l'écran.

MISE EN FORME DES BOÎTES DE DIALOGUE

Pour mieux comprendre notre problème, reprenons l'exemple du programme que nous avons écrit en semaine 4 pour générer une table de Pythagore.

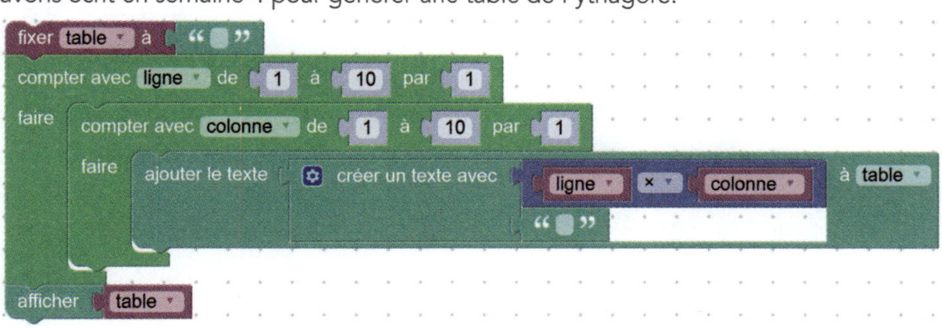

Avec une double boucle qui répète 100 fois une instruction, on réussit à obtenir le résultat des tables de multiplication pour les tables de 1 à 10, mais l'affichage n'est pas très bien présenté en Blockly car on ne sait pas insérer de saut de ligne dans une boîte de dialogue.

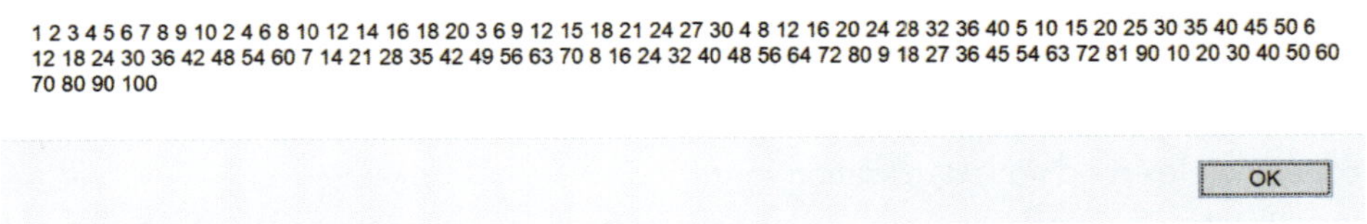

Grâce au programme JavaScript généré par Blockly, on va pouvoir améliorer considérablement l'affichage dans la boîte de dialogue. Commençons par examiner le programme JS :

```
var table, ligne, colonne;
table = '';
for (ligne = 1; ligne <= 10; ligne++) {
 for (colonne = 1; colonne <= 10; colonne++) {
  table = String(table) + String(String(ligne * colonne) + String(''));
 }
}
window.alert(table);
```

Même si vous n'avez jamais étudié JavaScript, vous comprenez que la première ligne de code déclare trois variables : **table**, **ligne** et **colonne**.

Vous imaginez également que la deuxième ligne initialise la variable **table** avec une chaîne vide. On retombe à présent sur un problème de l'interface de Blockly où il est impossible de distinguer à l'écran un espace d'une chaîne vide, comme l'illustre le programme suivant :

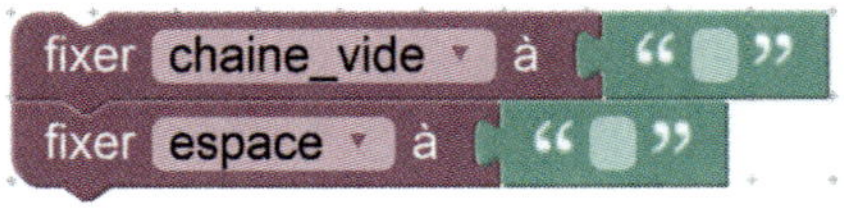

En effet, on ne peut pas savoir, quand on regarde à l'écran le code Blockly, si les deux variables sont vides ou comportent un espace. Or cette différence peut être capitale si l'on recherche une chaîne de caractères ou bien si l'on effectue une comparaison entre deux chaînes. Pour résoudre cette ambiguïté, JavaScript va venir à notre rescousse. Si vous cliquez sur le bouton **JavaScript** dans Blockly, le code JS va lever tous vos doutes :

Blocs	JavaScript

```
var chaine_vide, espace;


chaine_vide = '';
espace = ' ';
```

On voit en effet ici très nettement qu'il n'y a pas d'espace entre les guillemets de la variable **chaine_vide**, alors qu'il y a un espace dans la variable nommée fort à propos **espace**. Quand vous codez en Blockly et que vous avez un doute sur le contenu d'une telle variable, faites un petit tour par le code JavaScript pour vérifier que les variables contiennent les bonnes valeurs.

Examinons la suite du programme JS généré par Blockly :

```
for (ligne = 1; ligne <= 10; ligne++) {
 for (colonne = 1; colonne <= 10; colonne++) {
  table = String(table) + String(String(ligne * colonne) + String(''));
 }
}
window.alert(table);
```

On a une boucle **for** qui correspond à la boucle **compter avec** de Blockly avec une syntaxe légèrement différente, mais qui se comprend assez bien : là où Blockly écrit :

```
compter avec ligne de 1 à 10 par 1
```

Cela est traduit en code JavaScript par :

```
for (ligne = 1; ligne <= 10; ligne++) {
```

Avouez que cela est assez proche et la seule chose qui peut dérouter est la graphie **ligne++** qui signifie simplement que l'on incrémente la variable **ligne** d'une unité (on aurait pu aussi écrire **ligne = ligne + 1**).

La seule réelle difficulté dans ce programme est qu'il y a une boucle à l'intérieur d'une boucle et qu'il faut bien comprendre le rôle des accolades qui servent à délimiter le périmètre de la boucle. La première et la dernière accolades délimitent les instructions de la boucle extérieure (**for ligne**) et les deuxième et troisième accolades délimitent les instructions de la boucle intérieure (**for colonne**). Dans le programme Blockly, on ajoute un espace à la fin de chaque résultat de multiplication et on souhaiterait rajouter un saut de ligne après la création de chaque ligne de la table de Pythagore. Il faut donc repérer l'endroit exact du programme où l'on va insérer le saut de ligne et connaître le code du saut de ligne pour l'insérer. On doit insérer le saut de ligne à la fin de la création des colonnes, c'est-à-dire à la fin de la boucle **for colonne**.

JavaScript utilise une notation spéciale pour désigner ce que l'on appelle des caractères de contrôle, c'est-à-dire des caractères qui ne s'affichent pas, mais qui modifient l'affichage d'un texte à l'écran. Pour spécifier ce type de caractère, on les préfixe d'un slash inverse et le code pour insérer un saut de ligne est **\n**.

Il suffit donc de rajouter la ligne de code suivante entre les deux dernières accolades :

```
table = table + "\n";
```

Cette instruction signifie que l'on rajoute un saut de ligne à la variable **table** qui contient le texte de la table de Pythagore. Vous noterez qu'à la fin d'une ligne de code JS il faut rajouter un point-virgule.

Notre programme JS terminé se présente donc de la manière suivante dans l'éditeur :

```
<html>
<meta charset="UTF-8">
<script type="text/javascript">
var table, ligne, colonne;
table = '';
for (ligne = 1; ligne <= 10; ligne++) {
  for (colonne = 1; colonne <= 10; colonne++) {
    table = String(table) + String(String(ligne * colonne)) + "\t";
  }
  table = table + "\n";
}
window.alert(table);
</script>
</html>

```

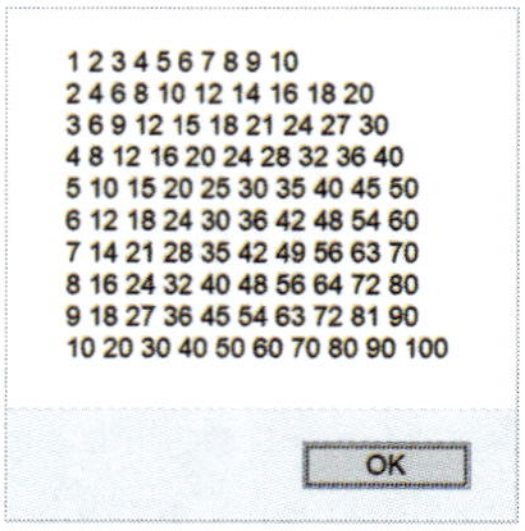

Et si on l'exécute, on constate tout de suite que l'affichage est beaucoup plus clair que dans le programme Blockly :

On pourrait sans doute améliorer encore les choses en insérant une tabulation entre chaque nombre au lieu d'insérer un espace. On va donc modifier la version précédente de notre programme en modifiant la ligne :

```
table = String(table)
+ String(String(ligne *
colonne) + String(' '));
```

en

```
table = String(table)
+ String(String(ligne *
colonne)) + "\t";
```

CRÉATION DE TABLEAUX

Une tabulation est un caractère non imprimable qui permet de laisser un nombre d'espaces fixe entre des caractères. Dans de nombreux éditeurs de code, le fait d'appuyer sur la touche tabulation revient à saisir quatre espaces à la suite. Les plus anciens d'entre nous se souviennent également que dans les premiers traitements de texte la tabulation servait à délimiter les colonnes d'un tableau.

On s'est contenté de supprimer le code **+ String(' ')** qui rajoutait un espace entre chaque nombre et on a remplacé cet espace par un caractère de tabulation **+ "\t"**. L'affichage de notre table de Pythagore est cette fois-ci parfaitement aligné grâce aux tabulations :

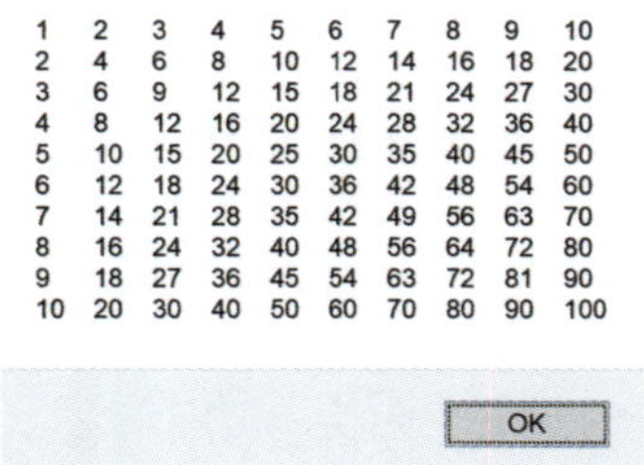

1	2	3	4	5	6	7	8	9	10
2	4	6	8	10	12	14	16	18	20
3	6	9	12	15	18	21	24	27	30
4	8	12	16	20	24	28	32	36	40
5	10	15	20	25	30	35	40	45	50
6	12	18	24	30	36	42	48	54	60
7	14	21	28	35	42	49	56	63	70
8	16	24	32	40	48	56	64	72	80
9	18	27	36	45	54	63	72	81	90
10	20	30	40	50	60	70	80	90	100

OK

AMÉLIORATION EN CONTINU

Ce code représente un bel exemple de ce que nous appelons la programmation par raffinements successifs. On a commencé par ajouter un saut de ligne, puis dans un deuxième temps, on a ajouté une tabulation. Quand on commence l'apprentissage de la programmation, il est utile de procéder de la sorte, en améliorant son code par petites retouches.

Avec les sauts de ligne (**\n**) et les tabulations (**\t**), vous avez maintenant la possibilité d'améliorer grandement l'interface de vos boîtes de dialogue.

Voici un autre exemple qui utilise des listes pour afficher l'ensemble des départements français dans une boîte de dialogue.

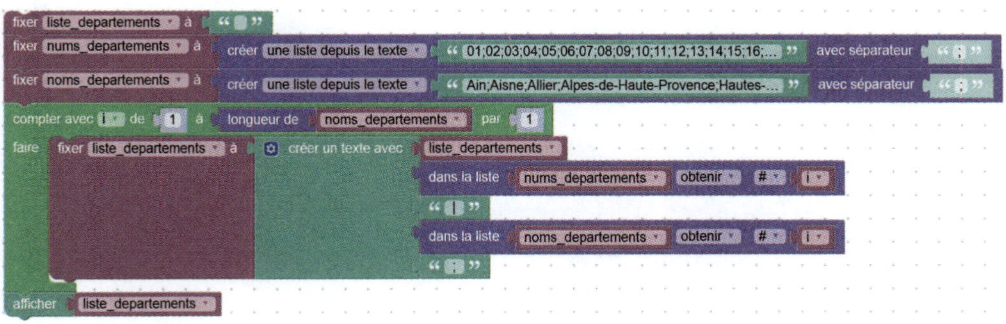

Le programme définit deux listes dans lesquelles il stocke les numéros et les noms des départements, puis une boucle parcourt les listes et agrège les valeurs des éléments dans une variable qui est ensuite affichée dans une boîte de dialogue. Le résultat de l'affichage laisse cependant à désirer :

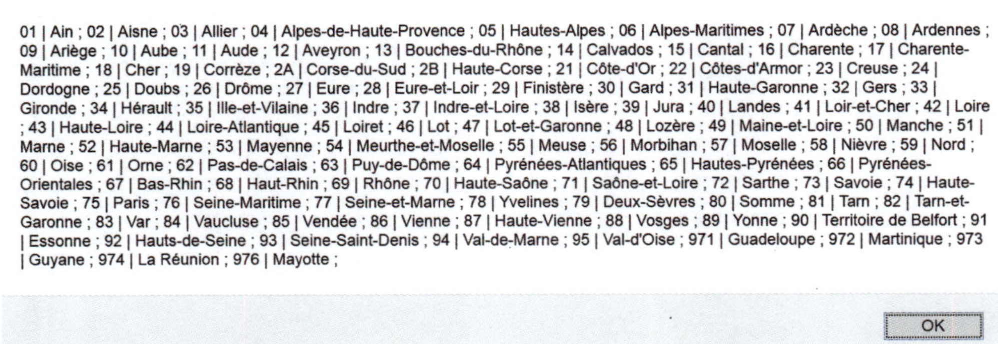

01 | Ain ; 02 | Aisne ; 03 | Allier ; 04 | Alpes-de-Haute-Provence ; 05 | Hautes-Alpes ; 06 | Alpes-Maritimes ; 07 | Ardèche ; 08 | Ardennes ; 09 | Ariège ; 10 | Aube ; 11 | Aude ; 12 | Aveyron ; 13 | Bouches-du-Rhône ; 14 | Calvados ; 15 | Cantal ; 16 | Charente ; 17 | Charente-Maritime ; 18 | Cher ; 19 | Corrèze ; 2A | Corse-du-Sud ; 2B | Haute-Corse ; 21 | Côte-d'Or ; 22 | Côtes-d'Armor ; 23 | Creuse ; 24 | Dordogne ; 25 | Doubs ; 26 | Drôme ; 27 | Eure ; 28 | Eure-et-Loir ; 29 | Finistère ; 30 | Gard ; 31 | Haute-Garonne ; 32 | Gers ; 33 | Gironde ; 34 | Hérault ; 35 | Ille-et-Vilaine ; 36 | Indre ; 37 | Indre-et-Loire ; 38 | Isère ; 39 | Jura ; 40 | Landes ; 41 | Loir-et-Cher ; 42 | Loire ; 43 | Haute-Loire ; 44 | Loire-Atlantique ; 45 | Loiret ; 46 | Lot ; 47 | Lot-et-Garonne ; 48 | Lozère ; 49 | Maine-et-Loire ; 50 | Manche ; 51 | Marne ; 52 | Haute-Marne ; 53 | Mayenne ; 54 | Meurthe-et-Moselle ; 55 | Meuse ; 56 | Morbihan ; 57 | Moselle ; 58 | Nièvre ; 59 | Nord ; 60 | Oise ; 61 | Orne ; 62 | Pas-de-Calais ; 63 | Puy-de-Dôme ; 64 | Pyrénées-Atlantiques ; 65 | Hautes-Pyrénées ; 66 | Pyrénées-Orientales ; 67 | Bas-Rhin ; 68 | Haut-Rhin ; 69 | Rhône ; 70 | Haute-Saône ; 71 | Saône-et-Loire ; 72 | Sarthe ; 73 | Savoie ; 74 | Haute-Savoie ; 75 | Paris ; 76 | Seine-Maritime ; 77 | Seine-et-Marne ; 78 | Yvelines ; 79 | Deux-Sèvres ; 80 | Somme ; 81 | Tarn ; 82 | Tarn-et-Garonne ; 83 | Var ; 84 | Vaucluse ; 85 | Vendée ; 86 | Vienne ; 87 | Haute-Vienne ; 88 | Vosges ; 89 | Yonne ; 90 | Territoire de Belfort ; 91 | Essonne ; 92 | Hauts-de-Seine ; 93 | Seine-Saint-Denis ; 94 | Val-de-Marne ; 95 | Val-d'Oise ; 971 | Guadeloupe ; 972 | Martinique ; 973 | Guyane ; 974 | La Réunion ; 976 | Mayotte ;

OK

Tous les départements sont bien affichés parce que la liste n'est pas très longue, mais la liste n'est pas du tout lisible. En passant par le code JS, on peut assez facilement afficher une boîte de dialogue qui présente les numéros et les noms des départements sur deux colonnes. Pour ce faire, il suffit de modifier l'instruction qui se trouve à l'intérieur de la boucle :

```
liste_departements = [liste_departements,nums_departements[(i - 1)],
    ' | ',noms_departements[(i - 1)],' ; '].join('');
```

Nous avons surligné en jaune les éléments à modifier, à savoir la barre verticale que nous allons remplacer par une tabulation et le point-virgule qui sera transformé en un saut de ligne. Il suffit donc de remplacer ces deux éléments par les codes que nous avons déjà employés :

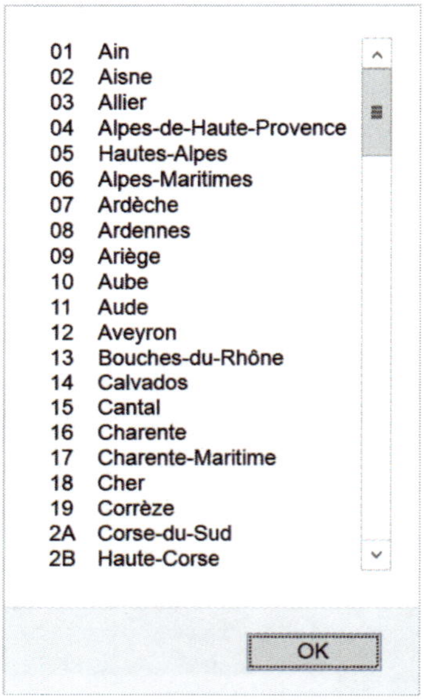


```
liste_departements = [liste_departements,-
nums_departements[(i - 1)],
    '\t',noms_departements[(i - 1)],
    '\n'].join('');
```

Comme vous pouvez le constater, les modifications du code sont minimes, mais elles produisent un effet non négligeable :

Les numéros et les noms des départements sont parfaitement mis en forme et un ascenseur permet de parcourir la liste. Encore une fois, il suffit de récupérer le code JavaScript généré par Blockly et de modifier quelques détails pour que la mise en forme soit tout de suite plus attrayante.

REDIRIGER L'AFFICHAGE DANS LA PAGE WEB

Nous allons maintenant étudier une technique qui est très simple à mettre en œuvre et qui peut rendre de grands services. Si l'affichage dans une boîte de dialogue est très utile, il peut parfois se révéler insuffisant, notamment quand on a beaucoup de valeurs à afficher. Illustrons ce problème par un exemple de programme qui affiche les nombres pairs de 0 à 10 000. Il s'agit ici d'une variante d'un programme que nous avons déjà rencontré :

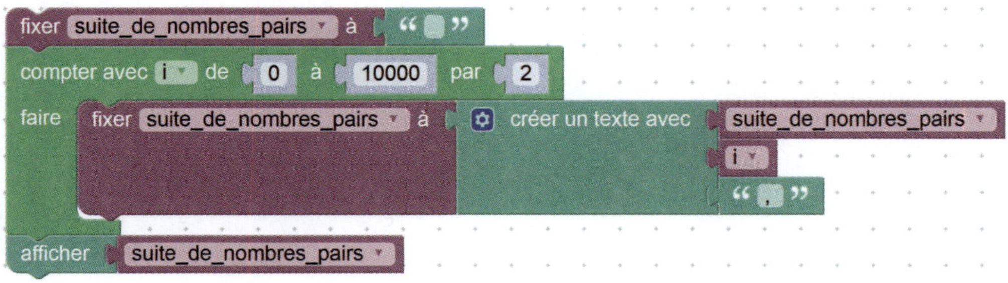

Ce programme fonctionne très bien, hormis le fait que la boîte de dialogue est incapable d'afficher la totalité des nombres, la capacité de la boîte de dialogue dépendant de plusieurs facteurs et notamment du navigateur employé (sur notre machine, nous arrivons à afficher jusqu'à 3516 dans Firefox et 820 avec Edge). La copie d'écran suivante illustre cette difficulté :

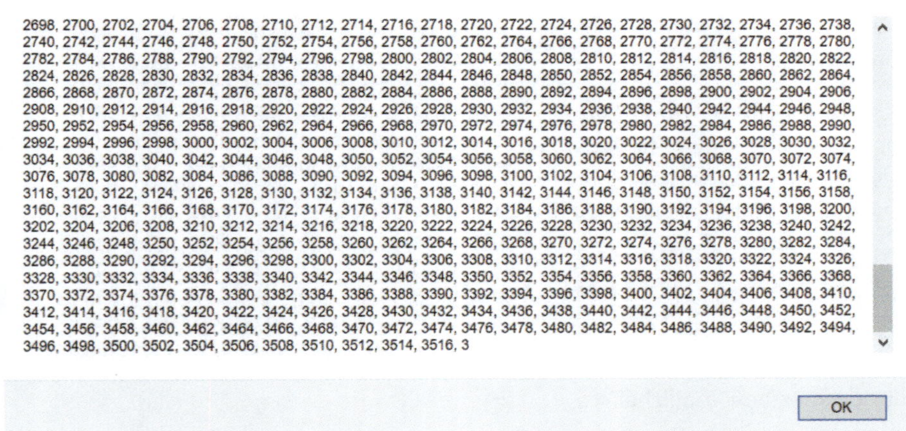

Il existe une solution très simple pour régler ce problème : au lieu d'afficher la variable dans une boîte de dialogue, on peut l'afficher directement sur la page Web. Comme vous allez le constater, cette technique est très facile à exécuter.

Le programme JS généré par Blockly pour notre programme est le suivant :

```
var suite_de_nombres_pairs, i;
suite_de_nombres_pairs = '';
for (i = 0; i <= 10000; i += 2) {
  suite_de_nombres_pairs = [suite_de_nombres_pairs,i,', '].join('');
}
window.alert(suite_de_nombres_pairs);
```

Comme vous l'aurez compris, c'est l'instruction **window.alert** qui affiche le contenu de la variable **suite_de_nombres_pairs** dans une boîte de dialogue. Il suffit alors de modifier cette seule instruction pour rediriger le contenu de la variable dans la page Web.

L'instruction pour ce faire est **document.write**. Voici le programme complet dans l'éditeur Notepad++ :

```
<html>
<meta charset="UTF-8">
<script type="text/javascript">
var suite_de_nombres_pairs, i;
suite_de_nombres_pairs = '';
for (i = 0; i <= 10000; i += 2) {
  suite_de_nombres_pairs = [suite_de_nombres_pairs,i,', '].join('');
}
document.write(suite_de_nombres_pairs);
</script>
</html>

```

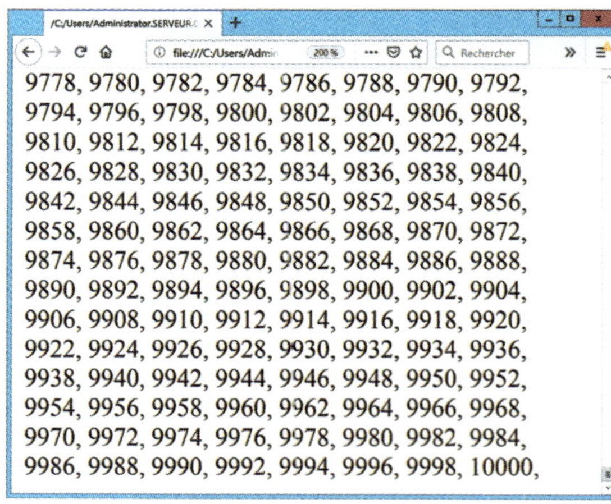

Quand vous exécutez ce programme, le contenu complet de la variable est bien affiché dans la page Web :

Les chiffres pairs sont bien affichés de 0 à 10 000 et vous pouvez facilement les sélectionner pour les copier et les coller dans un autre document. En déportant l'affichage de la boîte de dialogue vers la page Web, on supprime toute limite de taille du message à afficher, ce qui ouvre des perspectives très intéressantes.

Il faut cependant souligner un problème avec l'instruction **document.write** : les codes pour insérer un saut de ligne ou une tabulation ne fonctionnent plus, et si vous tentez de les utiliser, ils seront ignorés par le navigateur. Il faut donc trouver une autre méthode pour insérer des sauts de ligne dans le document HTML. On emploie pour ce faire la balise HTML **
** qui va indiquer au navigateur qu'il faut sauter une ligne. Le programme JS n'est pas tellement plus complexe à modifier et si l'on reprend l'exemple de l'affichage des départements français, il faut modifier la ligne suivante :

```
liste_departements = [liste_departements,nums_departements[(i - 1)],
   ' | ',noms_departements[(i - 1)],' ; '].join('');
```

en :

```
document.write([nums_departements[(i - 1)],' | ',noms_departements[(i
   - 1)],'<br/>'].join(''));
```

Comme le code pour la tabulation ne fonctionne pas, nous avons gardé la barre verticale pour servir de séparateur entre les deux colonnes, et nous avons inséré la balise **
** pour sauter une ligne. Il faut bien entendu supprimer la dernière ligne de code JS (**window.alert(liste_departements);**) dans la mesure où elle ne sert plus à rien. Le résultat dans le navigateur est illustré ci-dessous :

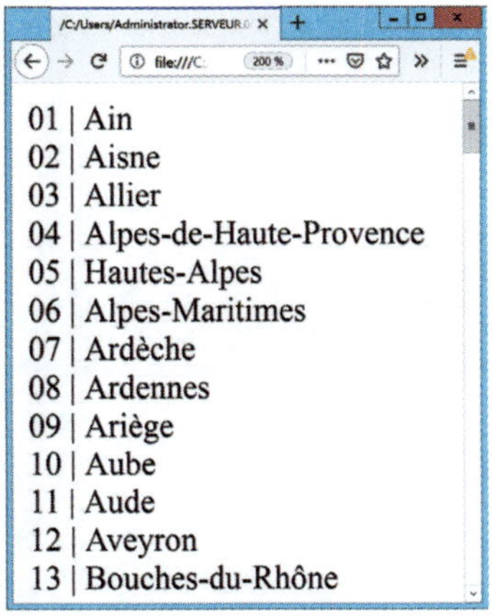

LES TABLEAUX EN HTML

Si l'on voulait créer un tableau avec des données à afficher en ligne et en colonne, il faudrait procéder de la même manière et utiliser des balises HTML supplémentaires (**<table>**, **<th>**, **<tr>** et **<td>**), mais même si cette technique n'est pas très complexe, elle dépasse le cadre de cet ouvrage. Vous trouverez néanmoins dans les compléments électroniques quelques exemples de programmes JavaScript affichant des tableaux HTML et notamment la liste des départements.

Avec les techniques que vous avez apprises, vous pouvez facilement convertir un programme Blockly en un fichier HTML intégrant du code JS. Pour vous entraîner, essayez de convertir d'autres programmes qui ont été étudiés tout au long de cet ouvrage (jeu du nombre secret, programme affichant la commune de naissance à partir du numéro INSEE, base de données de DVD, etc.). Intégrez ces programmes dans des fichiers HTML autonomes et si vous disposez d'un site Web perso, mettez-les en ligne sur votre site.

APPRENTISSAGE DE JAVASCRIPT

Même si l'apprentissage de JavaScript n'est pas le propos de ce livre, nous ne pouvons que vous inciter, si vous en avez l'envie, à continuer votre apprentissage de JavaScript. Cette recommandation vaut surtout pour tous ceux qui ont un site Web perso et qui veulent le rendre un peu plus interactif. Vous aurez ainsi compris que le générateur de code JavaScript de Blockly constitue un excellent outil d'apprentissage du code JS. Quand vous serez très à l'aise avec Blockly, prenez l'habitude d'examiner le code JavaScript généré et essayez de le comprendre, puis de le modifier directement dans un éditeur de programme.

Il est sans doute préférable pour commencer de faire des comparaisons de code avec des programmes très simples et des instructions élémentaires. Démarrez, par exemple, avec les instructions de manipulation des variables, comme dans l'exemple suivant. Ce programme n'a en soi pas d'intérêt, mais il vous permet de repérer quelques instructions JavaScript importantes et de tirer quelques enseignements sur ce langage.

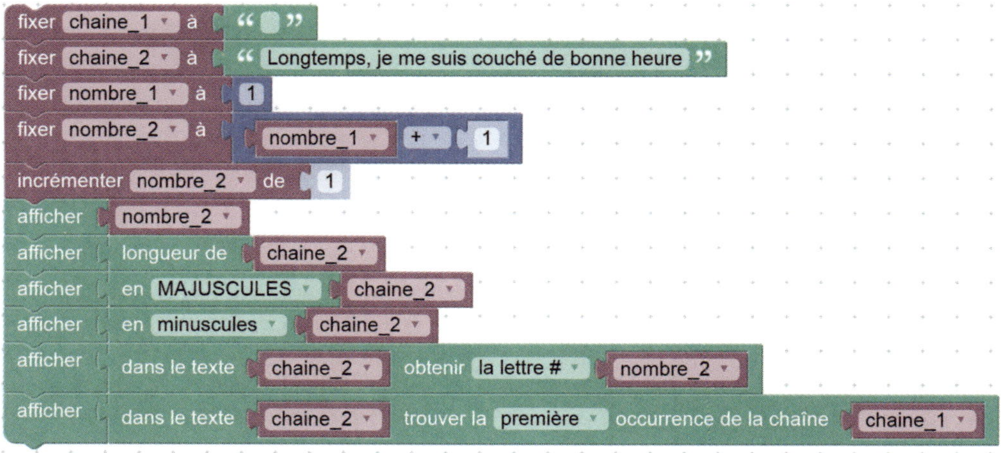

Ce programme est traduit par Blockly dans le code JS suivant :

```
var chaine_1, chaine_2, nombre_1, nombre_2;
chaine_1 = ' ';
chaine_2 = 'Longtemps, je me suis couché de bonne heure';
nombre_1 = 1;
nombre_2 = nombre_1 + 1;
nombre_2 = (typeof nombre_2 == 'number' ? nombre_2 : 0) + 1;
window.alert(nombre_2);
window.alert(chaine_2.length);
window.alert(chaine_2.toUpperCase());
window.alert(chaine_2.toLowerCase());
window.alert(chaine_2.charAt((nombre_2 - 1)));
window.alert(chaine_2.indexOf(chaine_1) + 1);
```

UNE TRADUCTION PAS TOUJOURS OPTIMISÉE

Parfois, lorsque vous comparerez le code Blockly au code JavaScript, vous serez étonné par le fait que le code JS paraît bavard et vous ne comprendrez pas forcément la manière dont Blockly a traduit son code. Il arrive en effet que le code JS ne soit pas optimisé et on a, à certaines occasions, notamment pour les boucles, du mal à suivre la logique qui a présidé à la transcription du code. C'est souvent le cas des générateurs automatiques de code, mais ce genre d'outils rend tellement de services qu'on leur pardonne facilement.

En procédant de la sorte, vous allez apprendre en douceur le code JavaScript et vous familiariser avec sa syntaxe. Quand vous maîtriserez bien la gestion des variables, vous pourrez alors vous attaquer aux boucles (nous avons déjà abordé rapidement la boucle **for**) et aux tests conditionnels, puis à la gestion des chaînes de caractères et des listes.

Nous dirons un dernier mot concernant le nommage des variables. Vous vous souvenez peut-être que nous vous avons dissuadé d'employer des lettres accentuées dans les noms de vos variables. Vous allez mieux comprendre maintenant la raison de cette mise en garde. En effet, si vous initialisez à zéro dans Blockly une variable nommée **élément**, voici ce que le code JavaScript généré donnera :

```
var _C3_A91_C3_A9ment;
_C3_A91_C3_A9ment = 0;
```

Avouez quand même que le programme JS suivant est nettement plus lisible :

```
var element;
element = 0;
```

DÉBOGUER UN PROGRAMME JAVASCRIPT POUR TROUVER LES ERREURS EN BLOCKLY

La semaine précédente, nous avons déploré l'absence de débogueur dans Blockly, même si nous vous avons montré les moyens de pallier cette lacune. Sans rentrer dans les détails, nous allons ici faire la démonstration qu'il est possible de se servir du débogueur présent dans les navigateurs pour trouver les erreurs d'un programme Blockly. En effet, nous avons vu comment simuler un mode pas à pas en Blockly et inspecter les variables d'un programme, mais si votre code est long (et c'est souvent le cas des programmes que l'on veut déboguer), la mise en place de cet ersatz de débogueur risque d'être fastidieuse et d'alourdir inutilement le programme. Le plus simple et le plus rapide est par conséquent de copier et de coller le code JavaScript généré par Blockly dans un fichier HTML et d'expertiser ce fichier dans le débogueur de votre navigateur. En utilisant le débogueur du navigateur Firefox, nous allons illustrer cette technique à l'aide de deux exemples. Le programme ci-dessous demande à l'utilisateur de saisir un numéro de département, puis il est censé afficher le nom du département dont le numéro a été saisi. Malheureusement, ce programme ne fonctionne pas…

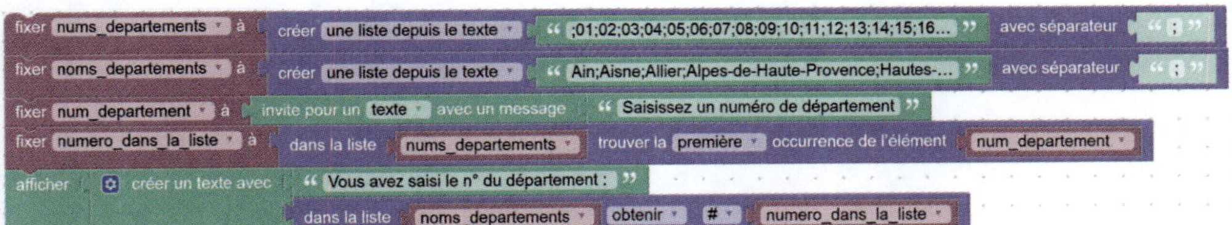

PROGRAMME À DÉBOGUER

Si vous voulez tester ce programme qui ne marche pas, chargez le fichier bug_liste_départements.xml, disponible dans les compléments électroniques du livre.

Encore une fois, il est parfaitement possible de trouver l'erreur de ce programme en se contentant des fonctionnalités rudimentaires de Blockly, mais dans des projets plus conséquents, l'emploi du débogueur du navigateur sera très utile.

Pour utiliser le débogueur, ouvrez avec Firefox le fichier HTML qui contient le code JS généré par Blockly. Allez dans le menu **Outils → Développement web** et choisissez la commande **Débogueur** ; vous pouvez également utiliser le raccourci **CTRL + Maj + S**. La fenêtre du navigateur se divise en deux et des menus apparaissent. Dans l'onglet **Sources**, cliquez sur le nom du fichier HTML pour faire apparaître le code source JS dans l'onglet au centre de l'écran. Dans le code source, sélectionnez le nom de la variable **nums_departements** et faites un clic droit ; dans le menu contextuel, choisissez la commande **Ajouter une expression espionne**. La valeur de la variable apparaît dans le volet **Expressions espionnes**. Faites la même manipulation pour les variables **noms_departements**, **num_departement** et **numero_dans_la_liste**. Vous devriez arriver à un résultat similaire à la copie d'écran illustrée ci-dessous.

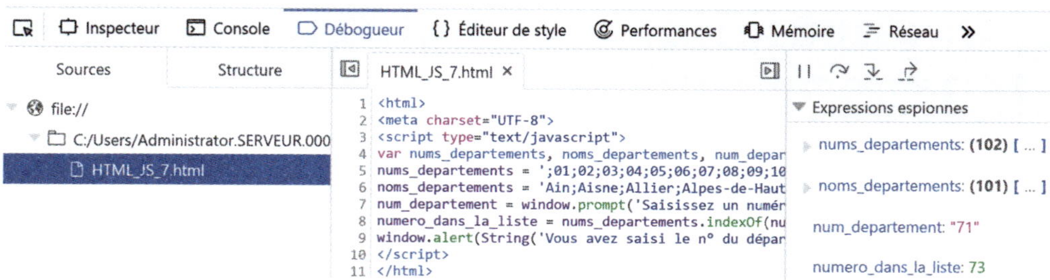

Le nombre entre parenthèses après les variables **nums_departements** et **noms_departements** indique le nombre d'éléments dans chaque liste et vous pouvez déjà constater qu'il y a un problème car ce nombre d'éléments doit être identique puisque les deux listes sont synchronisées. Le problème vient du fait qu'un caractère deux-points a été inséré par erreur au début de la liste **nums_departements** qui compte donc un élément de trop. Les listes étant désynchronisées, il n'y a rien d'anormal à ce que le programme ne fonctionne pas. Pour régler le problème, il suffit de supprimer le caractère en trop dans l'initialisation de la liste.

Pour notre deuxième exemple, nous retrouvons notre programme de jeu du nombre secret à découvrir.

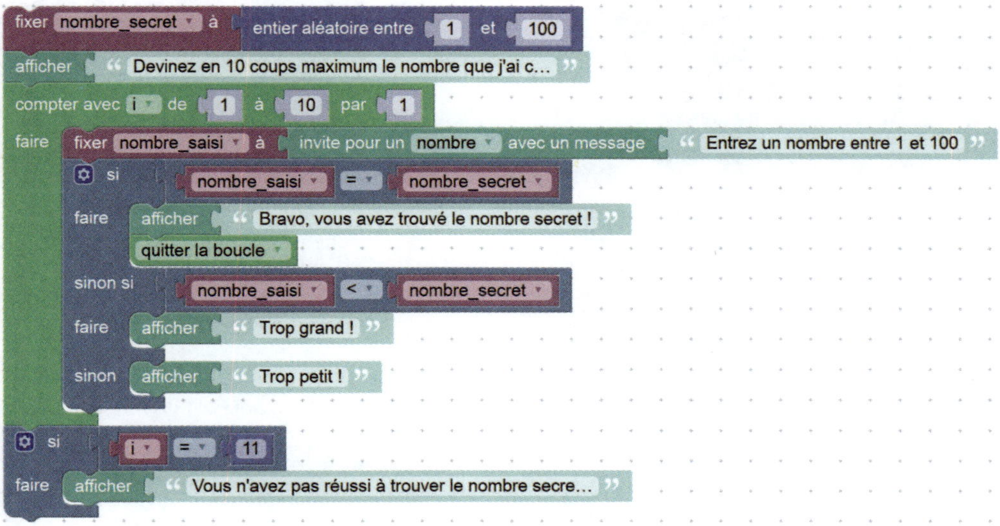

Malheureusement, si vous testez ce programme, vous constaterez qu'il ne fonctionne pas et vous n'arriverez jamais à trouver le nombre secret, sauf à faire preuve d'une chance extraordinaire.

PROGRAMME À DÉBOGUER

Si vous voulez tester ce programme qui ne marche pas, chargez le fichier bug_nombre_secret.xml, disponible dans les compléments électroniques du livre.

Pour découvrir l'erreur, on charge à nouveau le fichier HTML dans le débogueur de Firefox. Cette fois-ci, nous allons employer une autre technique qui consiste à définir des points d'arrêt dans le programme. Pour définir un point d'arrêt, on fait un clic droit sur le numéro de la ligne et on sélectionne la commande **Ajouter un point d'arrêt**. Le numéro de la ligne apparaît alors sur fond bleu. On peut définir autant de points d'arrêt que l'on souhaite et une fois que l'on a ajouté tous les points d'arrêt nécessaires à l'examen du programme, on utilise les boutons disponibles au-dessus du volet **Expressions espionnes** pour contrôler le déroulement du programme. Chaque fois que le programme atteint un point d'arrêt, il s'arrête et il ne reprend son déroulement que lorsque vous cliquez sur le bouton **Reprendre** (dont le raccourci est la touche de fonction **F8**). Quand le programme est à l'arrêt, vous avez tout le temps nécessaire pour examiner le contenu des expressions espionnes que vous avez définies. Vous noterez que les expressions espionnes peuvent être des variables, mais également des expressions comme **nombre_saisi < nombre_secret**. Même si une variable n'est pas définie dans le volet **Expressions espionnes**, vous avez quand même la possibilité d'inspecter sa valeur en pointant simplement son nom dans le code. Le nom de la variable est surligné en jaune et apparaît alors une info-bulle indiquant la valeur de la variable en vert. La copie d'écran ci-dessous illustre le programme JavaScript avec quatre points d'arrêt et quatre expressions espionnes.

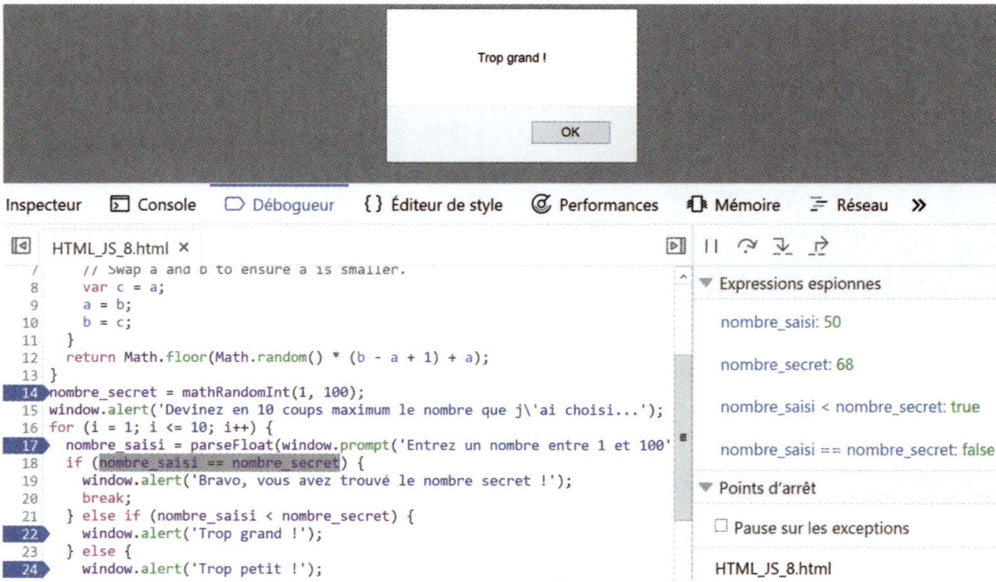

Dans cet exemple, le nombre secret à deviner est 68 et l'utilisateur a saisi 50 comme première proposition. L'expression **nombre_saisi < nombre_secret** renvoie la valeur **true** (vrai) car 50 est inférieur à 68, mais c'est le message « Trop grand » qui s'affiche. Il y a donc un problème avec le test conditionnel et il suffit de modifier l'opérationnel relationnel et de transformer le test en **nombre_saisi > nombre_secret**.

Bien entendu, dans cet exemple, l'erreur aurait pu être détectée sans l'emploi d'un débogueur, mais nous vous garantissons que pour des programmes plus complexes et dans le cas d'erreurs plus sournoises, un tel outil peut faire gagner beaucoup de temps dans le repérage des erreurs.

VBA, LE LANGAGE DE PROGRAMMATION DE LA SUITE MICROSOFT OFFICE

Nous souhaitons ici vous présenter un langage de programmation un peu particulier qui a le mérite d'être relativement facile à apprendre. Il s'agit de VBA, qui est l'acronyme de Visual Basic pour Applications, langage présent dans la plupart des logiciels de la suite Microsoft Office (Word, Excel, PowerPoint, Access, Outlook, Project, Visio). VBA est donc une version de Visual Basic pour les applications. Le langage de programmation Basic est un langage assez ancien qui a été créé en 1965 ; langage d'initiation (Basic signifie *Beginner's All-purpose Symbolic Instruction Code*, c'est-à-dire code généraliste d'instructions symboliques pour les débutants), il a connu d'innombrables versions sur la plupart des systèmes d'exploitation. Pour Bill Gates, il s'agit d'un langage fétiche car c'est le premier programme qu'il a écrit et commercialisé avec son ami Paul Allen. Il s'agissait à l'époque d'une version de Basic pour un ordinateur baptisé Altair. Lorsque nos deux compères créèrent Microsoft et proposèrent leur système d'exploitation à IBM, une version du langage Basic était bien évidemment proposée dans le package. Chacun connaît la suite de l'histoire...

Avec l'avènement de Windows, les interfaces utilisateur sont devenues graphiques et Microsoft se devait de faire évoluer son Basic : c'est ainsi que Microsoft Basic est devenu Visual Basic. Simple et visuelle, bien qu'il ne s'agisse pas à proprement parler d'un VPL puisque le code du programme est saisi au clavier, cette nouvelle version du langage obtint un succès formidable et aujourd'hui, Visual Basic est un langage de programmation encore très utilisé. Mais le rêve de Bill Gates était véritablement d'imposer ce langage à tous les produits que commercialisait Microsoft. On a donc vu apparaître en 1993 une version minimale de Visual Basic dans Excel et cette version fut appelée VBA. En 1996, sortit la version 4 de Visual Basic et VBA remplaça Word Basic. En 1998, Microsoft livra Visual Basic 6 et c'est cette dernière version qui est présente dans Office 2000, Office XP, Office 2003 et Office 2007. Office 2010 a accueilli la version 7 de VBA et c'est la version 7.1 qui tourne dans Office 2013, Office 2016 et Office 365.

Il y a une trentaine d'années, Microsoft inventa pour ses logiciels Word et Multiplan (l'ancêtre d'Excel) le concept de macro-commande. Il s'agissait de la possibilité de mémoriser les touches frappées au clavier, les options sélectionnées et les commandes exécutées afin de les réutiliser plus tard. L'utilisateur avait donc la possibilité d'enregistrer une suite de commandes du logiciel pour automatiser les actions les plus répétitives. Mais l'écriture de macro-commandes était assez complexe et le mini-langage de programmation qui accompagnait Word et Multiplan était assez pauvre.

Aujourd'hui, avec Office, les choses ont considérablement évolué et les macro-commandes sont devenues les macros. L'utilisateur de la suite Office dispose à présent d'un langage de programmation puissant et complet, VBA, qui est doté d'un environnement digne des langages utilisés par les informaticiens professionnels. Dans Office, les programmes que l'on développe s'appellent donc des macros.

Word et Excel disposent d'un enregistreur de macros qui, à la manière d'un magnétophone, peut enregistrer vos actions dans le logiciel et rejouer à volonté ce que vous avez exécuté. Cette fonctionnalité est extrêmement pratique quand on débute l'apprentissage de la programmation car l'enregistreur de macros ne se contente pas d'enregistrer vos actions, il génère également le code qui permet d'exécuter ces actions. Cela signifie que si vous ne savez pas comment programmer une action particulière, il suffit de déclencher l'enregistreur de macros, d'exécuter l'action en question, d'arrêter l'enregistreur de macros, puis d'étudier le code VBA qui aura été généré. Si l'on a quelques notions d'algorithmique, il est très facile de commencer à écrire ses premiers programmes Word ou Excel en repartant du code généré par l'enregistreur de macros. Pour illustrer la simplicité de VBA, nous listons ci-dessous le code du jeu que vous connaissez bien à présent :

```
Sub trouver_nombre_secret()
Dim nombre_secret, nombre_saisi
nombre_secret = Int(100 * Rnd) + 1
MsgBox ("Devinez en 10 coups maximum le nombre que j'ai choisi...")
For i = 1 To 10
nombre_saisi = Int(InputBox("Entrez un nombre entre 1 et 100"))
    If nombre_saisi = nombre_secret Then
    MsgBox ("Bravo, vous avez trouvé le nombre secret !")
    Exit For
    ElseIf nombre_saisi > nombre_secret Then
    MsgBox ("Trop grand !")
    Else
    MsgBox ("Trop petit !")
    End If
Next i
If i = 11 Then
MsgBox ("Vous n'avez pas réussi à trouver le nombre secret en 10 coups !")
End If
```

Et pour que la comparaison soit complète, nous reproduisons le code JavaScript généré par Blockly :

```
var nombre_secret, i, nombre_saisi;
function mathRandomInt(a, b) {
  if (a > b) {
    // Swap a and b to ensure a is smaller.
    var c = a;
    a = b;
    b = c;
  }
  return Math.floor(Math.random() * (b - a + 1) + a);
}

nombre_secret = mathRandomInt(1, 100);
window.alert('Devinez en 10 coups maximum le nombre que j\'ai choisi...');
for (i = 1; i <= 10; i++) {
  nombre_saisi = parseFloat(window.prompt('Entrez un nombre entre 1 et 100'));
if (nombre_saisi == nombre_secret) {
    window.alert('Bravo, vous avez trouvé le nombre secret !');
    break;
  } else if (nombre_saisi > nombre_secret) {
    window.alert('Trop grand !');
  } else {
    window.alert('Trop petit !');
```

```
    }
  }
  if (i == 11) {
    window.alert('Vous n\'avez pas réussi à trouver le nombre secret en
         10 coups !');
  }
```

VBA, UN LANGAGE SIMPLE ET PUISSANT

Si vous possédez la suite Microsoft Office (quelle que soit sa version), nous vous conseillons vivement, une fois que vous aurez assimilé les principes algorithmiques à l'aide de Blockly, de vous lancer dans l'étude de VBA, surtout si vous êtes un gros utilisateur de Word et d'Excel. Pour découvrir en détail VBA, vous pouvez vous reporter à notre livre Gagnez du temps avec Excel et Word, paru chez Dunod en 2020. Vous pouvez télécharger un extrait de cet ouvrage à http://www.vbapourtous.fr/.

POUR S'ENTRAÎNER

1/ Chargez dans Blockly le fichier TP9_01.xml et intégrez son code JavaScript dans un fichier HTML.

2/ Chargez dans Blockly le fichier TP9_02.xml et intégrez son code JavaScript dans un fichier HTML. Améliorez ensuite le code JavaScript pour réaliser l'affichage dans la boîte de dialogue sur plusieurs lignes.

3/ Chargez dans Blockly le fichier TP9_03.xml et intégrez son code JavaScript dans un fichier HTML. Améliorez ensuite le code JavaScript pour réaliser l'affichage dans la boîte de dialogue sur plusieurs lignes et plusieurs colonnes.

4/ Chargez dans Blockly le fichier TP9_04.xml et intégrez son code JavaScript dans un fichier HTML. Améliorez ensuite le code JavaScript pour transformer l'affichage dans la boîte de dialogue en un affichage dans la page Web (avec **document.write**), un saut de ligne étant inséré à chaque tour de boucle.

5/ Écrivez un programme Blockly qui permet de jouer au Mastermot. Le Mastermot est comme le jeu de Mastermind, mais il se joue avec des mots. L'ordinateur choisit au hasard un mot de x lettres (nous vous conseillons de commencer avec un programme gérant des mots de 6 lettres) et le joueur doit deviner le mot choisi en proposant des mots de x lettres. Quand le joueur fait une proposition, le programme lui indique le nombre de lettres bien placées et le nombre de lettres mal placées (bien entendu, on a juste l'indication du nombre de lettres bien et mal placées, mais on ne sait pas quelles sont les lettres concernées). Par déduction, le joueur doit arriver à deviner le mot choisi par l'ordinateur.

Une fois que votre programme Blockly tourne parfaitement, convertissez-le en un programme JavaScript.

DÉVELOPPEMENT D'APPLICATIONS MOBILES

SEMAINE 10

Dans ce dernier chapitre, vous allez découvrir que tous vos efforts pour appendre la programmation n'auront pas été vains car vous allez pouvoir créer votre première application qui fonctionnera sur un téléphone mobile ou une tablette.

Blockly étant un logiciel extrêmement polyvalent, il a donné lieu à de très nombreuses dérivations, dont une application en ligne qui se nomme App Inventor 2. L'ambition de cette application est de mettre à la portée de chacun le développement d'applications sur des terminaux mobiles (tablettes ou smartphones) fonctionnant sous Android ou iOS (iPhone et iPad).

Dans ce chapitre, nous allons voir comment développer deux versions mobiles de programmes que nous avons déjà codés en Blockly. Afin de bien comprendre les principes d'App Invertor 2, nous commencerons par une application simple, le jeu où l'ordinateur choisit un nombre secret que l'on doit deviner en un minimum de coups.

Pour réaliser cette application, vous aurez besoin :

- d'un ordinateur équipé d'une connexion Internet
- d'un réseau Wi-Fi
- d'un compte Google
- d'un terminal (tablette ou smartphone) Android ou iOS

Le résultat final de l'application ressemble à ceci :

INTERFACE D'APP INVENTOR 2

App Inventor 2 est une application Web qui est disponible à : http://ai2.appinventor.mit.edu. Pour pouvoir utiliser cette application, vous devez vous connecter en utilisant un compte Google (si vous n'en avez pas, vous pouvez en créer un pour l'occasion à l'adresse suivante : https://accounts.google.com/signup)

L'interface d'App Inventor 2 est par défaut en anglais et vous pouvez choisir le français (dans le menu en haut à droite, à gauche de l'emplacement où votre compte Google est inscrit), mais nous vous le déconseillons car il est préférable d'apprendre les noms des contrôles (les éléments de l'interface que l'on place sur l'écran de l'application) en anglais et c'est la raison pour laquelle toutes les copies d'écran de ce chapitre utilisent l'interface en anglais.

APPLICATION EN LIGNE

À la différence de Blockly que nous avons utilisé en local, dans la mesure où nous avions téléchargé les fichiers du code source de Blockly sur notre disque dur, App Inventor 2 est une application en ligne. Cela signifie que tous les fichiers que vous créez sont stockés sur un serveur distant. Il est donc nécessaire d'avoir une connexion Internet fiable et permanente pour travailler avec App Inventor 2.

CRÉATION D'UN NOUVEAU PROJET

Pour créer un nouveau projet, choisissez la commande **Projects → Start new project**. Donnez un nom à votre projet (par exemple, **nombre_secret**), et cliquez sur OK.

L'interface qui apparaît après avoir validé la boîte de dialogue de création d'un nouveau projet se compose de quatre volets :

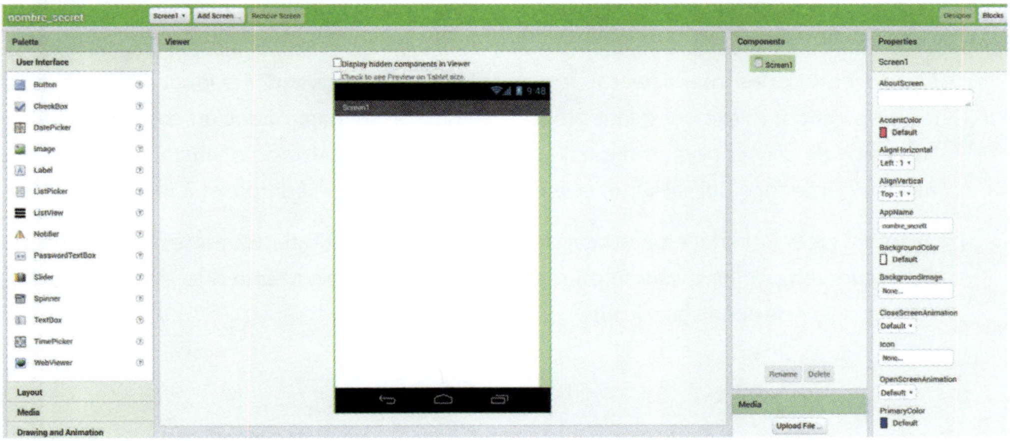

Le volet **Palette** contient la liste des contrôles (classés par catégorie) que l'on peut placer sur l'écran de l'application. Un contrôle est un élément de l'interface utilisateur, comme un bouton, une liste déroulante, une image, etc.

Le volet **Viewer** représente l'écran du terminal et c'est à cet endroit que vous allez placer les contrôles de l'application.

Le volet **Components** (composants) liste les contrôles de l'application et, au départ, il n'y a qu'un seul composant : **Screen1**, qui représente l'écran de l'application.

Le volet **Properties** (propriétés) permet de lister et de modifier les propriétés de chaque contrôle (ses dimensions, sa couleur, son alignement, etc.).

Vous noterez en haut à droite la présence de deux boutons : **Designer** et **Blocks**. Le mode Designer permet de concevoir l'interface de l'application et le mode Blocks permet de programmer les contrôles de l'application, c'est-à-dire la manière dont ils vont réagir quand on les sollicite. Vous devez donc d'abord concevoir l'interface de votre application en mode Designer, puis une fois qu'elle est finalisée, vous passez en mode Blocks afin de programmer les contrôles.

DÉVELOPPEMENT EN DEUX TEMPS

Dans une application mobile, il faut bien comprendre ce processus de développement en deux temps auquel vous n'avez pas été habitué avec Blockly. Quand dans Blockly vous utilisez le bloc **invite**, il s'agit d'une instruction pour gérer la saisie, c'est-à-dire l'interface utilisateur, mais il s'agit en même temps d'une instruction qui programme le comportement du bloc puisque vous précisez avec la mention **pour un nombre** ou **pour un texte** le type de données que vous attendez. Avec App Inventor 2, la conception d'un programme s'effectue toujours en deux phases bien distinctes. Si l'on se réfère aux principes que nous avons énoncés au début de cet ouvrage, il convient de commencer par dessiner sur papier l'interface de l'application, puis de lister tous les traitements que l'application pourra réaliser. Pour chaque traitement, on déterminera au préalable l'algorithme employé pour mener à bien la tâche programmée.

CONCEPTION DE L'INTERFACE UTILISATEUR

La conception des interfaces utilisateur des applications s'exécutant sur des terminaux mobiles est complexe car il faut prendre de nombreux paramètres en compte et pallier l'absence de clavier pour la saisie. Dans le cadre de cet ouvrage d'initiation, nous avons simplifié l'interface utilisateur et choisi une application peu complexe à réaliser.

Avant de créer l'interface utilisateur de l'application, il faut lister toutes les fonctionnalités que devra remplir l'application pour que le jeu soit effectif. Même si le jeu est simpliste, il faut prévoir des contrôles pour :

- saisir un nombre
- corriger la saisie
- valider la saisie
- afficher les messages de l'ordinateur (« trop petit » ou « trop grand »)
- afficher les consignes du jeu
- donner la possibilité de rejouer

Pour un problème donné, il existe souvent de nombreuses possibilités d'interface et nous avons choisi les contrôles suivants pour réaliser notre jeu :

- un contrôle TextBox pour recueillir la saisie
- des boutons pour saisir les chiffres
- des boutons pour valider et corriger la saisie
- un contrôle Label pour afficher les consignes du jeu
- un bouton pour indiquer que l'on veut rejouer
- une synthèse vocale pour délivrer les messages de l'ordinateur (contrôle TextToSpeech)

En plus de ces contrôles, il sera nécessaire de positionner sur l'écran des contrôles permettant de paramétrer la disposition de certains contrôles.

PLACEMENT ET PARAMÉTRAGE DES CONTRÔLES DE L'INTERFACE

Pour placer un contrôle sur l'écran de l'application, il faut le sélectionner dans le volet **Palette** et le placer (par un glisser-déposer) sur le volet **Viewer**. Pour placer notre premier contrôle, sélectionnez dans la catégorie **User Interface** (interface utilisateur) le contrôle **TextBox** et déposez-le au sommet de l'écran. Un contrôle TextBox (que l'on traduit en général par zone de texte) sert à recueillir la saisie de l'utilisateur. Votre écran doit à présent ressembler à cela :

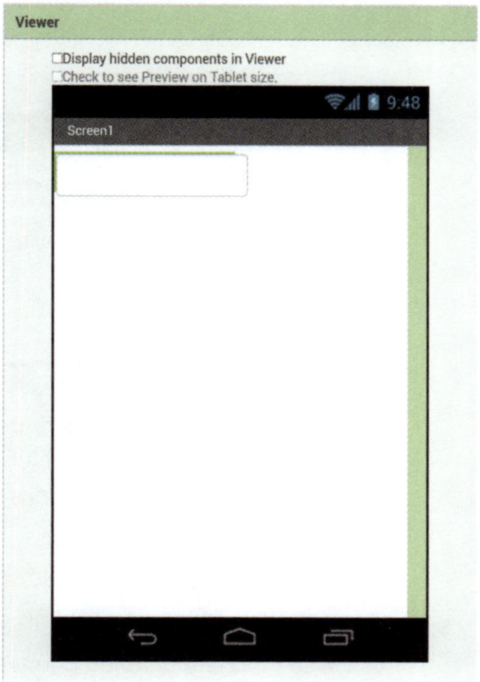

Dès que vous avez déposé le contrôle TextBox, l'objet apparaît dans le volet Components, sous l'objet Screen1. Par défaut, le nom du contrôle se compose du type de contrôle suivi d'un numéro. Ainsi, le premier contrôle TextBox déposé sur l'application se nomme **TextBox1**. Comme ce nom n'est pas très parlant, nous allons le modifier et l'appeler **saisie** dans la mesure où il s'agit du champ qui va accueillir la saisie de l'utilisateur.

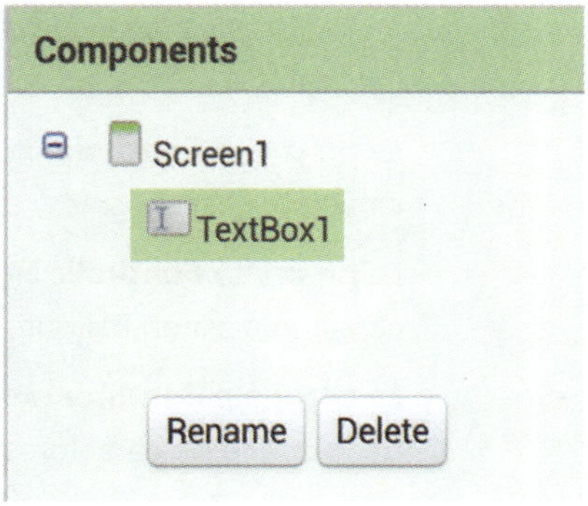

Pour renommer le contrôle, assurez-vous qu'il est bien sélectionné (son nom doit apparaître dans le volet Properties) et cliquez sur le bouton **Rename** (renommer) du volet **Components** ; saisissez le nouveau nom, puis validez en cliquant sur **OK**.

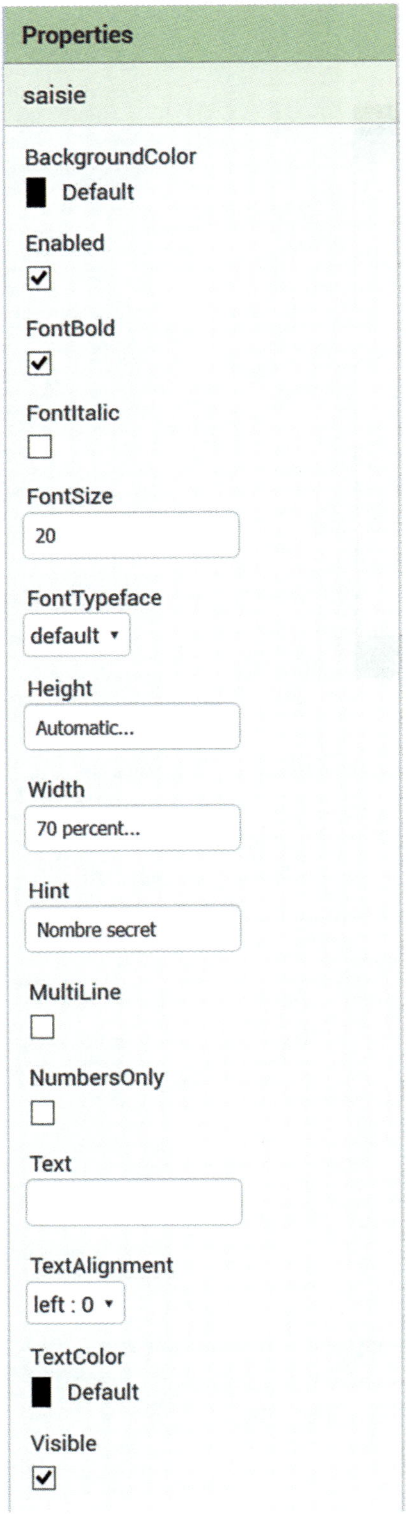

Vous allez ensuite modifier les propriétés de ce contrôle pour qu'elles soient conformes aux valeurs ci-contre.

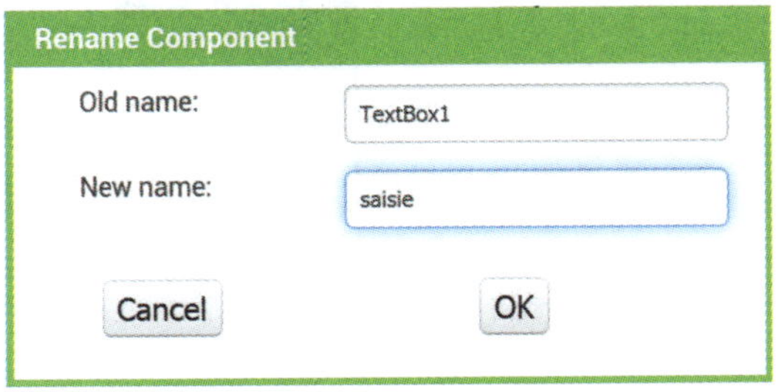

Vous venez de placer votre premier contrôle et de définir ses propriétés qui conditionnent principalement son aspect. Attardons-nous un moment sur quelques propriétés :

- La propriété **BackgroundColor** détermine la couleur de fond du contrôle
- La propriété **Enabled** permet d'activer le contrôle. Si un contrôle n'est pas activé (sa case n'est pas cochée), l'utilisateur ne peut avoir aucune interaction avec ce dernier. Les contrôles peuvent être activés par programmation à certains moments dans l'application. On peut donc parfaitement déposer un contrôle sur l'écran et le désactiver au démarrage de l'application, quitte à l'activer plus tard, en fonction des besoins de l'utilisateur.
- La propriété **FontBold** indique si la police de caractères est en gras.
- La propriété **FontItalic** indique si la police de caractères est en italique.
- La propriété **FontSize** permet de préciser la taille de la police de caractères.
- La propriété **FontTypeface** détermine le type de la police de caractères (sans serif signifie sans empattement).
- La propriété **Height** détermine la hauteur du contrôle.

- La propriété **Width** détermine la largeur du contrôle. Dans notre exemple, nous avons exprimé la largeur en pourcentage. Cela signifie que notre contrôle occupe 70 % de la largeur de l'écran du terminal.
- La propriété **Hint** permet d'afficher une info-bulle quand on survole le contrôle avec la souris.
- La propriété **TextColor** détermine la couleur des caractères saisis dans le contrôle.
- La propriété **Visible** permet de masquer l'affichage du contrôle.

Afin de compléter l'interface utilisateur, vous allez placer les autres contrôles de l'application. Dans App Invertor 2, par défaut, les contrôles s'empilent les uns en dessous des autres et si l'on veut placer deux contrôles côte à côte, il faut placer d'abord un conteneur spécial qui va assurer l'agencement horizontal des deux contrôles. Comme nous souhaitons placer sous le champ de saisie deux boutons pour valider et corriger la saisie, il faut au préalable déposer en dessous du contrôle TextBox un contrôle **HorizontalArrangement** que vous trouverez dans la catégorie **Layout** (disposition).

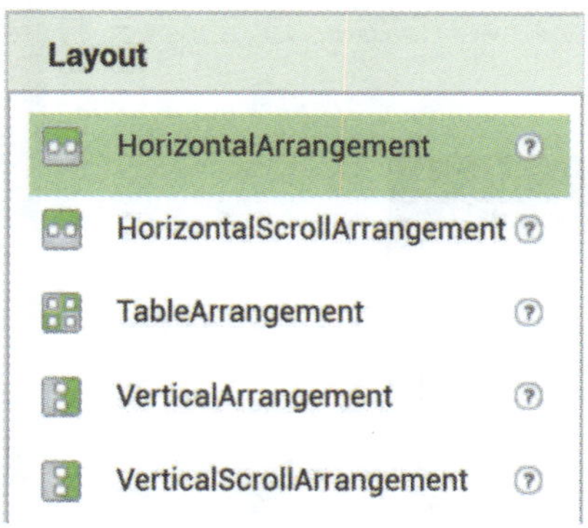

SAUVEGARDER SON PROJET

Vous venez de travailler un moment sur votre projet et il est temps de le sauvegarder. Cliquez sur le menu **Projects** (en haut de la fenêtre) et sélectionnez la commande **Save project**. Votre projet est enregistré sur le serveur de App Inventor 2. Prenez l'habitude d'enregistrer votre projet régulièrement (toutes les 15 minutes, par exemple).

Une fois le contrôle placé, votre écran ressemble à la figure ci-contre.

Modifiez la propriété **Width** de ce contrôle avec la valeur **Fill parent...** (remplit le parent) pour qu'il occupe la totalité de la largeur de l'écran. Laissez les autres propriétés par défaut et placez dans ce conteneur deux contrôles **Button** (bouton) que vous trouverez dans la catégorie User Interface. Placez d'abord un bouton à gauche dans le conteneur, puis placez l'autre bouton à droite du premier.

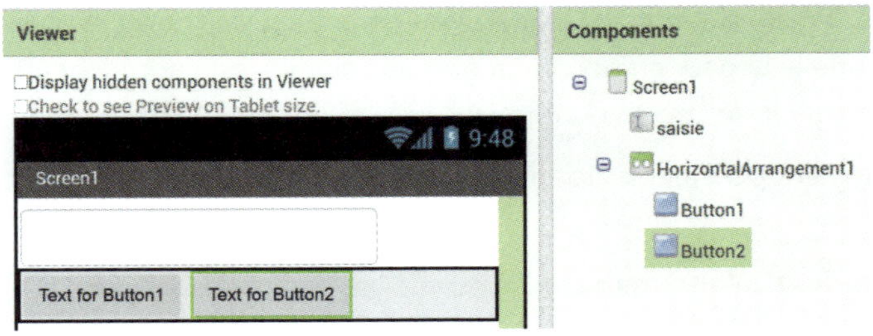

Dans le volet Components, les boutons doivent venir se positionner sous le contrôle **HorizontalArrangement1**.

Pour faciliter la programmation ultérieurement, vous renommerez (de la même manière que vous avez procédé avec le contrôle TextBox) le premier bouton **valider** et le second bouton **effacer**. Modifiez les propriétés de ces objets pour qu'elles soient conformes aux valeurs de la figure ci-contre.

Les deux boutons ont les mêmes propriétés, hormis la couleur de fond (propriété **BackgroundColor** ; vert pour le bouton **valider** et rouge pour le bouton **effacer**) et le texte qui s'affiche sur le bouton (propriété **Text** ; « Valider » pour le bouton **valider** et « Effacer » pour le bouton **effacer**). Le résultat du placement des deux boutons est illustré ci-dessous :

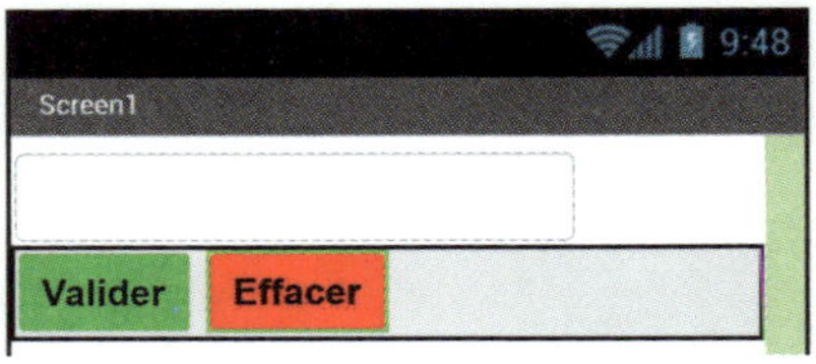

Il nous reste ensuite à créer un pavé numérique qui nous servira à saisir les chiffres du nombre secret. Pour ce faire, nous avons choisi de déposer un contrôle **TableArrangement** (accessible depuis la catégorie **Layout**) avec les propriétés suivantes :

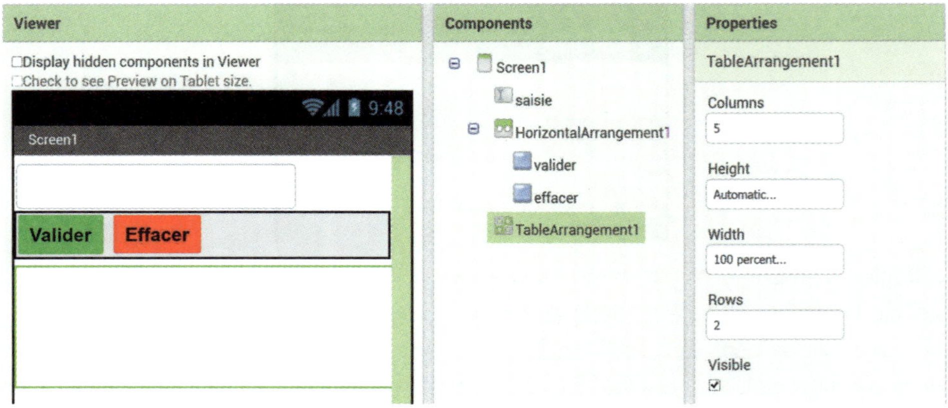

Propriétés des boutons Valider et Effacer

Dans ce conteneur, vous placerez 10 contrôles Button (renommés de **bouton_0** à **bouton_9**) pour la saisie des 10 chiffres, avec les propriétés suivantes :

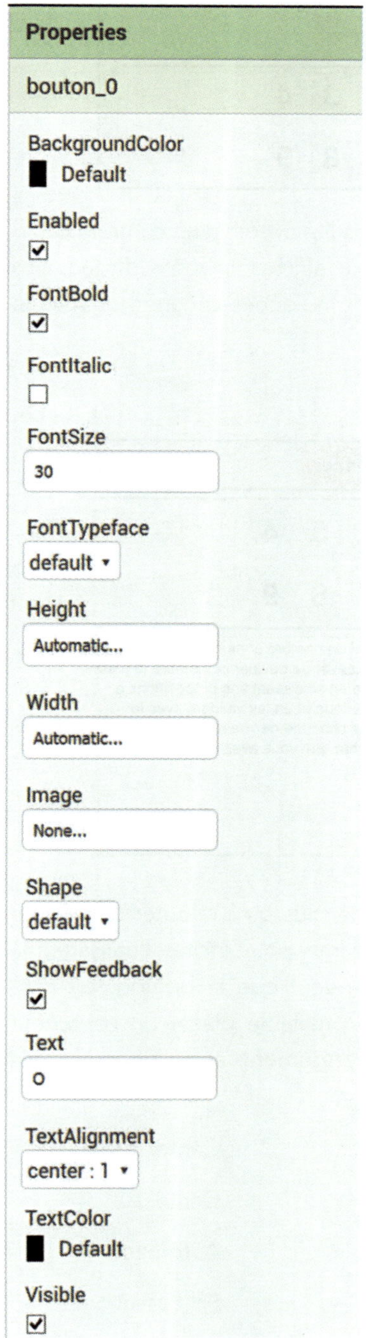

Bien entendu, la propriété **Text** est différente pour chaque bouton, **bouton_0** ayant pour propriété **Text** 0, **bouton_1** ayant pour propriété **Text** 1, et ainsi de suite. Le résultat de l'agencement des boutons est illustré ci-dessous :

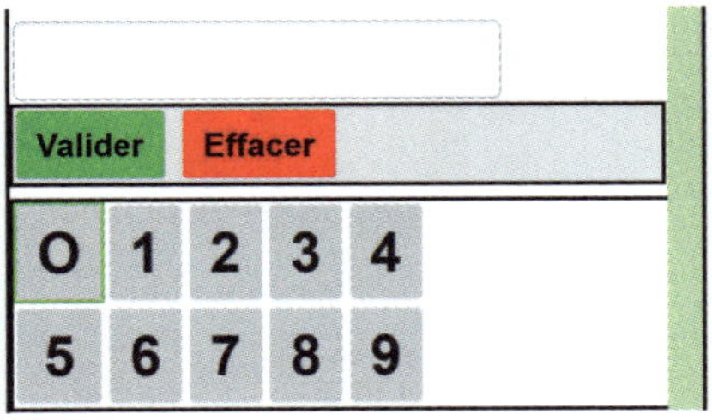

Nous avons ensuite besoin d'un contrôle **Label** (étiquette) pour afficher la règle du jeu. Ses propriétés sont indiquées ci-contre et voici le résultat final :

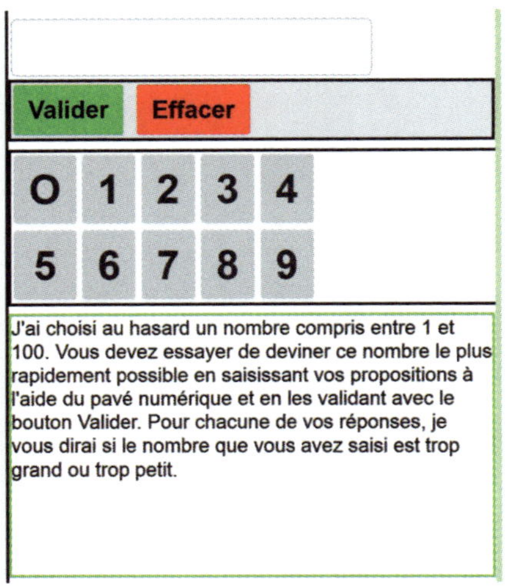

Il ne nous reste plus qu'à rajouter un bouton en bas de l'écran pour inciter l'utilisateur à rejouer. Si l'on veut que le bouton soit centré, il faut au préalable placer un conteneur **HorizontalArrangement** avec les propriétés suivantes :

AlignHorizontal	Center : 3
AlignVertical	Center : 2
Height	Automatic
Width	Fill Parent

Il faut ensuite placer un bouton (que l'on renommera **rejouer**) dans ce conteneur. Vous pouvez choisir les propriétés que vous voulez pour ce bouton (taille de police, couleur de fond, etc.). Le résultat final de l'écran de notre application est illustré ci-dessous :

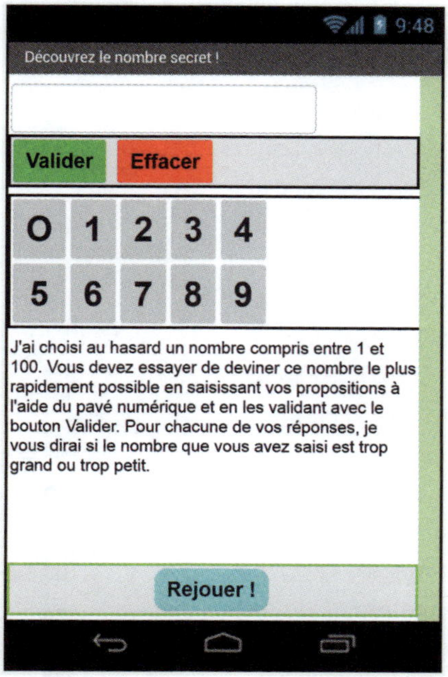

La mention qui apparaît en haut de l'écran (Découvrez le nombre secret !) a été définie grâce à la propriété **Title** (titre) du contrôle **Screen1**.

Il nous reste cependant un contrôle à placer, mais qui ne figurera pas sur l'écran. Il s'agit du contrôle **TextToSpeech** (littéralement, texte vers parole, pour permettre au terminal de parler). Ce type de contrôle (disponible dans la catégorie **Media**) se dépose en bas de l'écran dans un espace nommé **Non-visible components** (composants non visibles). Une fois placé, le contrôle apparaît sous cette forme :

La conception de notre interface utilisateur est à présent terminée. Quand vous testerez l'interface sur votre terminal, il y aura immanquablement des ajustements auxquels il faudra procéder, mais nous allons maintenant passer à la programmation des contrôles et ainsi retrouver nos blocs favoris…

Avant de passer au codage, exécutez la commande **Projects → Save project**. Même si App Inventor 2 est une application assez robuste, il convient de sauvegarder régulièrement son travail.

PROGRAMMATION DES CONTRÔLES

Une fois que la conception de l'interface utilisateur est terminée, il faut passer à la programmation des contrôles. Chaque contrôle peut obéir à un ou plusieurs événements. Un événement est une action à laquelle un élément de l'interface utilisateur (contrôle) peut réagir. Voici quelques exemples d'événements courants : cliquer sur un bouton, survoler un objet avec la souris, saisir une touche au clavier, quitter un champ de saisie, etc. Programmer l'interface utilisateur consiste à coder le comportement de chacun de ces événements. Le programme qui gère les réactions quand on interagit avec un contrôle s'appelle un **gestionnaire d'événement**. Comme nous avons principalement des boutons sur notre application, le principal événement que nous allons gérer est le clic sur chacun des boutons.

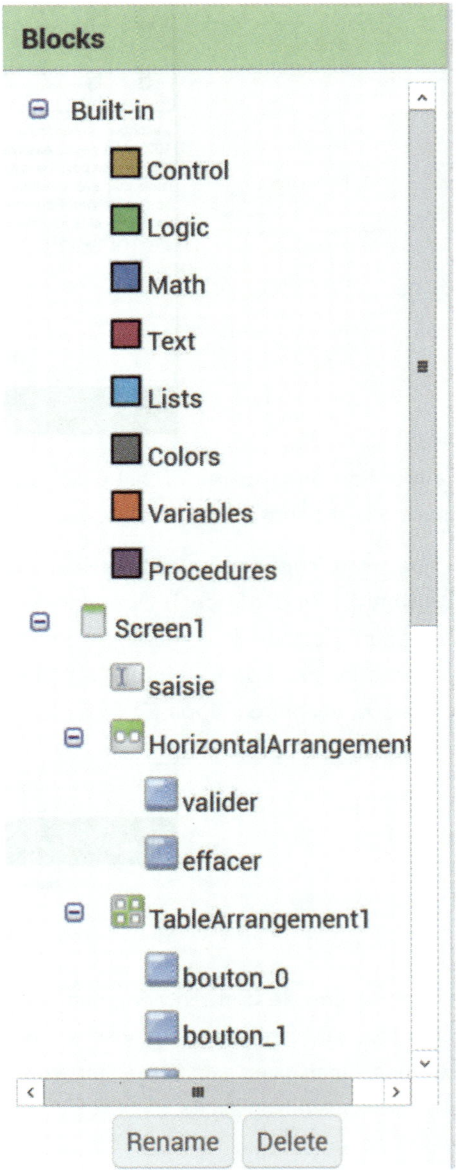

Afin de pouvoir programmer le code des gestionnaires d'événement, il faut cliquer sur le bouton **Blocks** situé en haut à droite de l'écran principal. Quand vous cliquez sur ce bouton, vous retrouvez une interface qui devrait immanquablement vous rappeler celle de Blockly. Les principes de manipulation des blocs sont identiques, dans la mesure où App Inventor 2 est construit à partir de Blockly (ci-contre).

Prenez le temps de cliquer sur chacune des catégories (Control, Logic, Math, Text, etc.) pour voir toutes les similitudes entre Blockly et App Inventor 2.

Nous allons commencer par coder le gestionnaire d'événement du bouton qui permet de saisir un zéro. Pour ce faire, cliquez dans le volet de gauche sur le contrôle qui permet de saisir un zéro (dans notre exemple, il a été renommé **bouton_0**). Cela fait apparaître toute une série de blocs (ci-contre).

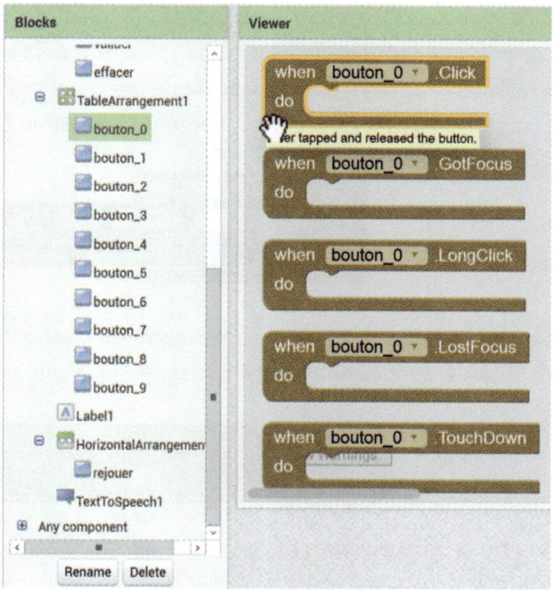

Comme nous voulons gérer la réaction produite par un clic sur ce bouton, nous allons choisir le bloc **when bouton_0.Click do** (quand on clique sur bouton_0 faire) et le déposer sur l'espace de travail (le principe d'agencement des blocs fonctionne comme dans Blockly). Ce bouton devant interagir sur le champ de saisie, il faut cliquer sur le contrôle que nous avons nommé **saisie** afin de repérer une action qui permettrait de saisir un zéro dans le champ de saisie.

En examinant la liste des blocs, vous remarquerez un bloc intitulé **set saisie.Text to** (fixer saisie.Text à) dont l'info-bulle nous apprend qu'il sert à remplir la zone de texte (*The text in the input box which can be set by the programmer* ; le texte dans la zone de saisie qui peut être défini par le programmeur).

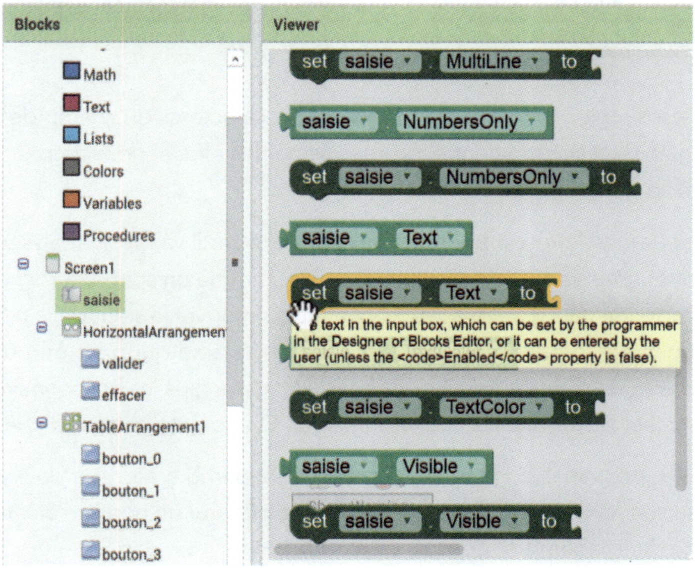

Il nous faut donc utiliser ce bloc pour « injecter » un zéro dans la zone de texte, mais comme il ne faut pas écraser ce qui peut être déjà saisi dans le champ, on prendra garde à rajouter le zéro au contenu déjà présent dans le champ de saisie. Au final, voici le code complet du gestionnaire d'événement du bouton_0 :

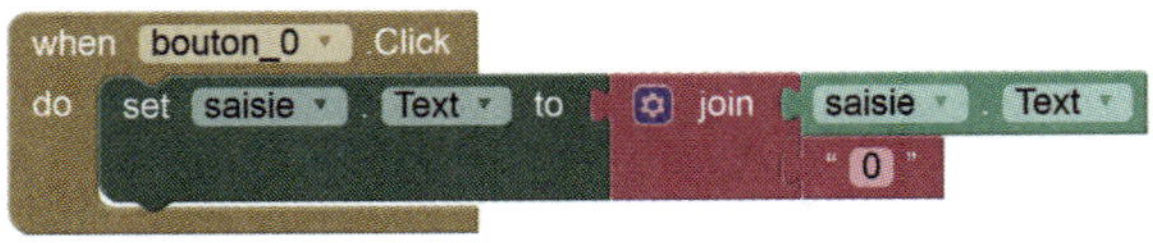

Chacun aura bien compris que le code du gestionnaire d'événement, s'il avait été écrit en Blockly, aurait été quelque chose ressemblant à ceci :

Quand on clique sur le bouton **0**, on ajoute un zéro à la zone de texte **saisie**, qui, comme son nom l'indique, sert à recueillir la saisie de l'utilisateur. Il faut écrire les gestionnaires d'événement des neuf autres boutons permettant de saisir les chiffres en adaptant bien évidemment le code. Sur le même principe, on saisira le code des autres boutons. Voici le code du bouton **effacer**.

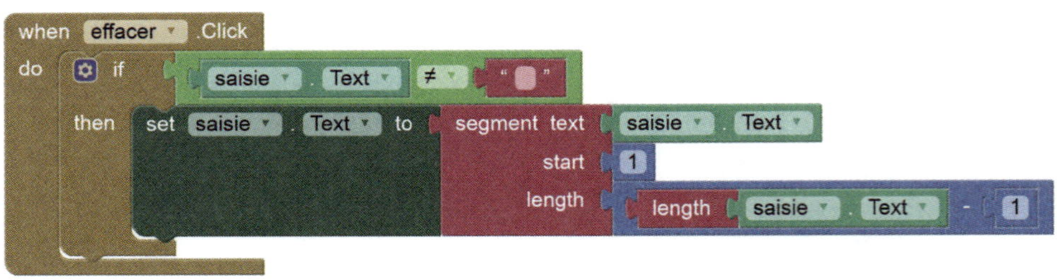

L'algorithme est simple : on calcule la longueur des caractères du champ de saisie et on efface le dernier. Le test conditionnel permet de ne pas effacer un champ qui serait déjà vide, car le code générerait une erreur.

Le code du bouton **valider** est un peu plus complexe car il va falloir analyser la réponse de l'utilisateur et gérer la synthèse vocale. De plus, comme on souhaite « afficher » vocalement le nombre de coups utilisés par le joueur pour trouver la solution, il faut employer une variable globale (une variable globale est une variable qui peut être utilisée dans tous les programmes, c'est-à-dire dans ce contexte, dans tous les gestionnaires d'événement) pour stocker le nombre de coups du joueur. On nomme cette variable **nb_coups**.

On utilise une autre variable globale pour stocker le nombre secret à deviner (appelée **secret**). On se sert ici d'une fonction qui permet de générer un nombre aléatoire en précisant la plage dans laquelle le nombre doit être choisi.

Pour initialiser ces variables, vous choisirez bien entendu des blocs qui se trouvent dans la catégorie **Variables**.

Le code du bouton **valider** commence par vérifier que le champ de saisie n'est pas vide car, dans ce cas-là, l'application génère un message d'erreur. Ensuite, il faut initialiser certains paramètres du contrôle **TextToSpeech** afin qu'il parle notre langue. On aurait pu se dispenser de ces lignes et indiquer ces paramètres dans les propriétés du contrôle, mais il est utile de voir comment paramétrer ce contrôle, surtout si l'on veut créer une application multilingue.

Ensuite, le programme analyse la réponse du joueur avec trois cas possibles : trop petit, trop grand, et le joueur a deviné le nombre secret. Un test conditionnel gère les trois cas et délivre le message sous une forme vocale. On notera que lorsque le joueur a gagné, on concatène des chaînes de caractères pour englober dans le message délivré le nombre de coups utilisés par le joueur. Voici le code du bouton **valider** :

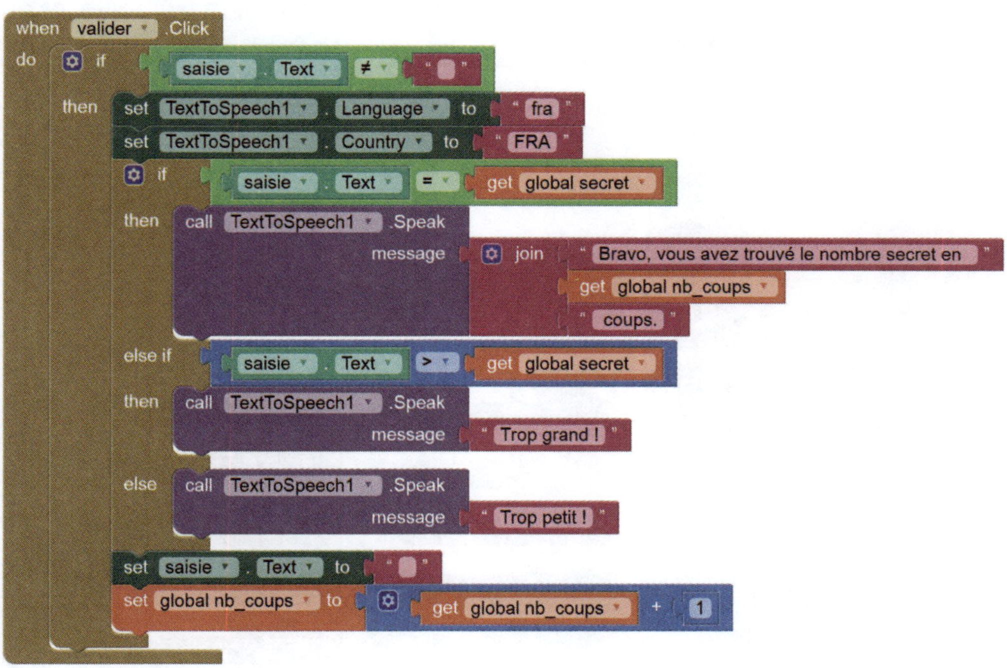

S'AIDER DES COULEURS

Pour trouver les différents blocs qui sont présents dans les différentes catégories, aidez-vous des couleurs de chaque catégorie ainsi que du nom des blocs qui reprend le nom du contrôle. Ainsi, le bloc **call TextToSpeech1.Speak message** (qui permet de faire parler votre téléphone) se trouve tout en bas dans la liste des blocs, dans la catégorie **TextToSpeech1**, tout comme le bloc **set TextToSpeech1.Language**. Le bloc **if then** (si alors) se trouve dans la catégorie **Control.**

Le code du bouton **rejouer** est plus simple et outre le message vocal, on se contente de réinitialiser les deux variables globales :

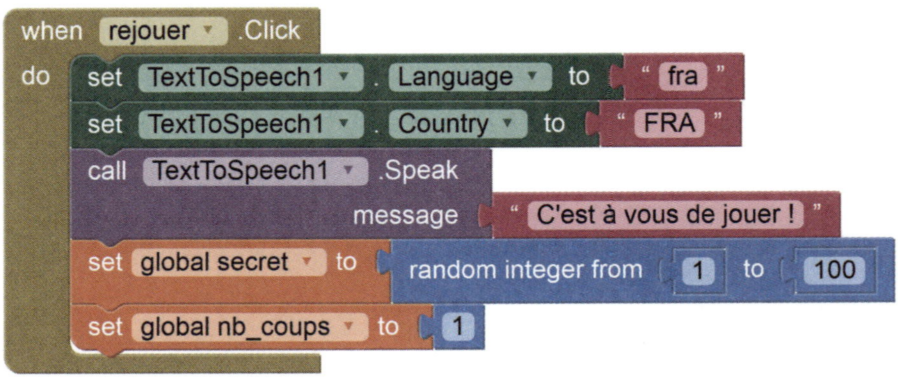

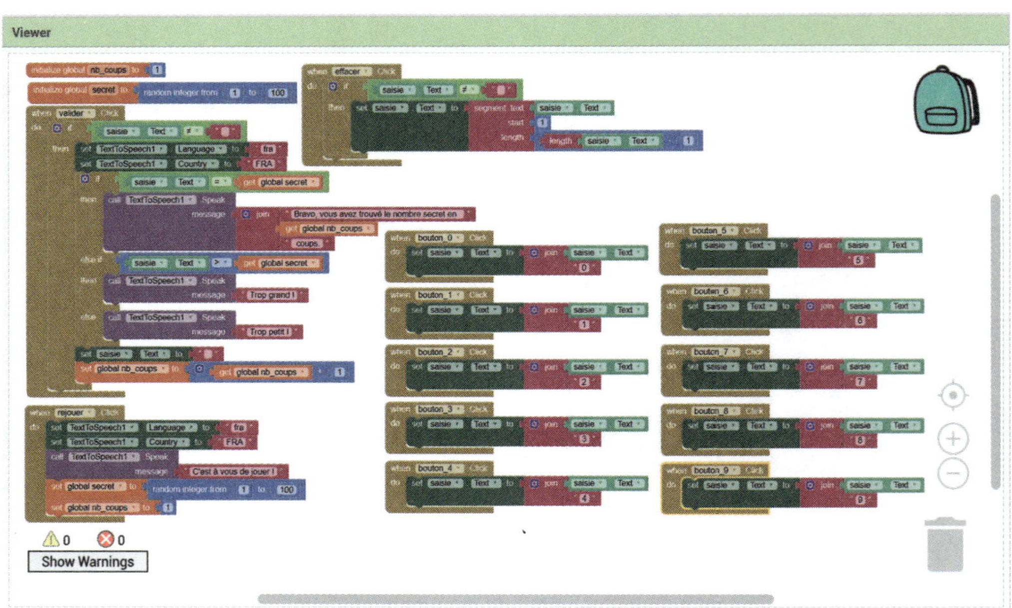

Comme dans Blockly, l'agencement des différents modules n'a pas d'importance et il est possible de positionner les gestionnaires d'événement sur la page dans n'importe quel ordre. La figure précédente illustre une vue de l'ensemble du code de l'application.

TEST DE L'APPLICATION SUR LE TERMINAL

Il n'est pas possible de tester le programme dans l'éditeur intégré, mais on peut assez facilement connecter son terminal à l'éditeur afin de tester directement le programme dans le smartphone ou la tablette. Pour ce faire, il est nécessaire que l'ordinateur qui exécute l'éditeur intégré et le terminal soient sur le même réseau Wi-Fi. Typiquement, c'est le cas qui se produit lorsque votre ordinateur et votre smartphone sont tous les deux reliés en Wi-Fi à votre box Internet.

Avant de pouvoir relier vos deux appareils, vous devez télécharger sur votre terminal l'application **MIT AI2 Companion**. Allez dans le Play Store (pour un terminal Androit) ou dans l'App Store (pour un terminal iOS) et recherchez la chaîne « MIT AI2 ». Téléchargez l'application MIT App Inventor (développée par le Massachusetts Institute of Technology) et ouvrez-la. Pour faire afficher l'application sur votre terminal, exécutez sur votre ordinateur dans App Inventor 2 la commande **Connect → AI Companion**.

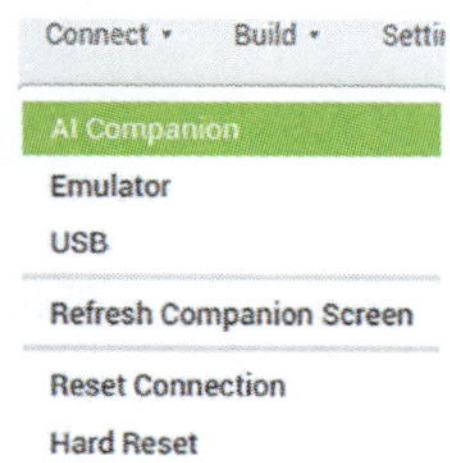

Une boîte de dialogue affiche un QR code ainsi qu'un code à six caractères :

Flashez le QR code à l'aide de l'appareil photo de votre smartphone ou saisissez le code à 6 caractères dans la zone prévue à cet effet sur votre tablette ou votre smartphone :

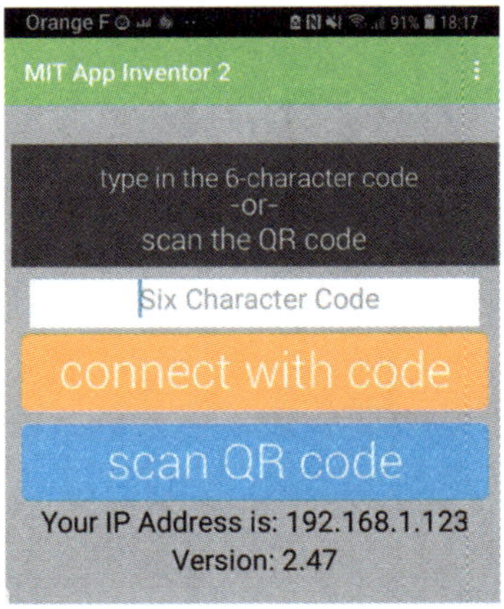

Au bout de quelques secondes, l'application apparaît sur votre terminal et vous pouvez la tester en situation réelle.

Tant que la connexion Wi-Fi est établie, si vous modifiez le programme dans l'éditeur, les modifications sont immédiatement répercutées dans le terminal.

Si vous n'avez pas la possibilité d'avoir un réseau Wi-Fi, il existe trois alternatives :

- la connexion avec un câble USB
- l'utilisation d'un programme d'émulation

- l'installation des packages sur le terminal

Les deux premières solutions sont malheureusement difficiles à mettre en œuvre et il est préférable d'utiliser une liaison Wi-Fi si cela est possible.

Déploiement de l'application sur le terminal

Quand l'application a été suffisamment testée et qu'elle est conforme à ce que vous souhaitez, vous pouvez l'installer sur votre terminal car, pour l'instant, MIT AI2 Companion ne sert qu'à valider votre interface et votre code, mais pas à installer l'application.

Dans le menu **Build** d'App Inventor 2, choisissez la commande **App (save .apk to my computer)**. Une barre de progression affiche l'état d'avancement de la compilation du programme.

Développement sous iOS

S'il est possible de tester une application App Inventor sur un iPhone ou un iPad, on ne peut pas en revanche, pour le moment, déployer d'application sur le terminal. Il est malheureusement impossible de savoir quand cette possibilité sera offerte aux utilisateurs de terminaux iOS, la politique d'Apple en la matière étant pour le moins restrictive...

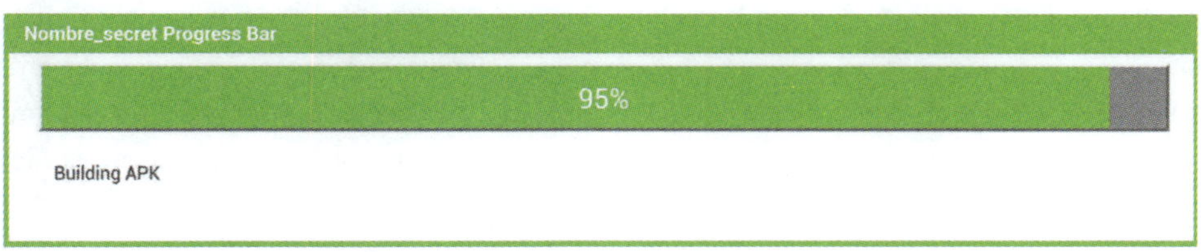

À l'issue de la génération du package de l'application qui peut durer un certain temps, on vous propose d'enregistrer le fichier **.apk** sur votre ordinateur ou de flasher un QR code.

L'opération la plus simple consiste à flasher le QR code. Comme l'installation d'une application en dehors du Play Store n'est pas une opération anodine, vous allez être confronté à toute une série de messages d'avertissement. Par exemple, si vous utilisez le navigateur Firefox sur votre téléphone mobile, le navigateur vous gratifie d'un message indiquant que l'installation d'applications inconnues n'est pas autorisée. En cliquant sur le bouton Paramètres, vous pouvez activer l'option Autoriser depuis cette source. On vous demande ensuite si vous voulez installer cette application en précisant qu'elle n'exige aucun accès particulier. Cliquez sur le bouton Installer pour procéder à l'installation.

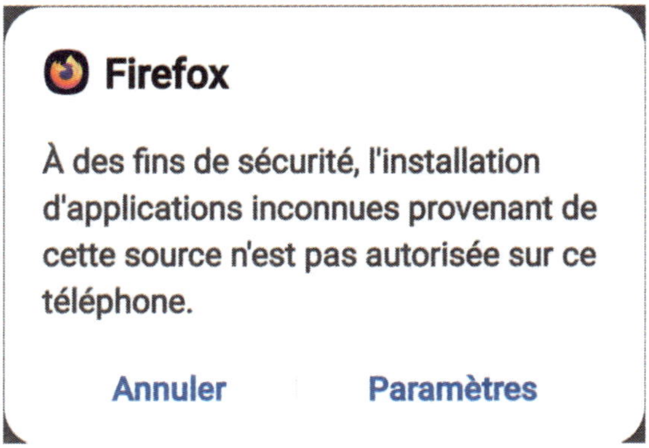

Après avoir cliqué sur le bouton **Installer**, c'est cette fois-ci Play Protect qui vous met en garde. Si tous ces avertissements peuvent vous paraître agaçants, il faut cependant admettre qu'il s'agit là d'un garde-fou très utile qui est censé empêcher l'installation d'applications potentiellement dangereuses. Pour procéder à l'installation, cliquez sur le bouton **Installer quand même**.

Après quelques secondes, une boîte de dialogue s'affiche et indique que vous pouvez sans danger ouvrir l'application Nombre secret. Cliquez sur le bouton **Ouvrir** pour tester votre application sur votre terminal.

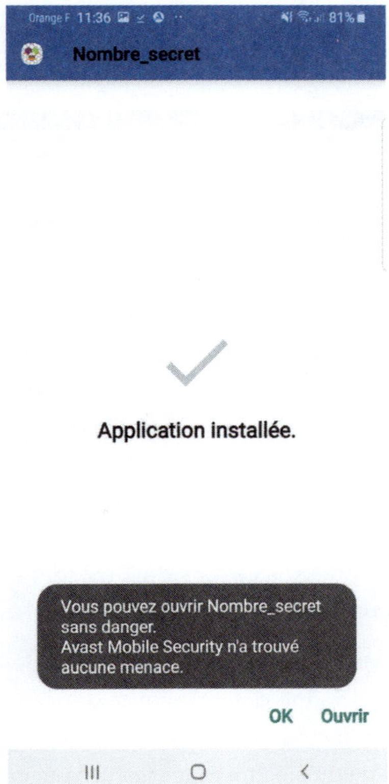

Votre application est à présent disponible à tout moment sur votre terminal et vous pouvez en profiter quand vous le souhaitez. Vous n'avez plus besoin de passer par l'application AI2 Companion pour l'exécuter. Grâce à votre connaissance de Blockly, vous avez ainsi pu créer facilement une application mobile, ce qui vous ouvre la voie à de nombreux autres développements, la seule limite étant votre imagination…

Nous allons maintenant vous montrer comment développer une application un peu plus évoluée qui prend notamment en compte des coordonnées GPS.

APPLICATION DE RECHERCHE DE CODES POSTAUX

À la fin de la semaine 6, nous vous avons présenté une application de recherche dans une base de données de codes postaux. Le fichier de ces codes, récupéré sur le site de l'Open Data du gouvernement, présentait plusieurs informations et notamment une colonne (F) indiquant les coordonnées GPS de chaque commune :

	A	B	C	D	E	F
1	code_commune_insee	nom_de_la_commune	code_postal	ligne_5	libelle_d_acheminement	coordonnees_gps
2	01014	ARBENT	01100		ARBENT	46.283607621,5.690755574
3	01036	VALROMEY SUR SERAN	01260	BELMONT LUTHEZIEU	VALROMEY SUR SERAN	45.918185011,5.656884824
4	01036	VALROMEY SUR SERAN	01260	FITIGNIEU	VALROMEY SUR SERAN	45.918185011,5.656884824
5	01036	VALROMEY SUR SERAN	01260	LOMPNIEU	VALROMEY SUR SERAN	45.918185011,5.656884824
6	01036	VALROMEY SUR SERAN	01260	LUTHEZIEU	VALROMEY SUR SERAN	45.918185011,5.656884824
7	01042	BEY	01290		BEY	46.219516565,4.846226251
8	01054	BOURG ST CHRISTOPHE	01800	MARFOZ	BOURG ST CHRISTOPHE	45.886247155,5.143599073

Dans la mesure où la plupart des smartphones actuels possèdent une puce GPS, tout le monde connaît aujourd'hui la technologie GPS qui permet de localiser n'importe quel point du globe en indiquant précisément ses coordonnées sous la forme de latitude (mesure de l'angle par rapport à l'équateur) et de longitude (mesure de l'angle par rapport au méridien de Greenwich). Notre application sera assez simple dans son principe : l'utilisateur saisit un code postal et l'application affiche en clair le nom de la ville, sa latitude, sa longitude ainsi qu'une carte centrée sur la mairie de la commune. Bien entendu, nous gérerons le problème que nous avons déjà rencontré, à savoir l'attribution d'un même code postal à plusieurs communes.

Avant de penser à la conception de l'interface utilisateur de l'application, il faudra procéder à un travail de mise en forme des données que nous avons longuement évoqué dans la semaine 6. Comme d'habitude, afin de vous faire gagner un peu de temps, vous trouverez dans les compléments électroniques les fichiers en question, mais nous vous encourageons cependant à créer vous-même ces listes, afin de vous entraîner à ces manipulations. En l'occurrence, il nous faudra quatre listes synchronisées :

- Codes (les codes postaux des communes)
- Communes (les noms des communes)
- Latitudes (les latitudes des mairies de chaque commune)
- Longitudes (les longitudes des mairies de chaque commune)

Il convient ici de rappeler le principe des listes synchronisées : chaque colonne du fichier Excel devient une liste Blockly (ou App Inventor) et comme les éléments de la liste sont dans l'ordre du fichier Excel, quand on fait une recherche dans une liste, on peut avoir accès aux informations stockées dans les autres listes (qui sont les autres colonnes du fichier Excel). Si nous reprenons l'exemple des données de la copie d'écran illustrée ci-dessus, admettons que l'on recherche dans la liste des codes postaux (colonne C du fichier Excel) le code postal 01290. La fonction de recherche dans la liste va donner la position dans la liste de l'élément qui a pour code postal 01290 et donc renvoyer le nombre 7, puisque 01290 figure sur la septième ligne du fichier Excel. Grâce à cette position, on peut obtenir les autres informations disponibles sur cette ligne et qui sont rattachées à ce code postal, à savoir le nom de la commune qui a pour code postal 01290 (BEY, colonne B, 7e ligne) et ses coordonnées GPS (46.219516565,4.846226251, colonne F, 7e ligne).

Par rapport aux listes Blockly, ces listes sont plus simples à générer, car elles ne nécessitent pas que chaque donnée soit séparée par un point-virgule. En effet, il suffit que chaque élément de la liste figure sur une ligne, ce qui simplifie la tâche de création des listes à partir du fichier Excel. Pour générer vos listes à partir du fichier Excel, il suffit de copier une colonne et de la coller dans un éditeur de texte. Vous trouverez ci-dessous un exemple de création du fichier des communes dans Notepad++ où chaque ligne du fichier représente le nom d'une ville.

```
ARBENT
VALROMEY SUR SERAN
VALROMEY SUR SERAN
VALROMEY SUR SERAN
VALROMEY SUR SERAN
BEY
BOURG ST CHRISTOPHE
BRENS
BRESSOLLES
```

Grâce à ce système simple de listes synchronisées, on peut donc accéder rapidement au nom d'une commune quand on connaît son code postal. Par rapport à l'application Blockly, on va ici exploiter l'information des coordonnées GPS pour afficher une carte de la commune dont on a saisi le code postal. Les coordonnées GPS étant fournies sous la forme d'une seule information, il sera plus commode pour notre application de séparer la latitude de la longitude. Par exemple, le premier code postal de notre liste, 01014, qui est celui de la commune d'ARBENT affiche ses coordonnées GPS sous la forme 46.283607621,5.690755574 ; il faudra décomposer ce champ en deux données, la latitude (46.283607621) et la longitude (5.690755574).

INTERFACE DE L'APPLICATION

L'interface de l'application a été pensée pour être très simple et très lisible.

L'utilisateur « saisit » le code postal qu'il recherche à l'aide de 5 contrôles spinners (une sorte de liste déroulante). Quand la saisie est terminée, il clique sur le bouton **Chercher code postal**. La recherche s'effectue dans la liste ; si le code postal ne figure pas dans la liste, un message d'erreur s'affiche. Dans le cas contraire, l'application va récupérer le nom de la commune, sa latitude et sa longitude et ces informations sont affichées. Ensuite, en s'appuyant sur les coordonnées GPS, un contrôle Map affiche une carte de la commune.

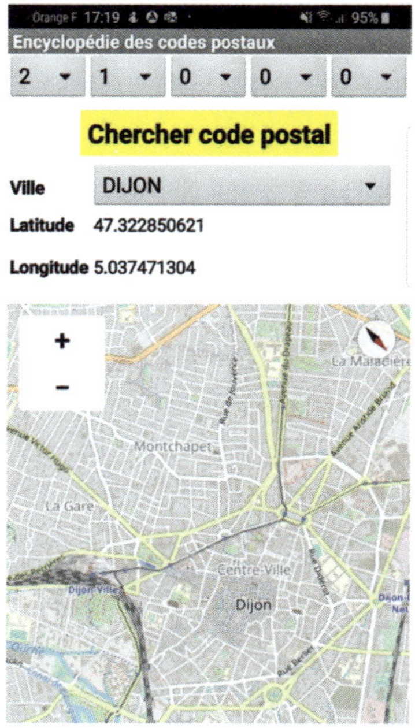

CONCEPTION DE L'INTERFACE EN MODE DESIGNER DANS APP INVENTOR

Il est important de réaliser les manipulations dans l'ordre où elles sont énoncées. Après avoir démarré un nouveau projet, placez sur le viewer un arrangement de tableau (**TableArrangement**) doté des propriétés suivantes :

- Columns : 5
- Height : 7 percent
- Width : Fill parent
- Rows : 1
- Visible : oui

C'est dans ce tableau que nous allons placer les 5 contrôle spinners. Insérez ensuite dans chacune des colonnes de ce tableau 5 **Spinner** ayant les propriétés suivantes :

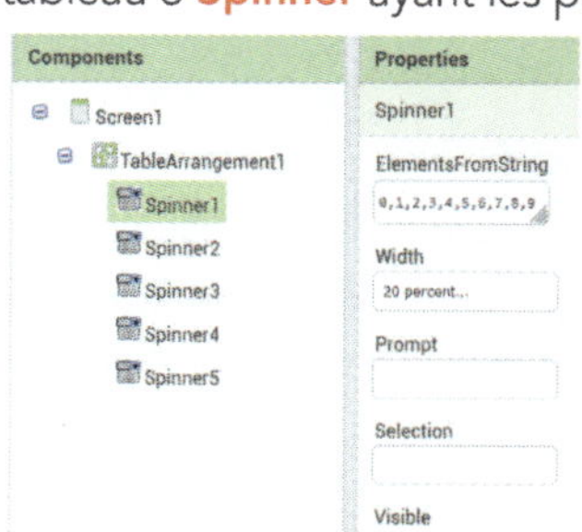

La propriété **ElementsFromString** est importante car elle va définir la liste des valeurs affichées par le contrôle : 0,1,2,3,4,5,6,7,8,9. On a ici les 10 chiffres séparés par des virgules. Copiez ces valeurs car vous allez vous en resservir pour la définition des propriétés des autres contrôles spinners.

La largeur (**Width**) est définie à 20 %, car il y a 5 contrôles (5 * 20 = 100 %).

Quand vous avez terminé le placement des contrôles spinners, placez en dessous un arrangement horizontal (**Horizontal Arrangement**) avec les propriétés suivantes :

- AlignHorizontal : Center : 3
- AlignVertical : Center : 2
- BackgroundColor : Default
- Height : 7 percent
- Width : Fill parent
- Image : None
- Visible : oui

Cette disposition va permettre de centrer le bouton de recherche à l'écran. Dans cet arrangement horizontal, placez un **button** (bouton) avec les propriétés illustrées ci-contre :

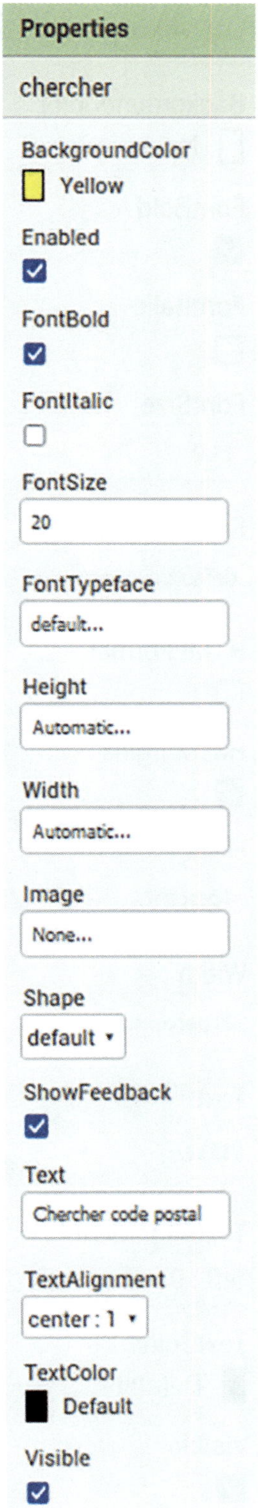

Vous pouvez laisser le nom du contrôle par défaut (Button1), mais dans cet exemple nous avons renommé le bouton en **chercher**.

En dessous, placez un arrangement de tableau (**TableArrangement**) avec les propriétés suivantes :

- Columns : 2
- Height : 18 percent
- Width : Fill parent
- Rows : 3
- Visible : oui

Dans ce tableau de trois lignes et de deux colonnes, nous allons placer six libellés (« Ville », « Latitude », « Longitude » ainsi que les valeurs extraites des trois listes différentes et qui correspondent au code postal recherché). Vous trouverez sur les pages suivantes les propriétés de chacun de ces contrôles **Label**.

Lib_ville	Lib_lat	Lib_long
BackgroundColor	BackgroundColor	BackgroundColor
☐ None	☐ None	☐ None
FontBold	FontBold	FontBold
☑	☑	☑
FontItalic	FontItalic	FontItalic
☐	☐	☐
FontSize	FontSize	FontSize
14.0	14.0	14.0
FontTypeface	FontTypeface	FontTypeface
default...	default...	default...
HTMLFormat	HTMLFormat	HTMLFormat
☐	☐	☐
HasMargins	HasMargins	HasMargins
☑	☑	☑
Height	Height	Height
4 percent...	4 percent...	4 percent...
Width	Width	Width
20 percent...	20 percent...	20 percent...
Text	Text	Text
Ville	Latitude	Longitude
TextAlignment	TextAlignment	TextAlignment
left : 0 ▾	left : 0 ▾	left : 0 ▾
TextColor	TextColor	TextColor
■ Default	■ Default	■ Default
Visible	Visible	Visible
☑	☑	☑

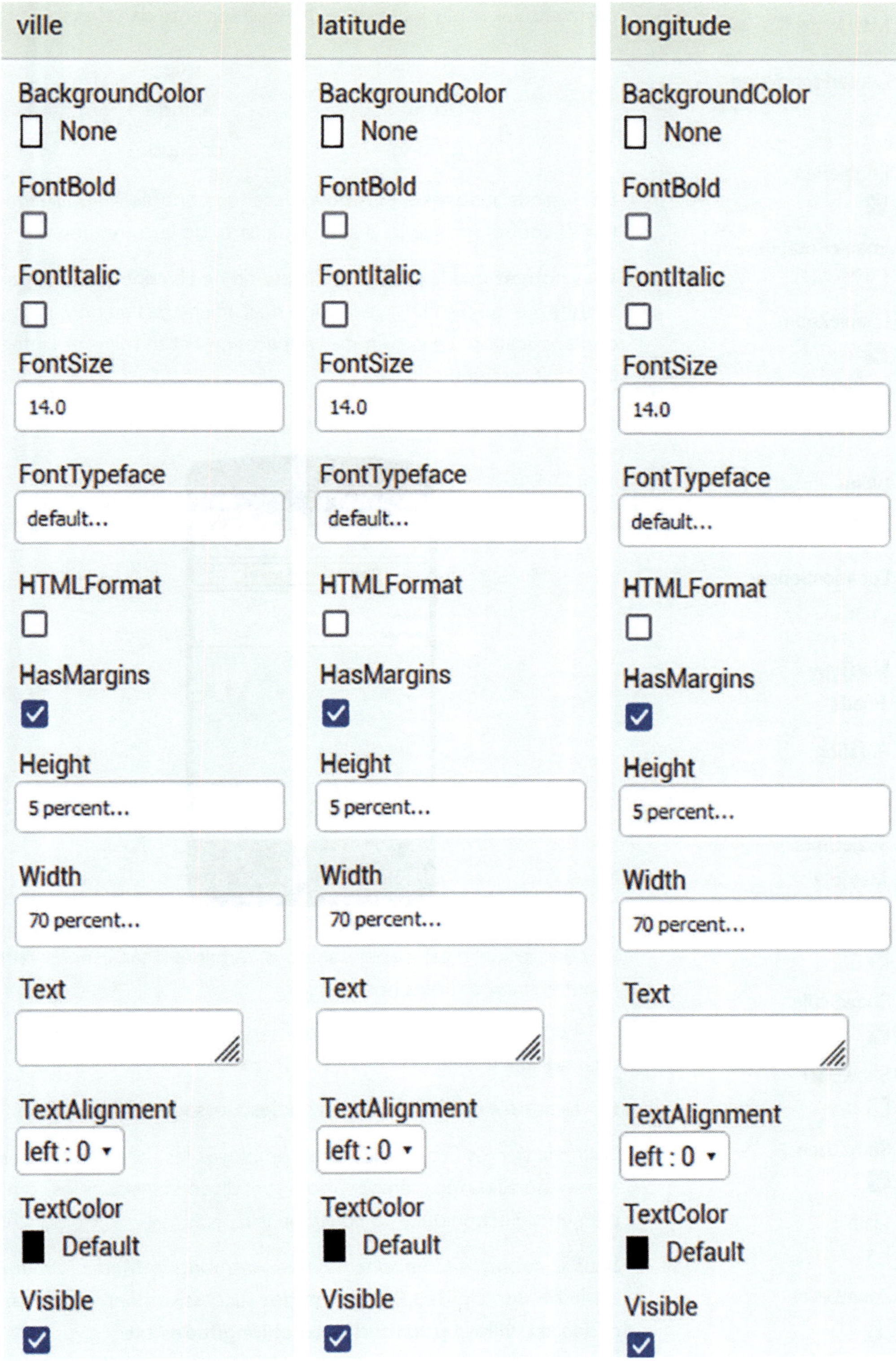
ville
BackgroundColor
None
FontBold
FontItalic
FontSize
14.0
FontTypeface
default...
HTMLFormat
HasMargins
Height
5 percent...
Width
70 percent...
Text
TextAlignment
left : 0
TextColor
Default
Visible
latitude
BackgroundColor
None
FontBold
FontItalic
FontSize
14.0
FontTypeface
default...
HTMLFormat
HasMargins
Height
5 percent...
Width
70 percent...
Text
TextAlignment
left : 0
TextColor
Default
Visible
longitude
BackgroundColor
None
FontBold
FontItalic
FontSize
14.0
FontTypeface
default...
HTMLFormat
HasMargins
Height
5 percent...
Width
70 percent...
Text
TextAlignment
left : 0
TextColor
Default
Visible

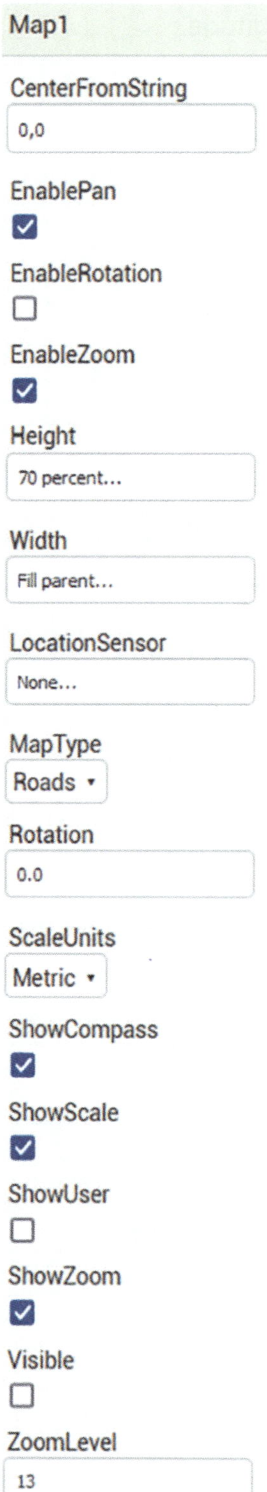

Les contrôles sont placés de la manière suivante dans le tableau :

Lib_ville	ville
Lib_lat	latitude
Lib_long	longitude

En dessous, il ne reste plus qu'à placer un contrôle **Map** (illustration ci-contre) qui servira à afficher la carte de la commune.

Vous noterez que la propriété **Visible** de ne ce contrôle n'est pas cochée, ce qui signifie que la carte ne s'affiche pas au démarrage de l'application. Le dessin de l'application est terminé et l'interface doit ressembler à ceci :

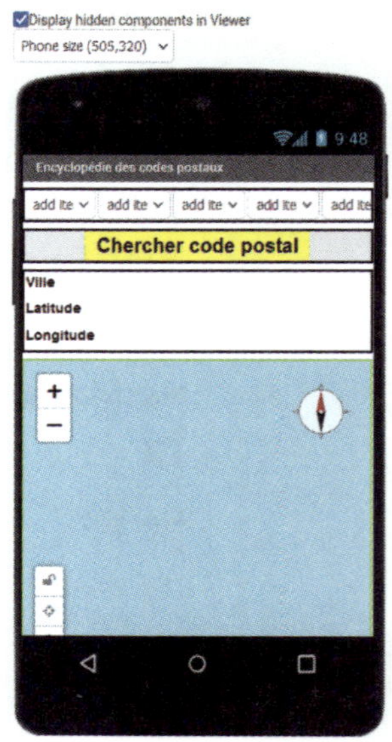

La conception n'est cependant pas terminée, car il nous faut rajouter cinq contrôles non visibles :

- 4 contrôles pour les fichiers qui serviront à importer nos quatre listes
- 1 contrôle Notifier pour afficher les messages d'erreur

Pour charger les fichiers des listes, employez les fichiers que vous avez générés ou récupérez ceux qui sont disponibles dans les compléments électroniques de l'ouvrage (sur https://www.progbloc.fr).

Sous la rubrique Components, dans la rubrique Media, cliquez sur le bouton **Upload File...** Chargez successivement les fichiers **codes.txt**, **villes.txt**, **latitudes.txt** et **longitudes.txt**.

Une fois l'opération terminée, vous devez obtenir le résultat suivant :

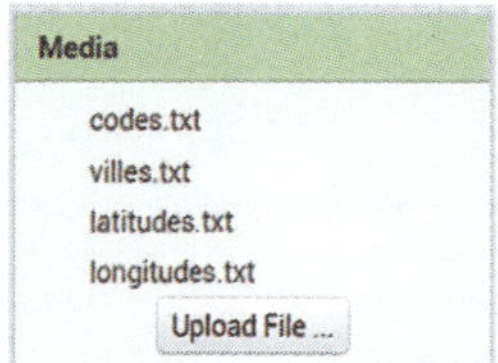

Ces quatre fichiers correspondent aux colonnes C, B et F du fichier Excel. La colonne F a été séparée en deux pour obtenir la latitude et la longitude. Quand les fichiers sont chargés dans App Inventor, il faut créer les contrôles qui vont les prendre en charge. Allez dans la rubrique **Storage** de la palette et sélectionnez le contrôle **File**. Vous en placerez 4 dans la zone des composants non visibles (sous le téléphone). Par défaut, ces contrôles se nomment File1, File2, File3 et File4. Nous avons renommé (en employant le bouton Rename) ces contrôles en **fichier_codes**, **fichier_villes**, **fichier_lat** et **fichier_long**.

Pour chacun de ces contrôles, vous définirez les propriétés avec les valeurs suivantes :

- DefaultScope : App
- ReadPermission : oui
- WritePersmission : non

Vous placerez enfin un contrôle **Notifier** (rubrique User Interface) dans la zone des composants non visibles. Ce contrôle aura par défaut le nom Notifier1 et vous pouvez le conserver tel quel. Vous pouvez également laisser les propriétés par défaut de ce contrôle.

La conception de l'interface utilisateur de l'application est à présent terminée et elle doit ressembler à :

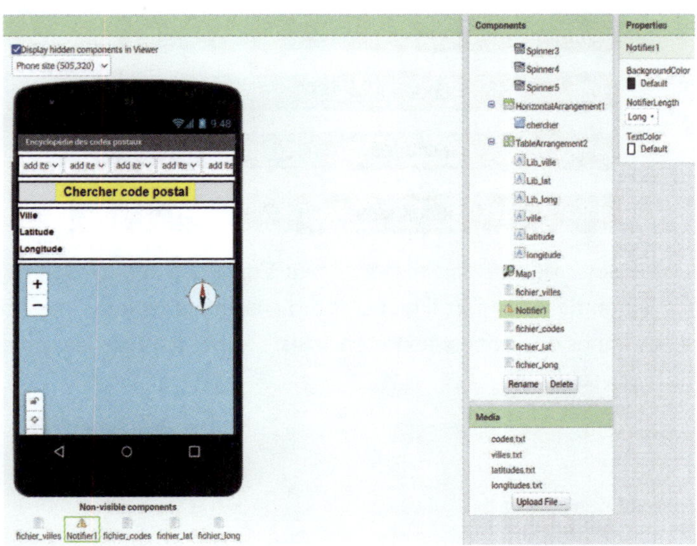

Il est possible que sur votre terminal le rendu de l'application ne soit pas identique et il conviendra éventuellement de modifier certaines propriétés. En principe, la définition de la taille des contrôles qui a été faite en pourcentage, et non pas en pixels, a pour conséquence que l'interface utilisateur de l'application s'adapte à la taille de l'écran qui peut varier dans des proportions importantes d'un petit smartphone à une tablette de grande taille.

Quoi qu'il en soit, quand vous développez une application, il est important de tester son rendu sur votre terminal mobile et ne pas se contenter de son affichage dans le viewer d'App Inventor.

PROGRAMMATION DES CONTRÔLES DE L'APPLICATION

Une fois la définition de l'interface achevée, il convient de programmer les différents contrôles de l'application. Pour ce faire, vous devez passer en mode programmation en cliquant sur le bouton **Blocks**. Comme dans une application Blockly, on va d'abord définir les variables de l'application. Elles sont au nombre de 6 et représentent :

- La position de l'élément dans la liste des codes postaux qui correspond au code recherché. C'est grâce à cette position que nous pouvons accéder aux autres informations (ville, latitude et longitude) des autres listes
- La chaîne qui correspond au code postal recherché ; cette chaîne est la concaténation (chaînage) des valeurs « saisies » par l'utilisateur dans les 5 contrôles spinners
- Les 4 listes dans lesquelles sont stockées les informations que nous manipulons

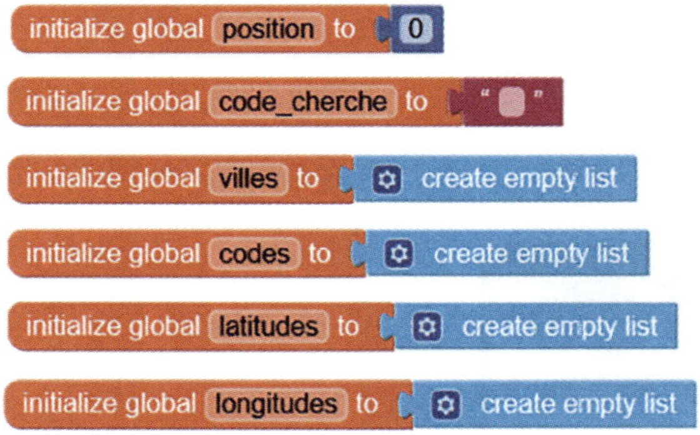

Une fois les variables créées et initialisées, il faut s'occuper de « peupler » les 4 listes. L'opération se fait en deux temps : il faut d'abord charger le contenu des fichiers textes, puis convertir les lignes des fichiers textes en listes. Le chargement des fichiers textes est assuré par les blocs suivants :

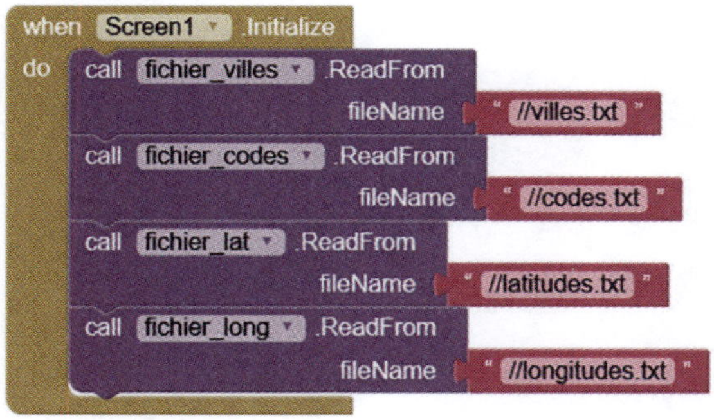

Ces blocs ont été placés dans l'événement **Screen1.Initialize**, qui est déclenché à l'ouverture de l'application. C'est donc l'emplacement idéal pour le chargement de ces fichiers, qui ne doit avoir lieu qu'une seule fois au démarrage de l'application.

Le transfert du texte dans les listes est assuré par ces blocs :

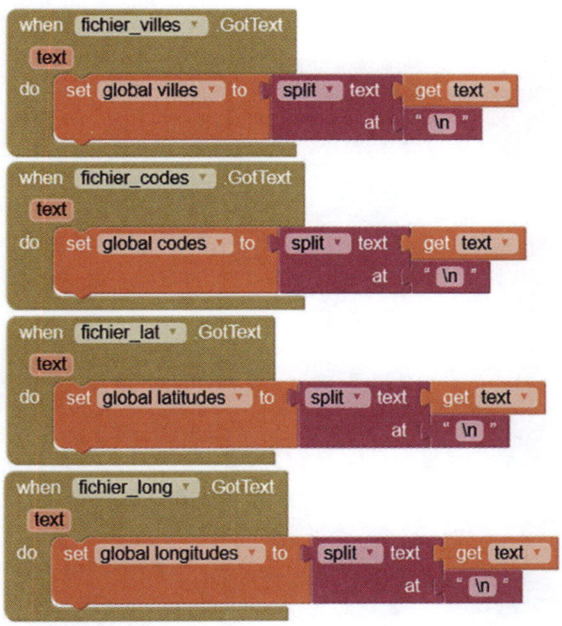

L'événement **GotText** se produit lorsque le contenu du fichier a été lu ; il est par conséquent déclenché à l'ouverture de l'application, après le déclenchement de l'événement **Screen1.Initialize**. Le contenu de chaque fichier est découpé (*split*) au niveau du caractère **\n**, c'est-à-dire à chaque saut de ligne. En résumé, le fichier texte est lu et chaque ligne du fichier devient un élément de la liste. Chaque liste possède 39 193 éléments.

Les variables et les listes ayant été définies, il ne reste plus qu'à programmer le comportement du bouton de recherche où réside l'essentiel de l'application.

L'algorithme est relativement simple et peut être décomposé dans le pseudo-code suivant :

- La variable **code_cherche** est initialisée avec les 5 valeurs des contrôles spinners
- On cherche dans la liste des codes postaux le code postal saisi
- Si la position renvoyée est égale à zéro alors
- On affiche un message d'erreur
- Sinon
- On définit la ville, la latitude et la longitude avec les valeurs des autres listes
- On définit les coordonnées GPS de la carte
- On affiche la carte
- On définit le niveau de zoom de la carte

Voici le code complet de l'événement **Click** du bouton :

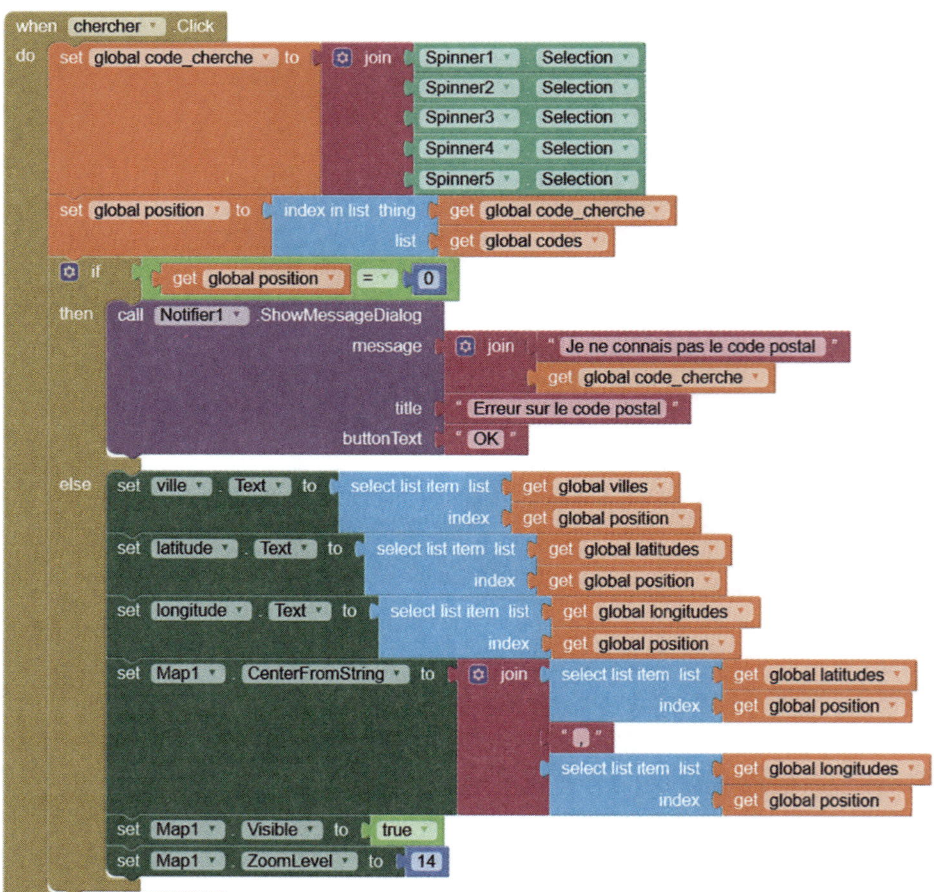

L'application est désormais terminée et vous pouvez la tester avec le compagnon. Si vous avez un terminal Android, vous pouvez également l'installer sur votre smartphone.

AMÉLIORATIONS POSSIBLES

Si l'application se montre réactive et fonctionne plutôt bien, elle souffre cependant d'un problème que nous avons déjà rencontré. Un code postal peut être attribué à plusieurs communes et l'application n'arrive à retrouver que la première occurrence du code postal, mais pas les suivantes. Par exemple, si vous saisissez le code 71100, l'application affichera la ville de Saint-Rémy, mais pas les quatre autres communes qui ont ce même code postal et qui sont des communes limitrophes.

Une des solutions possibles pour contourner ce problème consiste à afficher une liste déroulante des communes ayant le même code postal quand le cas se produit. L'utilisateur peut ainsi sélectionner dans la liste des communes trouvées la ville dont il souhaite afficher les renseignements, et les champs ville, latitude, longitude, ainsi que l'affichage de la carte sont mis à jour.

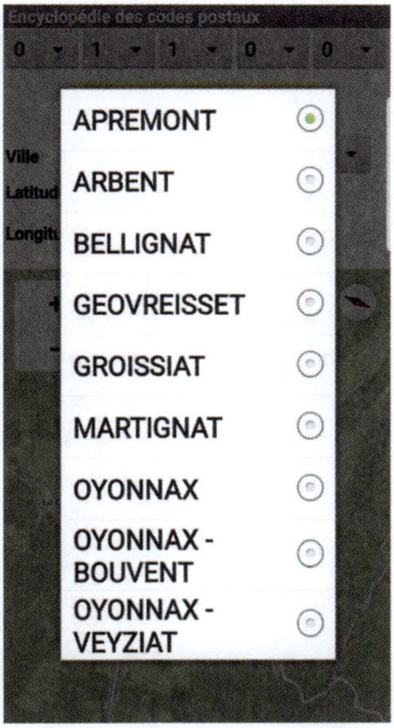

Au lieu d'avoir un contrôle **Label** pour afficher la ville, on utilise un contrôle **Spinner** qui permet de stocker la liste des villes ayant le même code postal. La gestion est un peu plus complexe, car il faut gérer trois autres listes (villes, latitudes et longitudes pour les communes ayant un même code postal). Le code de l'application est par conséquent plus long si bien qu'il n'est pas repris ici, mais vous trouverez le fichier de l'application dans les compléments électroniques du livre.

PROBLÈMES AVEC L'APPLICATION SOUS IOS

Alors que l'application fonctionne parfaitement sous Android, le chargement de l'application dans le compagnon sous iOS s'avère impossible et le transfert échoue avec un message d'erreur indiquant que le compagnon a été déconnecté. Sans rentrer dans les détails techniques, un bug dans la gestion des listes empêche le chargement de listes trop importantes. Avec des listes d'un millier d'éléments, l'application fonctionne, mais au-delà d'un certain nombre d'éléments, l'application plante, car la mémoire du terminal est saturée. Comme notre liste des communes comporte près de 40 000 éléments, l'application devient alors inutilisable.

Il faudra dans un premier temps se contenter d'applications gérant des données de taille plus modeste ou bien modifier les algorithmes de traitement des données. Dans Blockly, les traitements sont tellement rapides que nous ne nous soucions pas d'optimiser notre code. Par exemple, quand il s'agit de parcourir une liste de 40 000 éléments, nous balayons la totalité de la liste et nous extrayons les éléments qui remplissent une condition dans un test. On pourrait fort bien imaginer une autre technique qui n'impliquerait pas de passer en revue tous les éléments d'une liste, mais emploierait une liste dont les éléments ont déjà été triés. Si l'on reprend l'exemple de notre liste des codes postaux, nous avons constaté que plusieurs villes peuvent avoir le même code postal, si bien que la liste des codes postaux comporte des doublons. Si cette liste est classée, la recherche des codes postaux identiques sera simplifiée, car il suffira de se positionner sur le premier élément répondant à la condition et de parcourir ensuite chaque élément suivant dans la liste jusqu'à ce que l'on trouve un code postal différent. L'emploi d'une liste triée et d'un tel algorithme optimise les traitements et la gestion de la mémoire de l'ordinateur. Les machines étant de plus en plus puissantes, il faut bien reconnaître que nous ne cherchons plus à économiser les ressources (notamment la mémoire de l'ordinateur) ni à optimiser nos algorithmes, ce qui était pourtant une exigence au tout début de l'informatique. La nécessite d'économiser l'énergie remettra peut-être à l'ordre du jour cette quête de sobriété…

POUR S'ENTRAÎNER

1/ En repartant de la première application mobile que vous avez créée, modifiez son comportement pour que la saisie ne se fasse plus au clavier, mais vocalement. Pour ce faire, vous utiliserez le contrôle SpeechRecognizer (disponible dans la catégorie **Media**). En d'autres termes, vous n'allez plus saisir le nombre à deviner sur le pavé numérique, mais parler à votre téléphone. Vous ajouterez également une image de microphone sur l'écran de l'application pour bien indiquer que la saisie se fait vocalement, comme dans l'exemple suivant :

2/ En repartant de la première application mobile que vous avez créée, modifiez son comportement pour qu'un maximum de dix coups soit autorisé.

3/ En vous servant des contrôles que vous savez déjà manipuler et du contrôle **Clock**, qui est disponible dans la catégorie **Sensors** (capteurs), programmez une application d'horloge parlante qui vous indique l'heure vocalement en annonçant les minutes et les secondes.

4/ En vous servant des contrôles que vous savez déjà manipuler et du contrôle **LocationSensor**, qui est disponible dans la catégorie **Sensors** (capteurs), créez une application qui indique les coordonnées GPS de l'endroit où vous vous trouvez (latitude et longitude), ainsi que l'altitude et l'adresse postal.

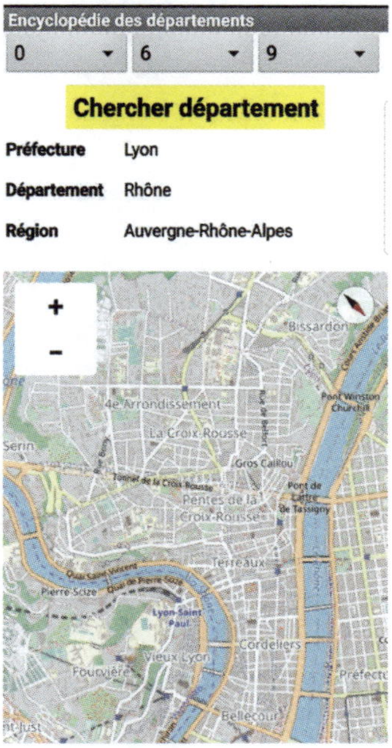

5/ En vous inspirant de la deuxième application mobile que vous avez créée, modifiez son comportement pour que l'on puisse rechercher le numéro d'un département. Le champ de saisie du numéro de département comportera trois contrôles spinner (les départements comme La Guyane ont un numéro à trois chiffres) permettant de saisir les 10 chiffres et les lettres A et B (à cause des deux départements de la Corse). La copie d'écran ci-contre illustre l'interface que pourrait avoir une telle application.

POUR ALLER PLUS LOIN

Vous venez d'achever la lecture de ce livre et vous pouvez désormais mesurer les progrès accomplis en moins de trois mois. Vous ne connaissiez rien à la programmation il y a encore quelques semaines et vous êtes à présent capable de créer de petits programmes que vous pouvez diffuser sur le Web et vous savez même développer des applications mobiles. Quel chemin parcouru ! Une bonne nouvelle n'arrivant jamais seule, vous devez aussi vous persuader que le meilleur est à venir. En effet, je vous ai guidé tout au long de ces semaines d'apprentissage pour vous enseigner les techniques élémentaires du codage informatique, mais à présent vous allez pouvoir exercer pleinement vos talents créatifs et développer vos propres applications. Il ne s'agira plus de faire des exercices imposés ou bien de s'entraîner avec des travaux pratiques suggères a la fin de chaque semaine de cours, mais bien de coder vos programmes dont vous aurez décidé en totale liberté les tâches et les traitements qu'ils vont réaliser. Cette perspective est à la fois grisante et sans doute un peu effrayante car vous avez peut-être peur de ne pas y arriver. Encore une fois, débarrassez-vous de toutes vos inhibitions et lancez-vous ! Vous n'allez peut-être pas réussir du premier coup, mais cela n'a aucune espèce d'importance. L'échec en programmation fait partie de l'apprentissage et plus vous commettrez des erreurs, plus vous progresserez rapidement. À la différence de la cuisine ou l'essai d'une nouvelle recette peut vous faire gaspiller de la nourriture, vous ne risquez rien du tout à tester un programme erroné. Vous n'allez rien casser et ne provoquer aucune catastrophe si votre code ne fonctionne pas, et la seule chose que vous allez perdre, c'est un peu de temps lors de la correction de vos erreurs. Cependant, je ne le répéterai jamais assez : le temps perdu à traquer les bugs n'est pas gaspillé car il s'agit d'un investissement ; se tromper est important si l'on veut comprendre certains concepts informatiques et s'égarer est une condition nécessaire du processus pédagogique d'apprentissage de la programmation.

Vous trouverez ci-dessous quelques conseils qui vous permettront de parfaire les compétences que vous avez acquises.

Les langages informatiques sont un peu comme les langues étrangères que l'on perd quand on ne les pratique pas assez souvent, et je vous recommande donc de commencer dès la fin de votre apprentissage la création de vos propres projets. En effet, vous constaterez rapidement que si vous avez arrêté de programmer pendant plusieurs mois, il sera plus difficile de vous y remettre car vous aurez perdu de nombreux automatismes. À l'issue de votre auto-formation, il est donc recommandé d'entretenir vos nouvelles connaissances en pratiquant le codage au moins une fois par semaine, même s'il ne s'agit que d'un court moment.

Vous avez accompli la démarche volontaire d'apprendre la programmation et il peut être opportun de compléter cet apprentissage en étant accompagné. Programmer a plusieurs quand on débute dans l'art d'écrire du code est incontestablement plus motivant et il existe aujourd'hui de multiples façons d'apprendre au sein de communautés, qu'elles soient virtuelles ou réelles, la collaboration pouvant s'effectuer selon plusieurs modalités. Vous pouvez programmer avec un parent, un ami, un collègue, un voisin, etc. Il existe aussi en ligne de très nombreux forums de discussion qui sont consacrés à la programmation et l'esprit d'entraide qui y règne est propice à la publication de messages ou chacun peut faire part des problèmes qu'il rencontre. Si vous respectez les règles de communication en vigueur sur un forum, vous aurez à coup sûr une réponse à vos interrogations. On trouve également des clubs, des associations et des fablabs ou l'on peut obtenir des conseils auprès de bénévoles et de passionnés qui partagent facilement leur savoir-faire en matière de programmation.

Si vous voulez mettre toutes les chances de votre cote, il est préférable de démarrer vos propres projets par des applications qui ne sont pas trop ambitieuses. Si, grâce à cet ouvrage, vous avez acquis de bonnes bases, vous n'êtes pas pour autant un programmeur chevronne ou une codeuse experte. Comme je vous l'ai conseillé dans ce livre, procédez par raffinements successifs et développez graduellement des projets de plus en plus complexes. Votre récompense (et la mienne en tant que pédagogue) sera la fierté légitime qui vous animera quand vous aurez développé de manière autonome votre premier programme et que vous aurez envie de le partager avec vos proches. Vous vous rendrez alors compte que vous avez créé quelque chose, sentiment qui devient rare dans une société ou l'on ne fabrique plus beaucoup de choses de ses propres mains, a moins d'être bricoleur. La plupart du temps, nous sommes relativement passifs face à nos ordinateurs et devenir acteur du processus de création informatique procure un réel plaisir qui dépasse largement la seule satisfaction de son ego.

Créer des programmes, c'est aussi reprendre le contrôle de son ordinateur et ne plus se contenter du simple rôle d'utilisateur. Cette dimension-là est importante à mes yeux car l'informatique, étant donné son immixtion dans tous les domaines de la société, fait à présent partie de notre culture générale. Aujourd'hui, savoir programmer, c'est comprendre les enjeux des questions liées a l'intelligence artificielle et a la transparence des algorithmes, pour ne prendre que deux exemples très concrets et actuels. C'est la raison pour laquelle il est important que la programmation soit devenue une discipline obligatoire au collège et au lycée afin de faire des élèves des citoyens responsables et capables de réfléchir aux conséquences de la numérisation croissante de notre vie quotidienne. En ce sens, l'apprentissage de la programmation est un véritable enjeu social auquel je suis heureux d'avoir modestement contribué par ce livre.

Cet ouvrage se concentre sur Blockly et App Inventor 2, mais il est evident qu'une fois que vous aurez compris les concepts fondamentaux de la programmation, vous pourrez vous initier plus facilement a d'autres langages. L'avant-dernier chapitre de ce livre fait quelques propositions en ce sens, mais vous etes bien evidemment libre de tester d'autres langages que ceux que j'ai mentionnes. Si vous avez des enfants ou des petits-enfants au college, vous n'aurez notamment aucun mal a vous initier avec eux a Scratch, d'autant plus que la version 3 de ce langage vient d'etre reecrite a l'aide de Blockly.

Enfin, si j'ai, a maintes reprises, dit qu'il etait normal de se tromper quand on programme, l'informatique n'est pas le seul domaine ou l'on peut commettre des erreurs. Il est donc possible, malgre tout le soin qui a ete apporte a la confection de cet ouvrage, qu'il comporte encore quelques imperfections. Si tel est le cas, vous pouvez me les signaler en ecrivant a dm@progbloc.fr. Vous pouvez egalement m'ecrire a cette adresse pour me faire part de vos remarques et de vos suggestions a propos de ce livre. Sur le site consacre a cet ouvrage (www.progbloc.fr), vous trouverez des complements electroniques que je vous encourage a telecharger. Outre des videos illustrant certaines manipulations qui sont difficiles a decrire avec des mots, vous pourrez beneficier de l'integralite des programmes listes dans ce livre, ainsi que des adresses de tous les sites Web qui y sont mentionnes. L'informatique etant egalement un domaine qui evolue tres vite et ou les informations se periment rapidement, je mettrai a jour sur ce site les contenus qui seront devenus obsoletes. En cas de besoin, je publierai aussi un erratum ainsi que des reponses aux questions qui me sont souvent posees.

J'espere que vous avez pris autant de plaisir a la lecture de ce livre que j'en ai eu a le rediger et je vous souhaite, que vous soyez programmeuse ou codeur, de reussir tous les projets informatiques que vous avez envie d'entreprendre.

INDEX

Les entrées d'index en rouge sont des instructions Blockly qui renvoient à des explications sur ces instructions ou à des exemples de programme les employant.

85203 - (I) - OSB 90 - MWG - CMU

DUPLIPRINT
733, rue Saint-Léonard, 53100 MAYENNE
OF: 2982067Z
Dépôt légal : mai 2023

Imprimé en France